中国演讲口才与人际沟通经典教材

中国社会艺术协会口才专业委员会指定教材

学术顾问

著名语言学家、博士生导师、华中师范大学资深教授邢福义先生
著名语言学家、博士生导师、暨南大学詹伯慧教授
著名修辞学家、博士生导师、武汉大学郑远汉教授
著名修辞学家、博士生导师、暨南大学黎运汉教授
著名修辞学家、博士生导师、复旦大学宗廷虎教授
著名语言学家、中国社会科学院资深研究员陈建民教授

教材指导委员会

主任委员

邱新建

副主任委员

李元授　颜永平　孙朝阳　宁爱中　黄春燕

委　员

刘　吉　刘德强　蔡朝东　李志勤　武传涛　刘智伟　李　梅
石　鼎　曾桂荣　谈晓明　曹　辉　谭武建　王　军　许振国
易书波　韩娜娜

教材编写委员会

总主编

李元授

执行主编

孙朝阳　李晓玲

副主编

熊福林　孙兆臣

总策划

邓楚杰　巫世峰

特邀专家

李荣建　洪　潮　石　鼎　吴茂华　张　强

编　委

易吉林　李玉超　蔡　涨　邱红光　李庭芳　姚俊峰　余　磊
李维亚　徐启明　杨玉娣　吴　秀　吴卓凡　朱淑娟　郭　珊
巫世峰　邓楚杰　孙兆臣　熊福林　李晓玲　孙朝阳　李元授

中国演讲口才与人际沟通经典教材

中国社会艺术协会口才专业委员会指定教材

总主编　李元授

我们的理念是——
口才，天下第一才
会说话，赢天下。

演讲学

（第四版）

主　编　李元授　邹昆山

华中科技大学出版社
http://www.hustp.com

中国·武汉

内 容 提 要

《演讲学》(第四版),系"中国演讲口才与人际沟通经典教材"。本书运用演讲学的理论,借鉴社会学、文化学、心理学、思维学、美学、传播学、语言学和口才学等相关学科的理论与方法,阐述了演讲原理的方方面面:演讲与演讲学,演讲的类型,演讲的准备,演讲稿,即兴演讲,演讲的表达艺术,演讲与逻辑,演讲与美,演讲者的控场艺术,演讲的听众,以及演讲会的主持艺术。每章之后,设有思考与训练题。最后,附有《中外优秀演讲词评析》。本书科学性、实用性兼备,可操作性强,既可作为大中专院校演讲学的教材和各企事业单位开展演讲活动的培训教材,亦可作为广大演讲爱好者的进修读物。

图书在版编目(CIP)数据

演讲学/李元授,邹昆山主编. —4 版. —武汉:华中科技大学出版社,2022.5
ISBN 978-7-5680-8145-0

Ⅰ. ①演… Ⅱ. ①李… ②邹… Ⅲ. ①演讲学-教材 Ⅳ. ①H019

中国版本图书馆 CIP 数据核字(2022)第 062145 号

演讲学(第四版) 李元授 邹昆山 主编
Yanjiangxue(Di-si Ban)

| 策划编辑:陈培斌 兰 刚 |
| 责任编辑:陈培斌 张汇娟 |
| 封面设计:刘 卉 |
| 责任校对:张汇娟 |
| 责任监印:周治超 |
| 出版发行:华中科技大学出版社(中国•武汉)   电话:(027)81321913 |
| 　　　　　武汉市东湖新技术开发区华工科技园　　邮编:430223 |
| 录　　排:华中科技大学惠友文印中心 |
| 印　　刷:武汉市籍缘印刷厂 |
| 开　　本:787mm×1092mm　1/16 |
| 印　　张:14.5　插页:2 |
| 字　　数:345 千字 |
| 版　　次:2022 年 5 月第 4 版第 1 次印刷 |
| 定　　价:48.00 元 |

本书若有印装质量问题,请向出版社营销中心调换
全国免费服务热线:400-6679-118　竭诚为您服务
版权所有　侵权必究

总　　序

中国古代的哲人有言:"一言可以兴邦,一言可以丧邦。""一言之辩,重于九鼎之宝;三寸之舌,强于百万之师。"这里把国之兴亡与舌辩之力量紧密联系起来,借"九鼎之宝""百万之师"的强喻,充分揭示了口才的巨大的社会作用。二战时的美国人将"舌头"、原子弹和金钱称为赖以生存和竞争的三大战略武器;后来又把"舌头"、美元和计算机视为竞争和发展的三大战略武器。"舌头",即口才,独冠于三大战略武器之首,强调了口才的价值非同小可。我们将口才再往前推进一步,展示口才的目的是什么?就是人际沟通。"沟通改变人生,沟通成就事业";"时代呼唤沟通,世界呼唤沟通"。这些论断和理念,让我们每一个当代人都清醒地认识到演讲口才与人际沟通的至关重要性——关系到个人的前途、国家的生存与发展。现在,我们国家已进入新时代,中国已成为世界第二大经济体,今天的中国前所未有地接近世界舞台中心,实现中华民族伟大复兴进入了不可逆转的历史进程,共同构建人类命运共同体需要中国智慧、中国方案与中国贡献,中国在国际舞台上愈来愈具有举足轻重的地位。由此看来,演讲口才与人际沟通的巨大作用更是不言而喻。

有鉴于此,30多年来,武汉大学信息传播与现代交际研究中心组织了数十位专家学者,就口才、演讲、辩论、谈判、交际、沟通、公关、礼仪、策划、营销、广告、文秘等一系列课题展开了科学的研究。在国家教育部主持的"大学生文化素质教育书系"中,李元授教授主编了《现代公共关系艺术》《交际与口才》《交际礼仪学》3部教材;还先后主编出版了"交际学丛书""人际交往精粹丛书""新世纪人才素质训练丛书""创造性人才素质训练教材""综合素质训练系列教程""中国少儿口才艺术精品教材""文化素质教育经典教材""中国演讲口才与人际沟通经典教材"等10余套丛书,共计80余本著作。我们本次推出的"中国演讲口才与人际沟通经典教材"(以下简称经典教材,共计6本,其中4本为第四次修订,2本为新增)就是其中之一。

承蒙几位全国顶尖的本学科大家担任本经典教材的学术顾问。他们是:著名语言学家、博士生导师、华中师范大学资深教授邢福义先生,著名语言学家、博士生导师、暨南大学詹伯慧教授,著名修辞学家、博士生导师、武汉大学郑远汉教授,著名修辞学家、博士生导师、复旦大学宗廷虎教授,著名修辞学家、博士生导师、暨南大学黎运汉教授,著名语言学家、中国社会科学院资深研究员陈建民教授。

诚邀十余位著名的演讲家与演讲理论家担任本经典教材指导委员会的专业指导。

出任本经典教材指导委员会主任委员的是文化和旅游部中国社会艺术协会党组书记、会长邱新建主席;出任教材指导委员会副主任委员的有中国社会艺术协会艺术顾问兼口才专业委员会名誉会长、武汉大学李元授教授,著名的演讲家颜永平、孙朝阳两位专家,中国社会艺术协会副秘书长、北京爱芝音教教学设备有限公司宁爱中总经理和中国管理科学研究院商学院客座教授黄春燕董事长。

出任本经典教材指导委员会委员的有:中国四大演讲家之一的刘吉教授,上海演讲学研究会创会会长、上海市委党校刘德强教授,著名的演讲家蔡朝东先生,云南省演讲学会原会长李志勤教授,山东省演讲学会会长武传涛教授,黑龙江省演讲口才协会刘智伟主席,湖南省演讲与口才学会副会长、湖南响语演讲团李梅团长,中国资深营销培训专家、武汉大好科技有限公司石鼎董事长,著名教育与管理专家、广东省启学教育集团曾桂荣董事长,著名人际沟通专家谈晓明教授,湖北省演讲协会曹辉常务副会长,贵州省演讲研究会谭武建会长,宁夏演讲与口才协会王军会长,辽宁省演讲学会许振国会长,世界500强演讲培训专家易书波老师,还有青年演讲家、山西省演讲学会韩娜娜执行会长。

在本经典教材第四次修订再版之际,我们特别怀念"共和国演讲泰斗"尊敬的李燕杰先生。燕杰先生2017年11月16日仙逝,他生前不仅全力支持广大青少年学习演讲艺术,鼓励青少年积极参加演讲培训、演讲比赛和各种演讲实践活动,而且还热情鼓励推动演讲艺术的理论研究。有一次燕杰先生语重心长地对我说:"现在我国的演讲艺术缺乏科学的专业的理论研究,从事研究的专家太少太少,数得出来的专家就你们几位。你的理论研究成果多多,硕果累累,可喜可贺!希望你能多培养几个接班人;希望你们能进行演讲艺术的应用研究、深度研究和比较研究,让我国的演讲理论研究水平能上一个新的台阶。我寄厚望于你们!"燕杰先生的厚望强烈地激励着我,鞭策着我,让我不敢有丝毫的懈怠。这次推出的第四次修订再版的"中国演讲口才与人际沟通经典教材",可以算作我们向燕杰先生的汇报与怀念。

在编写本经典教材过程中,我们参阅了诸多相关著作、论文,所引材料尽可能注明,其中或许有遗漏。敬请相关作者及时联系我们,以便及时修订,谨向作者表示歉意与谢意!

需要说明的是我们编写出版本经典教材(第四版),出版社不但要求修订文字,还要求与时俱进,要展示与教材内容相关的精彩视频和珍贵照片资料,立体化出书,为广大读者提供丰富的认知世界。这些视频照片资料是本经典教材核心专家以及诸多演讲家、演讲理论家热情提供的,有的是从"今日头条"和微信中下载的,我们尽可能注明出处和作者;如有遗漏,请及时与我们联系,以便下次印刷时更正。对以上所有专家谨致诚挚的谢意与崇高的敬礼!

需要感谢的是广东演讲学会对本经典教材的关心、支持与帮助,不仅及时剪辑制作了李燕杰先生等精彩演讲短视频,还积极宣传推广了本经典教材。广东演讲学会自2011年成立以来,培训事业红红火火,所编写的系列培训教材科学实用,为"党政军企校"提供了社会服务,广受好评,荣获"5A级社会团体"称号,被誉为"中国演讲界一面旗""中国演讲事业的桥头堡",真是可喜可贺!我们谨此致以崇高的敬礼!

最后,我们郑重宣告:中国社会艺术协会口才专业委员会于2021年12月19日,在广州广东演讲学会举行了隆重的成立大会,中国社会艺术协会党组书记、会长邱新建主席出席了大会,并发表了热情洋溢的讲话;协会热烈祝贺口才专业委员会的成立,希望我们牢记习近平总书记的重要指示,"讲好中国故事,传播好中国声音",接过"共和国演讲泰斗"李燕杰先生的演讲旗帜,全国一盘棋、一条心、一股劲,努力开创演讲理论研究、演讲教育培训、演讲服务社会与演讲选手同台比拼的崭新局面!

是为序。

李元授

2022年2月22日修订于武汉大学

目 录

导语　人人都要学会演讲 …………………………………………………………（1）

第一章　感召听众的传播艺术——演讲与演讲学 ………………………………（3）
　　第一节　演讲的内涵与特征 …………………………………………………（3）
　　第二节　演讲学 ………………………………………………………………（7）
　　第三节　演讲的社会功能 ……………………………………………………（11）
　　思考与训练 ……………………………………………………………………（15）

第二章　异彩纷呈的演讲园地——演讲的类型 …………………………………（18）
　　第一节　演讲分类的标准 ……………………………………………………（18）
　　第二节　政治演讲 ……………………………………………………………（18）
　　第三节　经济演讲 ……………………………………………………………（20）
　　第四节　军事演讲 ……………………………………………………………（21）
　　第五节　学术演讲 ……………………………………………………………（22）
　　第六节　法律演讲 ……………………………………………………………（23）
　　第七节　道德演讲 ……………………………………………………………（24）
　　第八节　礼仪演讲 ……………………………………………………………（25）
　　第九节　宗教演讲 ……………………………………………………………（26）
　　思考与训练 ……………………………………………………………………（27）

第三章　成功演讲的必要环节——演讲的准备 …………………………………（29）
　　第一节　信息与动机 …………………………………………………………（29）
　　第二节　材料准备 ……………………………………………………………（33）
　　第三节　精神准备 ……………………………………………………………（38）
　　思考与训练 ……………………………………………………………………（41）

第四章　成功演讲的重要基础——演讲稿 ………………………………………（43）
　　第一节　演讲稿的作用与特性 ………………………………………………（43）
　　第二节　演讲稿的结构 ………………………………………………………（45）
　　第三节　文采与修辞 …………………………………………………………（54）
　　第四节　理义与谋略 …………………………………………………………（57）
　　第五节　演讲稿的修改 ………………………………………………………（60）
　　思考与训练 ……………………………………………………………………（61）

第五章　成功演讲的应变效应——即兴演讲 (63)
- 第一节　即兴演讲的含义与特点 (63)
- 第二节　即兴演讲的类型与要点 (65)
- 第三节　即兴演讲的要求与准备 (69)
- 第四节　即兴演讲的方法与技巧 (72)
- 第五节　即兴演讲的训练与把握 (77)
- 第六节　即兴演讲案例评析 (82)
- 思考与训练 (88)

第六章　声情并茂的语言艺术——演讲的表达技巧 (92)
- 第一节　演讲的口语表达技巧 (92)
- 第二节　演讲的体态表达技巧 (99)
- 思考与训练 (107)

第七章　演讲内涵的逻辑联系——演讲与逻辑 (109)
- 第一节　演讲与逻辑的关系 (109)
- 第二节　演讲与概念 (111)
- 第三节　演讲与判断 (114)
- 第四节　演讲与推理 (118)
- 思考与训练 (121)

第八章　令人愉悦的美感享受——演讲与美 (123)
- 第一节　演讲美的构成与特征 (123)
- 第二节　演讲内容与美 (124)
- 第三节　演讲主体与美 (126)
- 第四节　演讲的协调美 (128)
- 思考与训练 (129)

第九章　镇定自如的临场表现——演讲者的控场艺术 (131)
- 第一节　演讲者应有的心理品质 (131)
- 第二节　主动控制演讲现场 (135)
- 第三节　临场应变技能 (137)
- 思考与训练 (141)

第十章　演讲效果的最好检验——演讲的听众 (142)
- 第一节　听力技巧 (142)
- 第二节　听众心理 (143)
- 第三节　听众类型 (147)
- 第四节　演讲的评议 (150)
- 思考与训练 (152)

第十一章　为演讲者与听众架金桥——演讲会的主持艺术 (154)
- 第一节　会前准备 (154)
- 第二节　开场艺术 (155)

第三节　串联与控场 …………………………………………（156）
　　第四节　做好总结 ……………………………………………（157）
　　思考与训练 ……………………………………………………（158）
中外优秀演讲词评析 ……………………………………………（160）
结语　人人都能学会演讲 ………………………………………（221）
参考文献 …………………………………………………………（222）
后记 ………………………………………………………………（224）

导　语　人人都要学会演讲

演讲是一门科学，一种艺术，也是一种能力。我们从演讲艺术发展的进程中可以看出：在历史发展的重要关头，都有演讲活动的出现。演讲是先进的社会力量在进行自己的伟大事业时不可或缺的重要组成部分。我们还可以看出：凡欲成大事者，无不努力锻炼，提高自己的演讲能力；凡已成大事者，无不推崇演讲能力的重要性。演讲是成千上万杰出人物取得辉煌成就的一部分：思想家阐明观点、宣传真理，需要演讲；政治家就职施政、争取民众支持，需要演讲；军事家发号施令、激励斗志，需要演讲；外交家联络沟通、完成使命，需要演讲；科学家破除迷信、捍卫科学，需要演讲；教育家传播知识、推广文明，需要演讲；文学家感悟人生、表述体验，需要演讲；艺术家创造美、颂扬美，需要演讲；法学家维护法律、伸张正义，需要演讲；企业家管理经济、实施经营，需要演讲……演讲是他们一展才华、走向成功的重要武器。

现在，人类已跨入21世纪，更加需要演讲艺术。新时代是一个演讲得以充分发挥作用的时代，是一个需要演讲高手和演讲家的时代。在新时代，不仅杰出的人物需要演讲，即使是普通人，为了自己的成长，为了事业的发展，也需要演讲。可以说人人需要演讲。事实上，一个人从上小学，到中学，到大学毕业，走上工作岗位，创办企业，都经历过无数次的演讲。问题是你会不会演讲，是不是演讲高手。我们坚信"事在人为"，只要你认真学习演讲原理，掌握演讲艺术，虚心求教，反复练习，并持之以恒，就有望成为演讲高手或演讲家。我们编写的这本《演讲学》(第四版)，科学性、实用性兼备，可操作性强，为你提供了一个理想的演讲范本，帮助你走上成功之路。

第一章 感召听众的传播艺术
——演讲与演讲学

第一节 演讲的内涵与特征

演讲是一门科学,也是一种艺术。我们有必要进行深入的探讨。

演讲活动是一种源远流长的社会现象,始终伴随着人类文明的发展而发展。古今中外,凡是历史发展的重要关头,凡是社会激烈变革之时,演讲的特殊功能就表现得越突出。当今世界,是知识激增的时代,人类正在跨入一个由信息、新能源、新材料、生物、空间、海洋等六大群体技术构成的"信息时代",信息化社会的浪潮,以其雷霆万钧之势冲击着各国经济结构和政治格局,已经或正在深刻地影响着社会一切领域。在西方,"舌头、金钱和计算机"已成为三大战略武器。在我国,随着改革开放的不断深入,随着物质文明建设和精神文明建设的飞跃发展,演讲之风也蓬勃兴起,各种类型的演讲活动广泛开展,研究和传播演讲学日益受到人们的重视。

那么,什么是"演讲"呢?

一、演讲的含义

演讲又叫讲演、演说。"演讲"这一概念,最早见诸荷马史诗。相传双目失明的行吟诗人荷马,常年云游各地,演讲关于特洛伊战争的英雄事迹。在我国,"演说"一词较早出现在《北史·熊安生传》中:"公正(尹公正)于是有所疑,安生皆为一一演说,咸究其根本。"可见"演说"是因疑作答,寻根究底,明辨是非,以期达到释疑解惑的目的。对演讲或演说,古代有的称之为"言辞",有的称之为"谈说"。《说文》上讲,"演,长流也"。段玉裁《说文解字》认为:"演之言,引也,故为长远之流。"转义于语言,就是语流之意。《说文》上称:"说,释也,从言,兑声。一曰谈说。"段注云:"说释者,开解之意。"可见"演说"就是通过语言进行铺陈、解释、发挥。对于"讲",《说文》上解释为"和解"。段注云:"不合者调和之,纷纠者解释之,是曰讲。"这说明"讲"者有剖析矛盾、解释分歧之意。现在,在人们的语感中,"演讲"一词,与"演说"同义,就是专指人们"就某个问题对听众说明事理,发表见解"。

显然,演讲是一种言语表现,但并非所有言语表现都是演讲。人们的自言自语,感叹唏嘘不是演讲;日常的寒暄聊天,一般性的个别交谈,也不是演讲。望文生义,简单地把"演讲"解释为"表演+讲话",也未免失之偏颇。

所谓演讲,是指在特定的时空环境中,以有声语言和相应的体态语言为手段,公开向听众传递信息,表述见解,阐明事理,抒发感情,以期达到感召听众的目的。它是一种直接的带有艺术性的社会实践活动。

1. 演讲是一种具有现实性和艺术性的社会实践活动

演讲是在社会实践的直接需求下产生的,具有公共交往的性质。人们在开展政治活动、经济活动、科学文化活动以及其他社会交往活动中,必然要发表见解,提出主张,释疑解惑,抒发感情,以达到说服人、感染人、教育人、激励人的目的。在这种活动中,无论是演讲者、主持者抑或是听众,都有自己的目标指向和心理定式,都十分重视演讲的实际效果。就演讲者来说,当然力图当场感召听众,说服听众,达到其预定的目的。就听众而言,从社会价值观念出发,同样也希望从演讲中获得知识和启示。至于演讲主持者,本来就承担有根据特定的目的对演讲活动进行组织和安排的任务,更希望演讲活动各方面协调、和谐,圆满成功,达到最佳的实际效果。一场富有吸引力的好的演讲,不仅可以生动地反映生活,揭示真理,帮助人们正确认识客观规律,同时也可以培养人们美好的道德情操,促进人们奋发向上,给人以强烈的美的享受。演讲活动所发挥的认识作用、教育作用、美感作用,正是社会实践的直接需求,同时,这本身也是实实在在的社会现实生活,具有直接的现实指导意义。

演讲,不仅是一种现实性的社会实践活动,而且是一种带有艺术性的社会实践活动。科学通过生动的逻辑思维使人认识抽象的真理,艺术往往通过形象使人认识真理。在演讲活动中,演讲者为了最大限度地达到自己的目的,使听众心悦诚服,精神振奋,必须做到"晓之以理,动之以情,喻之以利,导之以行"。为此,常常要借助戏剧、音乐、绘画、相声、小说、诗歌等多种文学艺术手段为其服务。当然,它虽然具有多种文学艺术式样的一些特点和因素,但它毕竟不同于小说、诗歌、戏剧、音乐、绘画、雕塑等文学艺术形式。文学艺术作品常常运用典型化手法,形象地间接地反映社会生活,但其本身并不等于现实生活;而演讲则是直接地表现生活,其本身直接体现着现实生活内容。

2. 演讲必须在特定的时空环境中进行

所谓"特定时空环境",一般指的是演讲者和听众都处在一定的时间和空间环境中。如"街头演讲",演讲者与听众同时处在街头;"法庭论辩演讲",演讲者与听众同时处在法庭的氛围之中。一般说,演讲活动都要有相应的场合、相当的听众、适当的布置、合适的讲台、良好的音响效果和一定的时限。一定的时空环境反作用于演讲,制约着演讲的内容、语言和表情动作等。一旦时空环境发生转移和变化,演讲的内容、语言和表情动作等也必须随之转移和变化,以适应新的时空环境。在科学技术飞跃发展的今天,时空观念发生了离异性变化,时间在超强度地缩短,空间在奇迹般扩大。广播、电视,拓宽了人们的空间范围,同时也缩短了人们的时间差距,运用广播、电视可以把不同时间不同地点的演讲者和听众组合起来,使传统的演讲出现了新的发展和突破。如广播电视演讲,从表面上看,听众、观众似乎并未直接与演讲者处在同一时间和同一环境中,但从根本上仍是处在特定的时空环境中,演讲者仍然必须有强烈的现场感,宛若置身于听众之中,也要考虑听众对演讲的情绪反映和态度评价,尽管各种反映和评价不一定立即在现场流露出来。因为在设置着麦克风和摄像机的演播室内演讲,本身也就是处于特定的时空环境中。从宏观的角度来讲,任何一个演讲者都无法逃脱他所处的时代环境对他的制约,离开了这些,演讲也就失去了它的存在价值。

3. 演讲离不开有声语言与体态语言

语言是人们彼此交流思想以达到互相了解的一种极其重要的交际工具,人类社会生活的任何方面,都直接或间接以语言为工具。有声语言就是在演讲活动中传递信息、表达思想最主要的媒介和物质表达手段,它是演讲者思想感情的载体,以流动的方式,运载着演讲者的主张、见解、态度和感情,将其传达给听众,从而产生说服力、感召力,使听众受到教育和鼓舞。离开了口语表达,就无所谓演讲。要达到以理服人、以情感人、以智育人,使听众心领神会的效果,演讲者的语言必须晓畅易懂,富有魅力。好的有声语言不仅准确清晰、圆润和谐,而且绚丽多彩、生动有趣,以其跌宕起伏、音义兼美的艺术魅力,形成一种境界,使言辞的表现力和声音的感染力均达到最佳状态,从而使听众受到德的熏陶、智的启迪、美的洗礼。

除有声语言之外,演讲还必须辅之以相应的体态语言。所谓体态语言,就是指在一定程度上能辅助有声语言表达思想感情的眼神、表情、体态、手势等。演讲中,应以有声语言为主,相应的体态语言为辅。恰当的面部表情、身势、手势,以及其他一切能在一定程度上表达思想感情的动作,可以使演讲"剧化",使听众不仅听觉器官发挥作用,而且视觉器官也同时发挥作用,从而弥补有声语言的不足,增强表现力和感染力。有声语言和体态语言有机地紧密结合,相得益彰,共同发挥作用,演讲便能生动感人,形成一个统一和谐的传达系统。

总之,演讲是一种直接的带有艺术性的社会实践活动;在特定的时空环境中,演讲者凭借有声语言和相应的体态语言,郑重地系统地发表见解和主张,从而达到感召听众、说服听众的目的。

二、演讲的基本特征

1. 三方人物·四重联系·五个环节

演讲不同于平时交谈。人们日常交流思想、联络感情、协调行动,常常是讨论式的,你一言,我一语,往往互为前提、相互引发、交织进行。这种现实生活中你、我、他面对面的言态交际,带有许多随机成分和散漫性。而演讲则不同,它的最基本组成形式是由"演讲者"和"听众"两方面人物组成。较为庄重的场合,通常由"主持者""演讲者"和"听众"三方面人物组成。在演讲过程中,总是一人在台上系统地把自己有准备、有组织的思想观点公开传向一定数量的听众,中间不容许七嘴八舌地插话,即使是辩论演讲,也必须是逐个系统地讲完。在这种"一人讲,众人听"的传播格局中,人们之间的联系并不是简单的单向式的,而是表现为一个多联系多层次多侧面的网络系统。演讲主持者、演讲者和听众三方面人物构成四重联系:演讲者与听众之间的联系,听众与听众之间的联系,听众与演讲主持者之间的联系,演讲主持者与演讲者之间的联系。这四重联系在演讲现场中直接显示出来,同时以其或隐或现的形式,形成反馈回路,直接作用于演讲。比如,演讲者在台上滔滔不绝地发表演讲时,他的思想感情、举止神态都直接作用于听众和演讲主持者。演讲主持者和听众接收到这些信息,或欣然赞许,开怀大笑;或心存疑义,无动于衷;或惊或喜,或悲或叹,都会在现场流露出来。显然,这种对演讲的情绪反应和态度评价,会自然地反馈到演讲者,为其所察觉。演讲者与听众如能协调适应,具有引力,演讲就可望成功。同样,演讲主持者与听众、演讲主持者与演讲者的联系对演讲现场的影响也是显而易见的。主持人若思维敏捷,善于辞令,能审时度势,随机应变,恰当地控制会场的情绪和气氛,使演讲者和听众同时受到鼓舞,往往能使演讲生色增辉,圆满成功。反之,若主持者不懂演讲规律,安排失当,木讷迟钝,自然会有损演讲效果,令人遗憾。至于听众与听众之间的联系,对演讲的影响也不可忽视。听众之间是否融洽协调、文明礼貌,直接影响到现场秩序和气氛,良好的现场秩序和气氛是演讲成功的重要条件。

从信息传播的角度来看,如果把演讲活动从演讲者萌发演讲动机开始至演讲产生一定影响或达到一定的目的为止,看成是一个信息活动的完整过程,那么,这个全过程实际上可归纳为以下五个环节。①信息源——形成演讲内容的思想;材料的搜集、积累并在这个过程中萌发演讲的动机;在这种动机的诱惑下,进一步对有关内容的思想材料进行搜集和积累,从而构成扎扎实实的演讲内容。②传播者——演讲者,这是演讲活动的主体。③媒介——口语和相应的体态语言。④受传者——听众。⑤效果——演讲的成效。演讲是一个信息循环流通的过程,演讲者通过口语和体态语的媒介将演讲信息传达给听众,听众必然会产生一定的心理反应,形成反馈信息,再传送给演讲者,从而对演讲信息的再输出产生影响。演讲的三方人物、四重联系、五个环节可用图1-1表示。

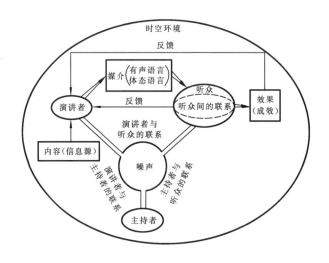

图1-1 三方人物·四重联系·五个环节

显然,要使演讲顺利进行,必须使各方联系和各个环节有效地连接,密切配合。这中间演讲者是主体,听众是客体,连接演讲者和听众之间的纽带就是内容和传递内容的媒介。当然,内容是最重要的因素,离开了它,就无所谓演讲了。

2. 独白式的现实活动言态表达

由于演讲是"一人讲,众人听"的口语表达方式,因而演讲者在发表见解、叙事说理时,不可能像平时交谈那样互为前提、相互引发,也不可能像平时交际时常采用某些不言自明的神传意会来代替语言。演讲者必须通过自身的有声语言材料和相应的体态语言来逐条逐款层层展开。要讲清思想观点的来龙去脉,就不是三言两语可以奏效的。因此,演讲者的语言总是独白式的,经过认真组织、过细斟酌、系统成篇的,有着很强的内在逻辑。开头如何引人入胜,结尾如何耐人寻味,中间如何完美无疵地将自己和听众的情绪推向高潮;叙事、抒情、说理、论证如何做到自然和谐、天衣无缝,如何以其深刻的思想性和精巧的文采美来吸引听众、感染听众,拨动听众的心弦,弹奏出最动听的乐曲,这一切都要求演讲者苦心构思,巧妙组合。演讲者这种独白式的言态表达方式,又是有声语言和体态语言的结合体,它要求语言、声音、眼光、动作、姿态有机地结合,浑然一体,做到用词准确、语调动听、表情丰富、动作适度、仪态大方、感情充沛,使人产生一种"思风发于胸臆,言泉流于唇齿"的美感。因此,它必须遵循一定的美学原则,讲究音韵、修辞、气度等,具有一定的艺术色彩。总之,一次成功的演讲,其语言必须具备以下要素:措辞准确,声调清晰,体态得当,感情真挚,结构完美。

值得说明的是,演讲虽然是艺术化的独白式的言态表达,但这种"艺术化"有一定的"度",它是受现实活动的目的和效果制约的有限的艺术,实际上只是一种手段性的艺术,如同技能技巧一般。如果超越了这个"度",把演讲搞成评书、单口相声或诗朗诵一般,那就不伦不类,失去了演讲的真实性。评书、单口相声、诗朗诵虽然也是"一人讲,众人听",但是它们属于艺术范畴,是艺术活动,是艺术活动中的言态表达形式;而演讲是现实活动,它是现实活动的言态表达艺术,而不是艺术活动的言态表达。

3. 适应面广,实用性强,极富鼓动性

作为社会公众交往的演讲,它的适应面很广,不管是政治、经济、军事、外交、法律,也不管是学术、理论、宗教、道德或其他社会问题,都可以作为信息源,成为演讲的题材;不论是老、中、青、少,还是工、农、兵、学、商,只要具有听讲能力,都能成为信息的受体,作为演讲的听众。演讲主要凭借口语表达,不需要过多的物质准备,对场地的要求也不高,礼堂、课堂、广场,甚至街头巷尾,都可以进行。因而,它能紧密地配合形势,适应现实任务的多种需要,及时地开展宣传鼓动、就职施政、争取民众、发号施令、激励斗志、传道授业、答疑解惑、布置任务、安排生产等活动。事实上,演讲是最经济、最灵便、最直接、最有效、最实用的宣传教育形式之一。

演讲极富鼓动性。它是以政论为主体的语言实践活动,要求旗帜鲜明,主题显露;赞成什么,提倡什么,反对什么,泾渭分明,毫不含糊。它说明问题,深入浅出;阐述主张,纵横捭阖;判断、推理、论证,逻辑严密;加之辅以表情、姿态、声调和手势,更增强了语言的表现力和感染力。它能紧紧吸引听众,产生较大的鼓动作用。在现代演讲中,其功能尤为显著。由于现代自然科学和社会科学的高度发达,演讲的信息包容量极大地增加了,大至宇宙,小至分子原子;远至太古,遥及未来;社会机制,人生奥秘,都可成为演讲的"热点"。演讲者可挣脱传统观念的束缚,以其新的生活体验、新的行为方式、新的知识结构和新的思路,通过向历史和现实的纵深掘进、拓展,反映出崭新的生活真实和时代意义,具有高屋建瓴的气势。在纷繁复杂的生活中,演讲显示出导向功能,激励人们为实现宏伟目标,坚韧不拔,开拓前进。

▶ 第二节 演 讲 学 ◀

一、演讲学的研究对象

在频繁的演讲实践中,人们不断总结经验,探索规律,研究技巧,日积月累,逐步概括归纳，形成系统的演讲理论，即是演讲学。演讲学以演讲活动为研究对象，研究演讲规律，探讨演讲方法和技巧，是一门社会科学。

演讲活动既然由三方人物、四重联系、五个环节组成，那么，作为总结演讲规律，探讨演讲方法和技巧的演讲学，其研究范围也必然离不开这几个方面。简言之，演讲学就是以这三方人物、四重联系和五个环节的方方面面为研究对象的一门社会科学。着眼于三方人物，演讲者是演讲的主体，听众是演讲的客体，演讲主持者实际上兼有主体和客体因素，演讲学要研究主体的要素是什么？客体的要素是什么？作为主体和客体联系的纽带是什么？如此等等。着眼于四重联系，演讲学要研究演讲者如何向听众表达信息、如何控制场面、如何利用信息反馈、演讲者应有哪些修养，主持者如何协调演讲者和听众的关系、主持者应有怎样的修养，听众的心理状态如何，演讲的内容与演讲的时空环境的关系怎样，如何充分发挥演讲的功效……着眼于五个环节，演讲学要研究演讲者如何准备、讲稿怎样撰写、演讲如何分类、如何选题、如何组材、如何记忆、如何设计开头、如何形成高潮、如何安排结尾、如何掌握口语和体态语言的表达技巧、怎样判定演讲的效果、如何赏析……概括起来讲，演讲学要研究的基本内容是：①演讲与社会实践的关系，诸如演讲的地位和作用等；②演讲活动本身的规律，诸如演讲的分类、演讲的准备、演讲稿的撰写等；③演讲的基本技能技巧、控场技巧和主持演讲的技巧等；④演讲的评判和鉴定的规律和方法。

二、演讲学具有新质特征

演讲学融会了多种学科的要素，集中了多种艺术形式的特征，有很强的综合性、工具性和实践性。演讲学不仅与哲学、逻辑学、语言学、心理学、美学、伦理学、社会学等有着密切的联系，综合应用了这些学科的基本理论和知识，而且它还与戏剧、曲艺、朗诵等艺术形式有着密切联系，借鉴和移植了它们的一些表演技巧和方法。此外，演讲学甚至还与自然科学的发展密切相关，这不仅指演讲词的内容常常涉及自然科学，而且指在信息传达技巧等方面也都与自然科学有着或多或少的联系。在知识激增的今天，各门学科都在迅猛发展，人类生活异常丰富，生活节奏也急剧加快，综合了多种自然科学和社会科学的演讲学来说，同样要不断向着更高阶段、更高层次和更高水平的方向发展。

如同斧头和计算机能为社会各阶级和各阶层的人服务一样，演讲学所研究的基本理论和技能，也可以为社会各阶级各阶层的人所运用。它是为全人类服务的工具，不只是被西方人认为的"三大战略武器"之一，也是人们走向社会，从事一切社会活动的阶梯。不论尊卑贵贱，不分种族肤色，不分性别职务，只要不是白痴，只要不是哑巴，只要具有一定的思维表达能力，谁都可以运用演讲学的基本理论和技能来表达各自的立场、观点或看法，传递信息，交流感情，总结和传播在生产斗争和科学实验中所取得的经验。其工具性的特征是显而易见的。当然，也正如斧头和计算机本身并不具备阶级性，但利用斧头和计算机的人却是有阶级性的一样，在演讲活动中，演讲者、听众和演讲主持者都有自己的目标指向和心理定式。演讲者往往都负有阶级、阶层和社会集团的使命，尤其是那些政治色彩浓厚的宣传鼓动演说，其阶级性更为突出。例如，第二次世界大战的罪魁祸首希特勒，运用演讲这一工具，煽动群众，蛊惑人心，挑起德国人的复仇情绪，加速了德国法西斯化，从而加快了第二次世界大战的爆发，导演了一幕历史大悲剧。而温斯顿·丘吉尔受命于危难之时，面临德军强大的攻势，于 1940 年 5 月 13 日发表的"出任首相后的首次演说"，以言简意赅的语言、持重而热烈的态度，强烈地表达了誓与德国法西斯斗争到底的决心和必胜信念，其演说鼓动性极强，激发起了人们同仇敌忾，奋起保卫祖国、击溃法西斯的决心。

正因为演讲学具有综合性和工具性的特点，因而它具有很强的实践性。同样一把斧头，在木匠手中和在一般人手中，其效果完全两样。木匠挥斧自如，得心应手，想把木头劈成什么样子就能劈成什么样子；而一般人就只能"望斧兴叹"了，充其量不过"班门弄斧"而已。显然，仅仅懂得如何握斧，如何使劲，是远远不够的，还必须有长期的实践，使知识转化为技能技巧。演讲也正是这样。如果谁幻想仅仅看一些演讲理论的图书，背一些演讲词句，知道一些演讲技法，就能登堂入室，发表高见，语出惊人，那显然是不现实的，充其量只不过是不至于张口结舌而已。要想口若悬河，语惊四座，不经过刻苦的实践和锻炼是不可能的。常言道："台上几分钟，台下数月功！"历史上许多被誉为"铁嘴""剑舌"的卓越超群的雄辩之才，都是经过了艰苦顽强的实践锻炼的。只有在演讲理论的正确指引下，持之以恒地进行顽强刻苦的实践锻炼，使演讲的理论知识转化为演讲的技能技巧，才能使演讲水平不断提高。

三、演讲学是古老的科学

说演讲学古老，是指它由萌生到形成、发展、繁荣已经历了漫长的岁月。远在公元前 25 世纪，埃及人伊雷斯法老的老臣普塔霍特就曾写了如何说话的教喻，这可算是演讲理论的萌芽。从公元前 5 世纪中叶到亚里士多德写出《修辞学》可说是演讲术的逐步完善和形成时期。继亚里士多德之后，古罗马共和时期的政治家、演讲家马尔库斯·图留斯·西塞罗（公元前 106 年—前 43 年），写出了《布罗特》《著名演讲大师们》《论演讲家的最好类型》《论演讲家》等著作，对演讲学的建立起了重要作用。此后，杰出的演讲家、教育家马尔库斯·法比留斯·昆体良（公元 35 年—95 年）在总结前人演讲理论和演讲实践经验的基础上，写出了《演讲术指南》，并制定了教授演讲术的教学法，对演讲理论的发展作出了重大的贡献，使演讲学的研究进入了一个新时期。由于科学的发展和社会的需要，近代和现代，演讲理论研究愈加受到重视，产生了一些官办和民办的演讲学研究机构，许多演讲学的理论专著和刊物相继出现，使演讲活动出现了空前繁荣兴盛的局面。20 世纪以来，演讲活动更是普遍开展，演讲理论纳入了严格的科学研究轨道。

演讲活动在我国也有着悠久的历史。我国古代虽然没有这类专门性的系统理论著作，然而，散见于许多文献和典籍中的有关演讲和论辩的言论和论述却是十分丰富的。我国历史上最早的一次有记载的演讲是《尚书》中的《甘誓》，这是约在公元前 21 世纪，夏启与有扈氏战于甘的战前誓师演讲。《甘誓》除开头两句叙事外，后面全为夏启的演讲。这篇演讲虽然简短，却符合"言有物，言有序，言有文"的言辞标准。而同样载于《尚书》中的《盘庚》3 篇，则是我国文学记载史上最早最典型的演说词。盘庚为迁都所作的三次演讲，内容丰富，说理有力，感情充沛，言辞尖锐，比喻得当，反映出当时我国演讲已经达到了相当高的水平。到春秋战国时代，我国社会由奴隶制向封建制过渡，生产迅速发展，政治剧烈震荡，思想活跃，学派林立，形成了"百家争鸣"的局面。诸子百家论道讲学，辩疑驳难，纵横游说，使我国的演讲在实践和理论上都有很大的发展。孔子认为"言之无文，行而不远"(《左传·襄公二十五年》),提倡"辞达而已矣""情欲信,辞欲巧"(《礼记·表记》)。还说"质胜文则野,文胜质则史,文质彬彬,然后君子"(《论语·雍也》),足见孔子主张语言要有文采,能通畅地表达思想感情。他同时反对巧言过实,哗众取宠,指出"巧言乱德"(《论语·卫灵公》),"君子耻其言之过其行"(《论语·宪问》)。孟轲继承并发展了孔子的观点,提出"言近而旨远"(《孟子·尽心》),"不以文害辞,不以辞害志"(《孟子·万章上》)这种主张深入浅出、内容决定形式的观点也是很正确的。值得一提的是,墨子对演讲理论的贡献颇为突出。他在《小取》中谈到要"论求群言之比",即要讲究各种表达方法的比较,选择最恰当的表达方法,并且列举了七种方法,诸如"或"(即表达上的或然判断)、"假"(即假言判断的表达)、"效"(即摹形拟声)、"辟"(即譬喻移觉等)、"侔"(即对照排比等)、"援"(指类比推理)、"推"(指推理联想等)。同时,他还主张言辞谈说要有标准、有目的。他在《非命上》中说"故言必有三表""上本之古者圣王之事""下原察百姓耳目之实""发以为刑政,观其中国家百姓人民之利"。此外,韩非、老子、庄子也都对演讲有过精辟的论述。秦以后,由于封建王权的加强和奏章言事的定制,致使我国演讲活动和理论研究受到桎梏,形成断断续续的发展状况,这中间东汉的刘向在《说苑·善说》中专门阐述了"谈说之术",就研究演讲的必要性、谈说的基本内容和方法进行了较全面的论述。南北朝的刘勰在《文心雕龙》中,把《议对》《论说》列为专章加以论述,最先把演说作为一门学科加以研究,建立了一套演说理论。对演说与时代的关系,演说的主题、道理、技巧、风格等作了较全面精辟的论述。

鸦片战争以后,阶级矛盾和民族矛盾加剧,为拯救国家危亡,鼓动变法维新,动员民族革命,演讲活动迅速发展。康有为、梁启超、谭嗣同、孙中山、秋瑾等,不仅是著名的思想家、政治家,而且是出色的演讲家,对我国近代史上演讲事业的复兴和发展起了积极的推进作用,为我国现代演讲活动的繁荣和演讲理论的发展创造了良好的条件。"五四"运动以后,新文化运动风起云涌,革命事业蓬勃发展,演讲蔚然成风,革命者成功地利用演讲形式为革命斗争服务,宣传科学、民主,宣传革命理论,涌现出一大批卓越的演讲家,诸如李大钊、陈独秀、鲁迅、恽代英、闻一多、毛泽东等。演讲活动的发展,推动了演讲的理论研究,当时,余楠秋的《演讲学概要》、程湘帆的《演讲学》、杨炳乾的《演讲学大纲》、彭蠡的《演讲术》影响较大。新中国成立后,曾在较长一段时期内由于众所周知的原因,本来应该大有发展的我国演讲活动和演讲理论研究处于停滞状态,特别是在"十年动乱"中,"乱世之音怨以怒"(《诗经·大雅》),恶言秽语、强词诡辩乘虚而入,演讲活动与演讲理论出现了历史的倒退。令人欣慰的是,党的十一届三中全会以后,随着思想解放运动的深入和两个文明建设的蓬勃发展,我国社会主义的演讲事业终于再次勃兴,涌现出李燕杰、邵守义、曲啸、张海迪等一批有影响的演说家,同时相继出现了各种演讲团、演讲研究会和演讲协会;演讲理论研究受到了应有的重视,许多学校开设了演讲课,而且创办了《演讲与口才》杂志,该杂志的创刊与发行,对普及演讲知识和深入研究演讲理论起着积极的推进作用。邵守义的《实用演讲学》和《演讲学》教材,季世昌、朱净之的《演讲学》,李燕杰的《演讲美学》等演讲理论专著的出版,也有力地推动了演讲活动的广泛开展,促使演讲理论研究向纵深发展。现在,演讲已经成为经常性的活动,广大群众纷纷走上讲台,从容大方、潇洒自如,以生动感人的激情,流畅优美的语言,倾吐着自己的心声,传递爱国、理想、奉献的情操,高扬科学、民主、文明的风尚……现代演讲的巨大声浪,组成了时代的最强音!

四、演讲学是发展的科学

说演讲学是发展的科学，不只是讲我国现代演讲学正处于起步阶段，主要是指随着现代科技的发展，传统的演讲学必然出现新的发展和突破。

当今，人类已经进入信息时代。在信息社会中，人们的生活节奏将进一步加快，社会交往将更加频繁，对交际的高速度、高效率的要求将越来越迫切，信息的供求量将急剧地增加。因而，作为连接演讲者与听众之间的纽带——演讲内容，将越来越要求"货真价实"了。也就是说，人们希望投入最少的时间，获得最大限度的有用信息，从而产生最理想的效果。这就要求演讲内容所包含的信息质高量大，这种要求必然会导致演讲的布局谋篇和其他技巧的创新与发展。

信息社会将是一个高度知识化的社会，对劳动者的素质要求也越来越高，人们的劳动技能将不再是以体力为基础，而是以智力因素为基础。苏联信息论学者布里留恩在《科学与信息理论》中指出：一方面，信息对于任何一个接收者都具有同一数值的绝对性；另一方面，信息对于不同接收者按其对信息的领会能力和以后的利用能力，则又是具有不同数值的相对性。据此，我们认为，在实际演讲中，同一演讲内容，对于不同听众来说，其信息量是不等值的。那么，面对高度知识化的听众，演讲者究竟要怎样主动自觉地作出相应的调整和努力，从而最大限度地提高演讲传播的信息利用率呢？

在社会生产力发展水平低的情况下，演讲活动的范围较小，且是面对面地进行。随着社会的进步和科技的发展，特别是现代声传技术的发展，情况就大不相同了。除了保留面对面的演讲方式外，演讲活动还可以借助电话、电视、电影和广播等，突破时间、空间的局限，把不同时间不同地域的演讲者和听众进行不同的组合。同时，语言的留转技术和转换技术的发展，还使口语交际超出了单纯的人际范围。例如，人机对话已成为最新、最快、最科学的信息传递方式。因而，对人的口语表达必然要提出更高的要求。

凡此种种，自然会产生多种多样的演讲活动和风格迥异的演讲技巧。试想，在这种情况下，演讲学的理论研究工作和科学实验能不"水涨船高"吗？可以肯定，演讲学必然有较大的发展。

第三节　演讲的社会功能

一、政治斗争的有力武器

演讲历来是政治家发表政见、阐明观点、批驳论敌、争取盟友的有力武器，特别是在社会处于激烈变革的年代，这种社会作用更显得突出。谋臣启奏、策士应对、诸侯施令、辩士游说，无不以演讲作为手段。刘勰在《文心雕龙·论说》中写道："一人之辩，重于九鼎之宝，三寸之舌，强于百万之师。"英国作家麦卡雷说："舌头是一把利剑，演讲比打仗更有威力。"出身寒微的拿破仑，在群雄角逐的时代，年仅27岁就获得当时法国3000万人民的崇拜。他不无骄傲地说："一支笔、一条舌，能抵三千毛瑟枪。"当然，这些不过是社会矛盾发展的"必然"，通过个人语言的"偶然"而起作用的结果，但毕竟是通过个人语言的"偶然"。

在特定的社会条件下,语言的力量确实是惊人的。汉代刘向在《说苑·善说》中,就列举了许多事例:"昔子产修其辞而赵武致其敬,王孙满明其言而楚庄以惭,苏秦行其说而六国以安,蒯通陈其说而身得以全。夫辞者,乃所以尊君、重身、安国、全性者也。"足见演说的政治威力之大。

历史上,很多口若悬河、能言善辩之士,凭着一条剑舌,活跃在政治舞台上,他们有的劝阻战争,化干戈为玉帛;有的怒斥奸佞,以正气压倒歪风;有的巧设比喻,以柔克刚,争取盟友;有的反唇相讥,绵里藏针,瓦解敌阵。诸葛亮"舌战群儒"和"智激周瑜"就是家喻户晓老少皆知的故事。《三国演义》还在第九十回描写了诸葛亮"兵马出西秦,雄才敌万人,轻摇二寸舌,'骂'死老奸臣"的故事。蜀魏两军对阵时,魏臣王朗到阵前来劝降,也就是这个舌战群儒的诸葛亮,把王朗说得一钱不值,王朗气盛,羞愧不已,一头撞死在马下。诸葛亮的"三寸不烂之舌",当真抵住了成千上万的敌军!

古希腊的德摩西尼是一位杰出的民主政治家和爱国主义者,他充分而有效地把演讲运用于激烈的政治斗争之中,发挥了巨大的社会作用。公元前4世纪中叶,马其顿腓力二世向外侵略扩张,企图鲸吞希腊。为了唤醒同胞,拯救祖国,德摩西尼满腔激愤,慷慨陈词,发表了8篇著名的《斥腓力演说》,这些演说,措辞尖利,揭露深刻,极大地鼓舞了人们反抗侵略、保家卫国的爱国激情。他的8篇演说,合称为"腓力匹克",后来被引申为普通名词,专指激昂愤慨猛烈抨击政敌的演说。

1963年8月28日,美国黑人民权运动领袖马丁·路德·金在华盛顿特区组织领导了一次25万人的集会和游行示威,反对种族歧视,要求民族平等。当游行队伍到达林肯纪念堂前时,他发表了著名的《在林肯纪念堂前的演讲》。在这次演讲中,他首先热情洋溢地赞扬了100多年前林肯签署的《解放宣言》,然后,话锋一转,指出100多年后的今日,黑人仍处在水深火热之中,号召黑人奋起斗争,并且以诚挚抒情的语调,描述了黑人梦寐以求的平等、自由的理想:"黑人儿童将能够与白人儿童如兄弟姊妹一般携起手来""上帝的灵光大放光彩,芸芸众生共睹光华!"这篇演讲内容充实,感情炽烈,气势磅礴,产生了极强的感染力,是一篇反抗种族歧视、争取民族平等的战斗檄文,大大推进了美国黑人的民权运动。

正因为演讲与政治活动联系密切,具有极大的组织、鼓动、激励、批判和推动作用,所以,人们不仅利用演讲来为特定的政治目的服务,而且也广泛关心各国政界、军界和知名人士的演讲,从中了解和研究其演讲所透露的信息,预测今后的发展趋势,制定相应的对策。

二、经济活动的理想筹码

经济与政治关系密切,政治动态常常直接或间接影响经济的发展。因而,从事经济活动的人,常常能从演讲,特别是各国领导人的演讲内容中,捕捉到有关经济的信息,从而预测经济发展动向,以便采取相应的措施,调整对策。同时,在经济活动中,企业的领导人,也常常要运用演讲,把企业活动的奋斗目标、方针、措施,向本部门的职工传达,使领导的决心变成职工的具体行动,从而推动企业各项工作的全面开展。在我国经济体制改革中,许多由群众民主选举产生的领导,上任时往往发表就职演说。例如,有一位建筑公司新任经理,一上任就向本单位干部和职工代表作了生动的演讲。他郑重宣布:"新班子上任,不只是烧三把火,而是靠众人拾柴燃起建设四化的熊熊烈火。"然后就如何调动"泥瓦匠"的积极性,提出了几项措施:首先,"从提高建筑工人地位做起";其次,抓紧解决职工住房问题,"让住芦席棚的都住进新楼房",同时,限期改造和兴建食堂、澡堂、探亲房和托儿所……总之,这位新任经理紧紧围绕着如何调动职工积极性从而达到提高经济效益的目的展开论述,使干部和职工代表备受鼓舞。此后,该公司迅速出现"众人拾柴"的局面,"燃起建设四化的熊熊烈火"。

在贸易洽谈中,生动的演讲常常能把客户的注意力引到与产品价格相对应的价值上来,使对方感到他们将得到好处,而不是付出代价。在涉外经济活动中,演讲是获取经济新闻的重要渠道。当今,公共关系学已成为一门新兴的学科,在公关活动中,演讲与口才有着十分重要的意义。日本企业家把青年在大街上说唱叫卖而毫无愧色的表现作为合格人才的首要条件,这正好反映了演讲在经济活动中的重要作用。在美国甚至开办了直接以演讲活动来盈利的公司。据1984年4月15日《参考消息》报道,美国纽约帝国大厦,有一家名叫哈利·沃克的特殊公司,这是一家专门提供演讲服务的演说公司,它拥有6间办公室,十几位雇员,生意十分兴隆,年收入纯利竟高达1000多万美元。这不仅说明了演讲的重要,为世人所瞩目,而且也表明,演讲本身也像商品一样进入了经济活动的市场。

三、鼓舞士气的战斗号角

演讲也常常是军事家用以动员部队、鼓舞士气、激励斗志的战斗号角。战争开始前的组织发动,激烈战斗中的添力鼓劲,战争结束后的祝捷庆功,指挥员总要发表简洁而极富鼓动力的演讲,一字千钧,震撼人心。古今中外,这样的事例不胜枚举。例如,公元前209年(秦二世元年),陈胜在大泽乡起义时对他的"徒属"发表演说:"且壮士不死即已,死即举大名耳,王侯将相宁有种乎!"话虽不多,容量极大,鼓动性极强。将"徒属"称为"壮士",使其精神境界升华,最后一句画龙点睛,一反传统观念,表示了对"王侯将相"的蔑视和对自己力量的信任。这句话既是斩钉截铁、富有哲理的断语,又是富于启发的提问,产生了极大的感染力和激发力。徒属们当即表示"敬受命"。于是揭竿起义,达到了陈胜当众演说动员起义的目的。又如,1944年6月,盟军司令官蒙哥马利元帅在诺曼底登陆中对担负突击任务的士兵发表的演说,对士兵产生了极大的鼓舞。他说:"你们在干一件无与伦比的大事业。世界将通过你们完全变一番模样,历史将为你们树立一座丰碑,写上:你们是迄今最优秀的军人!这场世界上从未有过的拔河比赛,这些即将开辟第二战场的军人们所负的责任是成功地执行自己的任务,并最后作为一个自豪的人,回到家里同亲人团聚。"他的话顿时激发了士兵们大无畏的战斗精神,士兵们高呼:"元帅的贝雷帽和演讲给了我们扑向死神的力量。"

在军事活动中,演讲不仅在冲锋陷阵方面发挥作用,而且军政首脑关于战争形势、任务、战略、战术和军队建设的分析,以及军队内部的政治活动,诸如英雄战斗事迹报告和战斗经验报告等,也都广泛运用演讲作为手段。

四、传播知识的有效途径

演讲是高级的、完美的口语表达形式,能最大限度地发挥语言在传授知识、探讨学问、宣传成果、交流经验方面的作用。当今,尽管科学技术高度发展,知识传播的途径迅速增多,但作为直接运用语言进行交际的演讲,由于现场的作用,能对人体感官作多重的综合刺激,高度调动人们的注意力,促进思维活动,并且使听众在情绪、情感、意志等方面同时受到影响,从而加深对演讲所传播的科学知识的理解,增强学习效果,因而它始终是传播科学文化知识,提高文化素养的有效途径。

学校是传播科学文化知识的基地。虽然一般的课堂教学不能算是演讲,但它毕竟具有许许多多演讲的因素。因此,从某种意义上讲,课堂传道授业,也可以说是演讲功能的体现;同时,在学校教学活动中,作为课堂教学的辅助和补充,经常开展的各种类型的学术讲座,却是非常正规的演讲。这种演讲通常是由具有一定修养和造诣的学者、权威担任主讲,由于他们具有相当的权威性和可靠性,因而其可信度高,能造成良好的心理定式,引起学生的兴趣。这种演讲对深化课堂教学内容,繁荣学术研究,促进科学文化的普及起着十分重要的作用。此外,学校广泛开展的读书演讲、电影故事演讲、专题辩论演讲、调查访问演讲以及其他专题演讲,对培养学生的观察能力、分析综合能力、表达能力也都具有十分积极的作用,可以促使青年学生向多学科多领域迈进。

五、思想教育的最佳形式

社会的发展从各个方面以各种不同方式影响着人们的心理状态和精神面貌。特别是青年,受时代的影响表现得更为明显。当代青年兴趣广泛,思想活跃,乐于探索,勤于思考,勇于进取,敢于标新立异,且十分自尊、自信,不喜欢空洞的说教和粗暴的训斥。演讲的魅力正在于"晓之以理,动之以情,授之以知,导之以美,明之以实,联之以身"。因此,对群众,特别是对青年一代进行前途、理想、道德、纪律的教育,演讲是最理想的形式。古希腊学者、唯物主义哲学家德谟克利特有一句名言:"用鼓动和说服的语言来造就一个人的道德,显然比用法律和约束更能成功。"运用演讲的特殊手段和魅力来"鼓动和说服"听众,正符合当今思想政治工作的要求。现在我国已广泛运用演讲形式进行革命人生观教育,以及共产主义道德教育。李燕杰、曲啸、邵守义、刘吉等人的卓有成效的演讲,受到全社会极高的赞誉,被称为"善于打开人们心灵的专门家"。许多人听了曲啸的演讲,热泪盈眶,夜不能寐,引起深刻的反思。李燕杰在国内外作了 500 余场精彩的演讲,直接听众达 70 余万人次,他以生动的语言,火一般的激情,融理论、历史、文艺和社会现实于一炉,讲述理想、道德、情操,激发起人们的满腔政治热情,真正起到了"鼓动和说服"的作用,产生了极大的社会效益。

再者,积极开展演讲活动,也是青年自我教育的好形式。事实上,青年演讲者从产生演讲动机、组织演讲材料,到当众演讲的整个过程,也就是自我教育、提高认识的过程。同时,由于青年人之间有着许多共性,青年人自己现身说法,听众能在心理上产生亲切感,在思想上产生强烈共鸣,从而取得"频率共振"的良好效果。

六、人才考核的重要尺度

演讲既是培养现代人才的有效途径,也是考核人才的重要尺度。从培养人才的角度来看,如前所述,演讲具有传播知识和进行思想教育的功能,对培养人才具有重要作用。

此外,由于演讲本身在内容方面和形式方面的特殊要求,还可以有意识地通过演讲实践来训练人们的思维能力、观察能力、分析能力、应变能力和口语表达能力。众所周知,语言是思维的外壳,是思维的手段。没有丰富的思想、敏捷的思维,何来精彩的演讲?研究表明,思维具有独立性、广阔性、层次性、探索性和实践性等五个方面的主要品质。由于演讲活动正是以语言为手段来表达思维的活动,它可以使思维的五个方面的品质得到全面的训练和发展。同时,演讲还可以使大脑的各个功能区域,诸如感受区域、判断区域、储存区域和想象区域等处于良好的活动状态,运转协调,促使思维力、观察力、分析力、表达力、应变力都得到发展。因而,它是培养思维、开拓智力的有效途径。

水银遇热膨胀,我们可以借助水银膨胀的现象来测量温度的高低。同样,人的能力可以通过演讲来训练培养,那么,我们也可以从演讲这一角度来度量人的能力的高低。尽管社会对不同人才的能力构成要求不尽相同,但演讲能力却是各种人才都必须具备的。许多政治家、理论家、实业家的卓越才能不仅表现在他们的文韬武略、理论创造和经济实践之中,同时还表现在他们的演讲魅力之中。可以说,演讲是一个人思想水平和各种才华技艺的集中"亮相"。有鉴别能力的人,往往可以从人们的讲话中,测量其修养程度和实际本领。美国的大学,不管是理工类还是文史类,都把基础作文法和演讲学规定为必修课。日本、新加坡等国规定政府工作人员要进行3个月到半年的演讲训练才能上岗工作,足见他们对演讲的重视程度。

现在已是21世纪,历史的车轮已将我们带进了知识经济的新时代。现在,各方面的竞争十分激烈。各单位的竞争上岗或社会上的人才招聘均离不开演讲,演讲往往是考核人才的重要尺度。人们通过演讲,不仅可以看出你的口头表达能力,而且还可以看出你的分析问题、解决问题的能力,你的临场应变能力与人际交往能力,甚至可以看出你的人生追求、思想境界与道德风范。总之,人人都要学会演讲,努力掌握演讲艺术,提高演讲水平。

思考与训练

1. 为什么说"演讲是一种具有现实性和艺术性的社会实践活动"?"三方人物·四重联系·五个环节"是什么意思?怎样给"演讲"下一个科学的定义?
2. 演讲学具有什么新质特征?为什么说演讲学是一门既古老又年轻的科学?
3. 演讲具有哪些社会功能?怎样理解"演讲是经济活动的理想筹码"?
4. "演讲是人才考核的重要尺度",下面是一位转业军人谋职的竞选演说,它展现了演讲者怎样的优势与才能?

各位评委:

我叫马××,19岁参军,历任坦克车长、排长、连长、参谋、团副参谋长、参谋长,在部队曾多次立功受奖。今年上级决定我转业,听说开发区公开招聘干部,我决心参与竞争,一展自己的抱负。

我认为自己很适合开发区办公室主任这个职位。也许大家会问:你一个军人,懂得地方工作吗?懂得办公室的工作吗?我可以毫不犹豫地告诉大家,竞争这个位置我起码有以下九个优势。

一、严格的军旅生活,培养了勇于进取的意识。我当兵20年,前10年从士兵到连队的指挥员,后10年从参谋到参谋长,既靠组织的关怀培养,也靠自己的不懈奋斗。我在军校接受过系统培训,完成了大专文化课程。多次参加大军区专业技术和参谋业务比赛……由此培养了我不甘人后的精神。

二、受过多方面的摔打与锻炼,比较熟悉办公室的工作。我是参谋长,其实就是部队首长的军事办公室主任。……所以,我感到从参谋长到办公室主任的转换过渡比较容易。

三、抓工作讲章法,善于总结经验。我有一定的文字功底,养成了总结工作积累经验的习惯,尤其在任参谋长期间,重要的文电都亲自拟定。……

四、严格、缜密的部队工作,培养了较强的办事能力和组织协调能力。……

五、军人的职业磨炼了我的性格,部队打硬仗的传统锻造了我的毅力,使我养成了良好的工作作风。比如,周密的组织计划,埋头苦干的求实精神和主动配合的协作观念等。我想这些作风在地方尤其是在经济开发区的工作中,同样是非常需要的。

六、团结观念强。……能做到对上服务和对下服务一样热情,一样周到。

七、肯干勤学,适应性强。部队人员更替勤,谁不肯干谁掉队。……现在虽然还不能说是经济内行,但我自信凭着个人现有素质加肯干勤学精神,定能克服困难,成为一个称职的办公室主任。

八、没有"左邻右舍"干扰,便于尽快开展工作。我是一名军人,初来乍到,一条汉子闯世界,没有困扰和掣肘我工作的"关系网"。我认为这恰恰是一个十分有利的因素。……

九、在部队接受20年的献身精神教育,个人家庭有些什么困难和问题,自我克制和自行克服的能力比较强,所以,不会在家庭、孩子问题上给组织添更多的麻烦。

由于这些优势,如果组织信赖,这次竞选成功后,我即可迅速上岗,立即进入角色。……

以上是个人的情况和打算,供各位评委参考。大家知道,我就是不参加竞选,组织上也会给我安置相应的工作的,但我感到,人总是要干点自己追求的事业。我的前20年已奉献给了国防事业,这后半生应该献给国家的经济建设。我感谢组织上给我提供这个机会,也希望组织给我提供一个实践的场所。

谢谢各位评委。

5. 下面是一篇婚宴演讲,请看婚宴主持人是怎样将庆典一次次推向高潮的。

各位亲戚、来宾、朋友们:

××大厦的邓××小姐与××教育学院的廖××先生的婚礼现在开始!

请各位朋友记住2019年元月12日这个特殊的日子,因为这个日子将一对新人呈现在你们面前。在源远流长五千年文明的中国,"12"历来是一个吉祥幸福的数字,因而今天的天公十分作美,和风吹拂,细雨润心。在这风调雨顺的花季中孕育的爱情、缔结的婚姻何愁不茁壮成长呢?

生我者父母。今天在座的有这对新人的父母,为养育这对新人,他们费尽十二分的辛劳。现在让新人向父母大人三鞠躬，十二万分感谢父母的养育之恩，并祝四位老人健康长寿一百二十年！

助我者朋友。过去的日子里，在座的各位朋友曾给予这对新人许许多多无私的帮助，他俩表示十二万分的感激！现在和未来的时光里，他俩仍希望各位朋友善意地批评教导、真诚地提携奖掖。现在请允许这对新人向各位朋友三鞠躬。

升华靠我们自己。命运始终掌握在自己手中。现在请新人互拜，祝愿对方以百米的冲刺速度去超越前人、超越自我！

"但愿人长久，千里共婵娟。"这仅仅是一种良好祝愿。今天，这种良好祝愿将在他俩身上得到实现：试看人长久，婵娟千里共！

现在，请各位举杯，为这对新人的幸福日子一百二十万年长，干杯！

第二章 异彩纷呈的演讲园地
——演讲的类型

第一节 演讲分类的标准

在演讲活动中,演讲者的身份各不相同,演讲的目的多种多样,演讲的内容包罗万象,演讲的方式各有特点,演讲的场地千差万别,演讲的听众形形色色,致使演讲活动种类繁多,异彩纷呈。为了全面深刻地认识和掌握演讲艺术的本质特征及社会功效,以便更好地组织演讲活动和顺利地发表演讲,可以把演讲按一定的标准区分为若干小类进行研究。

由于着眼点不同,演讲分类的标准也是多种多样的。着眼于人物,按演讲者的不同身份及演讲者所代表的主管部门和专业机构来分,演讲可分为不同的政党、政府部门、民众团体等各单位和各种专业性的演讲。着眼于功效,按演讲的目的来分,演讲可分为以宣传主张、阐述道理为主的传道性演讲;以传播知识、教授技能为主的授业性演讲;以循循善诱的训导教育为主的立德性演讲;以交流情感寓理于情为主的抒情性演讲。着眼于传播技巧,按演讲者采用的主要表现手法来分,演讲可分为以叙事为主的叙述性演讲;以逻辑论证为主的论辩性演讲;以解说注释为主的说明性演讲;以感情传达为主的传情性演讲。着眼于时空环境,按场合来分,演讲可分为集会演讲、议会演讲、战地演讲、街头演讲、法庭演讲、教堂演讲等。着眼于联系手段,按演讲信息传播媒介来分,演讲可分为会场演讲、广播演讲、电视演讲、网络演讲等。着眼于演讲准备情况,演讲还可分为即兴演讲、脱稿演讲、照稿演讲等。

从演讲的全过程来看,信息内容是联系演讲主体和客体的关键所在。内容决定形式,不同的演讲内容决定着演讲者的口语和态势,影响着演讲的风格和气度,是决定演讲成败的最重要的因素。因此,演讲分类的重要标准是演讲的内容。演讲内容的涉及面十分广泛,政治、军事、经济、科学、道德、法律、宗教、社会日常生活,几乎无所不包,而演讲的内容又与演讲的目的联系极为密切。因此,本书根据演讲的内容和目的,把演讲分为政治演讲、经济演讲、军事演讲、学术演讲、法律演讲、道德演讲、礼仪演讲、宗教演讲等八种类型。

第二节 政治演讲

一、政治演讲的含义

政治演讲,是指人们针对国家内政事务和对外关系,表明立场、阐明观点、宣传主张的一种演讲。它是政治斗争的重要武器,其内涵丰富,适应面广。诸如政府首脑的竞选演讲、施政演讲、就职演讲,各级领导宣传大政方针和实施计划的演讲,以及人们在政治集会上代表一定阶级、政党或个人发表的演讲等,都是政治演讲。从广义来讲,军事演讲和以思想政治教育为目的的演讲也都属于政治演讲。但由于这些演讲与一般政治演讲在内容和针对性方面有其自身的特殊性,因此本书将单独分节论述。

二、政治演讲的特点

1. 旗帜鲜明的政治观点

政治演讲的目的在于宣传自己政党、集团或个人的政治见解和主张,借以说服和鼓动听众,使其接受并付诸行动。因此,好的政治演讲,总是具有巨大的思想容量、精辟的政治见解、旗帜鲜明的立场观点。不仅如此,好的政治演讲,其观点总是先进而健康的,符合历史发展的规律,起着推动社会前进的积极作用。例如,美国著名政治家帕特里克·亨利的《在弗吉尼亚州议会上的演说》,就像炽烈的火炬,照亮了美国人民争取独立的道路。18世纪中叶,北美人民反对殖民主义,争取自由独立的呼声日益高涨,而美国一些资产阶级领导人却主张与殖民者妥协和解,英国趁机调集大批军舰,企图镇压北美人民的反抗。在紧急关头,著名政治家帕特里克·亨利发表了这篇蜚声世界的演讲。他首先采取欲擒故纵以退为进的表达手法,缓和会场紧张气氛,然后展开凌厉的攻势,以大量铁的事实,揭露英国殖民主义者的贪婪,指明妥协退让的危害,划清是非界限,旗帜鲜明地提出必须"拿起武器"与英国殖民主义者斗争。整篇演讲,充满炽热的爱国激情和献身精神,擂响了争取独立的战鼓,产生了深远的影响。

2. 雄辩严谨的逻辑威力

充分而雄辩的说理,严谨而有力的逻辑论证,是成功的政治演讲的又一基本特点。特别是在论辩性的政治演讲中,要克敌制胜,单有真理是不够的,还要求有辩证的思维、严密的逻辑、高明的策略和犀利的语言等。因此,为了迅速圆满地达到政治演讲的目的,演讲者对其所要表达的观点总是经过深思熟虑,使其具有很强的说服力:提出问题的前提背景、分析问题的材料依据、解决问题的方法步骤,逐条逐款环环相扣,布局合理,结构严谨,概念明确,判断恰当,推理合乎逻辑,始终保持思维论断的确定性和明确性。例如,列宁的演讲就具有"不可战胜的逻辑力量"。当年,有很多听过列宁演讲的人都说:"列宁演讲中的逻辑好像许多万能的触角,从各方面把你钳住,使你无法脱身,你不是投降,就是完全失败。"

还是让我们来看一看帕特里克·亨利《在弗吉尼亚州议会上的演说》中的一段话吧:

> 假如我们想得到自由,也就是说要拯救我们为之长期奋斗的神圣而珍贵的权利,不卑怯地放弃我们已投身多年并发誓不达目的决不罢休的崇高斗争的话,我们必须战斗!我再重复一遍,主席先生,必须战斗!拿起武器,诉诸万军之主,这才是我们唯一的出路。

在这段话中,帕特里克·亨利运用了两个省略了小前提的充分条件假言推理的肯定前件式,向听众表明了"我们必须战斗"的充足理由,体现出强烈的论证性和雄辩的说服力。

3. 刚劲强烈的鼓动力量

成功的政治演讲,都具有刚劲强烈的鼓动力量。特别是一些政治集会演讲,其内容往往意义重大,为人们所共同关注。演讲者或动员,或宣传,或批驳,或声讨,不仅旗帜鲜明、观点明确、逻辑严谨、论证有力,而且感情真挚,以情动人,以引起听众的强烈共鸣,产生"共振效应",因而极富鼓动性和号召力。

政治演讲的鼓动力量不是游离于演讲内容以外的豪言壮语,也不是脱离实际的声嘶力竭的呼号,而是来自政治观点和主张的正确程度,来自演讲者的真知灼见和真情实感。

还是以帕特里克·亨利《在弗吉尼亚州议会上的演说》为例来说明。在这篇演讲中,他态度严峻,言辞激烈,语调坚决,运用了一连串的反问句和排比句,显得气势恢宏有力,而且充满热情和赤诚。最后,他发出震撼人心的呼吁:在这场斗争中,"我不知道别人将如何行事,但对于我来说,不自由,毋宁死!"爱国者的凛然正气,立即引起了强烈的反响。有一位参加会议的代表写道:他的演说"给人的印象是如此的强烈,如此的惊人,会议厅里没有人鼓掌,鸦雀无声。这样过了几分钟之后,议会的一部分成员从座位上跳起来,在他们兴奋的脸上可以看出这句话:'拿起武器!'他们的眼睛里闪耀着爱国热情的火花"。这段话十分形象生动地写出了帕特里克·亨利演讲的鼓动色彩是多么的强烈感人!

第三节 经济演讲

一、经济演讲的含义

现代经济发展要求企业家不断扩大自己的横向联系和纵向联系,以便顺利地传递信息、指挥生产和开展经营活动。经济演讲就是指这类具有经贸内容性质的演讲。这类演讲大致可分为公关型、总结型、动员型、经验介绍型等几种。公关型是指企业家洽谈贸易,阐述本企业的对外政策,宣传本企业的发展优势和产品特色等;总结型是指企业领导向被授权的大会(如联代会、理事会、董事会)汇报工作并分析评价工作成绩等;动员型是指企业领导向职工解释生产计划以及计划实施的意义和效益,以便最大限度地调动职工的积极性;经验介绍型则是指围绕产品质量、销售、管理等经济活动所进行的科研探讨等。

二、经济演讲的特点

1. 高度的求实性

经济演讲服务于经济效益。因此,演讲的各部分和所有论点都要深思熟虑、严密论证;所提建议以及号召应具有充分的根据;除了出于某种策略考虑外,引用的数据要求准确无误,且有说服力;目标明确而具体。它所提出的措施在企业内部常常具有行动纲领的性质,最终要在工作中得到落实。所以,经济演讲既要有鼓动性,能鼓舞士气,使职工看到希望,又要实事求是地把企业的困难和问题告诉职工,使职工对现状有清醒的认识,从而以主人翁的姿态主动为企业服务。

2. 重视信息,讲究策略

信息在经济领域中起着越来越重要的桥梁作用。它沟通经济实体、经济单位之间的联系,能起到启迪、诱发、激励、协调经济生产的作用;在经济管理中,信息也起着上情下达、反馈控制的作用。因此,经济演讲特别重视信息的传播。一方面,它要通过准确的信息传播促进经济活动的开展;另一方面,它又出于以盈利为目的的策略考虑,对于部分信息实行严格的保密。总之,有关经济情报对于经营活动是至关重要的。经济演讲十分重视信息,又特别讲究策略。

3. 语言明确,以解说为主

解说就是用明确的语言把事物的形状、性质、构造、成因、关系、功用等解释清楚,把人物的经历、特点等表达明白。经济演讲中企业家常常要将企业的现状、发展情况、产品以及生产计划等向听众作介绍。这些主要依赖解说进行,特别是关于经验介绍和科学总结更要求作详尽的解说,多举实例,尽可能把经验上升为理论,从中找出规律性的东西,以便推广。

第四节 军事演讲

一、军事演讲的含义

军事演讲是指以战争为中心内容的各种形式的演讲。这种演讲常常用于战前誓师,介绍战争形势、任务、战略、战术等;或用于战地鼓气,激励战士同仇敌忾,勇猛向前;或用于战后庆功,宣传战绩,表彰战斗英雄,推广战斗经验,等等。例如,日本帝国主义偷袭珍珠港,美国总统罗斯福获得消息后,1941年12月8日,在参众两院联席会议上发表了《一个遗臭万年的日子》的著名演讲。这篇仅用了6分半钟的简明有力的演讲,既陈述了事实真相,又分析了战争性质及胜负条件,把激昂愤懑之情融于冷静的分析和判断之中,句句都是有力的论据,句句都是炙人的烈火,产生了巨大的反响,参众两院分别以绝对多数票通过了美国和日本之间存在战争状态的联合决议。

二、军事演讲的特点

1. 唤起紧迫感,极富鼓动性

军事演讲与其他演讲比较,更富鼓动性和号召力。这是由其特殊的目的和时空环境所决定的。特别是战地演讲,听众本来就是一个群体,有共同的群体意识,有拥护和服从的心理定式,军队首领所发表的讲话,很大程度上都带有命令性质,只要稍加点拨,就会形成燎原之势,产生极大的号召力。军事演讲这种极大的鼓动性和号召力,常常取决于演讲所唤起的共同的反抗意识、复仇情绪和紧迫感。如前所述,罗斯福的《一个遗臭万年的日子》的演讲,之所以产生罕见的效果,除了罗斯福的高超演讲技巧之外,与当时事件的严重性质及与会者的思想感情密切相关。罗斯福的演讲正是顺应了听众的共同心理指向,因而产生了强大的鼓动性和号召力。

2. 感情显露,充满"火药味"

军事演讲一般是在阶级矛盾和民族矛盾的白热化阶段进行的。这时,如果不是局外人,谁都会产生强烈的感情冲动。对于事情真相的陈述,对于问题性质的分析,必然要受到各自所属的民族和阶级的制约,因而演讲者的立场十分鲜明,感情总是直接外露,或召唤,或斥责,斩钉截铁,慷慨激昂,有着强烈的"火药味"。篇幅一般不太长,语言简明有力,掷地有声,如号角,如战鼓,扣人心弦。例如,陈胜起义演说,全篇仅46字,8个分句,恰当的语言,表达出极其丰富的思想。一方面,它不仅指明了揭竿起义势在必行,而且末句"王侯将相宁有种乎!"语气铿锵有力,发人深省,十分准确地表达了陈胜的高超策略和傲视权贵显示斗争的勇气;另一方面又以谁都可以取而代之作号召目标,激起"徒属"奋起反抗。真是一箭双雕,成功地唤起了"徒属"的反抗意识和斗争勇!

3. 具有及时性和隐秘性

由于军事斗争的特殊需要,军事演讲总是紧密配合军事行动进行,非常及时地为军事行动服务。军事信息的时效性决定了军事演讲的及时性。同样,军事信息的保密性又决定了军事演讲在一定时间、一定范围内具有一定程度的隐秘性。在军事演讲中,涉及的具体保密内容,多用较笼统的原则的鼓动性、号召性语言所代替。

第五节　学术演讲

一、学术演讲的含义

学术演讲是指介绍科学研究成果、传授科学知识、表述学术见解的演讲。它是一种高层次的演讲,通常在学术研讨会、学术报告会和学术讲座上进行。从传授知识的角度来看,它与授课相近,但在表达上则与课堂教学很不相同,它很少有课堂教学那种相对固定的程序,也不像课堂教学那样受教材和教学大纲的约束。随着人类科学文化不断发展,学科门类愈分愈细,学术交流活动愈加广泛开展,学术演讲在内容方面,其深度和广度日趋丰富;在形式方面,其发展变化也日趋多样。学术演讲对传播文化、普及科学知识、促进科学发展起着积极的推动作用,因而世界各国都利用它来兴办教育、启迪民智。

二、学术演讲的特点

1. 科学严谨的内容

学术演讲要求内容具有科学性。所谓科学性是指所阐述的理论正确反映客观事物内部联系及其发展规律,形成完整、全面、连贯、系统的体系。这就要求从实际出发,实事求是,有正确的观点、翔实的材料、充分有力的证据以及严密周全的论证。可以说,内容的科学性是学术演讲的生命,学术演讲离开了严谨科学的内容,就毫无价值可言。一切片面的、支离破碎的、前后矛盾的主观臆断,都不能登大雅之堂。鲁迅先生1927年在广州所作《魏晋风度及文章与药及酒之关系》的演讲,就是学术演讲的典范。他运用历史唯物主义的观点,以大量历史事实为依据,详细论证了魏晋文风形成的原因,并且对曹操、何晏、王弼、嵇康、阮籍以及陶渊明等人的思想的内在矛盾进行了深入的探讨,作出了科学的评价。正因为鲁迅的见解完全是通过对大量史料的具体分析和严密推理而得出的,因而具有重要的学术价值。

2. 真知灼见的独创性

学术演讲不仅要求内容有科学性,还要求有真知灼见,有独到见解,具有一定的独创性。所谓独创性，是指对原有理论有所突破，能提出新的问题、新的观点，构成新的理论体系，等等，独创性是推动科学前进的动力。如果只有简单的继承，而无突破性的发展，科学将难以前进。学术演讲最忌人云亦云，即使是介绍某一学科领域的发展状况或科学普及教育的演讲，虽然对独创性的要求不高，但也必须尽可能从讲述角度、讲述重点、讲述方法上多作文章，力图讲出一点新意来。事实上，独创性是学术演讲的价值所在。鲁迅的《魏晋风度及文章与药及酒之关系》的学术演讲正是这样，不仅其严谨科学的内容令人信服，而且所提的见解和所作的分析也特别新颖，令人耳目一新。他在推论中立足历史，面对现实，巧妙地把学术性与现实性结合起来，使学术研究很好地为现实社会服务。这篇演讲可以说是学术演讲为社会服务的典范。

3. 平易准确的语言

学术演讲的语言要求准确平易。这是由学术资料的内容的科学性和独创性所决定的。为了完整地恰当地表示概念、判断和推理，遣词造句必须非常严谨，表达必须简练明快，例证要求自然恰当。学术演讲是高层次的演讲，常常不可避免地要使用一些专业术语、独特的符号以及独特的表达形式，等等。对于内行来说，它们是熟悉、生动、有趣的；而对于一般听众来说，却可能是陌生、艰涩、枯燥、乏味的。因此，演讲者为扩大演讲的影响，在做到语言严谨准确的同时，应力求达到平易、生动；有时甚至需要运用富有趣味性的语言来表达艰涩的学术观点，做到深入浅出。鲁迅在《魏晋风度及文章与药及酒之关系》的学术演讲中，许多地方就运用了古今通变的手法，把遥远艰涩的历史事实巧妙地与现实联系起来，运用现实与历史的不协调的类比，产生出强烈的幽默讽刺效果。当他讲到晋人"扪虱而谈"时，机智地打趣道："'扪虱而谈'，当时竟传为美事。比方我今天在这里演讲的时候，扪起虱来，那是不大好的。"这种看似与学术无关的话，实际起了调节气氛、增强感染力的作用。

4. 多种多样的辅助手段

为了增强听众的直观效果，使深奥抽象的道理具体化，学术演讲常常借助多种辅助手段，例如幻灯、投影、录音、录像、挂图、板书、实物，以及实际操作、演示，等等。鲁迅在作《魏晋风度及文章与药及酒之关系》的学术演讲时，就利用了板书。他的第一句话就是："我今天所讲的，就是黑板上写着的这样一个题目。"在有关自然科学的学术演讲中，多种辅助手段的使用尤为突出。

第六节 法律演讲

一、法律演讲的含义

法律演讲，就是指以法律为内容的各种形式的演讲，包括法庭演讲、法律咨询和仲裁活动，以及其他有关普及法律知识的报告、讲座，等等。法律演讲在对公民进行法律、道德及共产主义思想教育等方面有着重大作用。特别是法庭演讲，它是实现各种诉讼职能的必要手段，对诉讼活动的质量有着直接影响。法律工作者利用法律演讲可以具体形象地宣传国家的法律，鞭挞违法犯罪行为，维护公民的合法权益，协助法庭实现司法目的和对公民进行教育。

二、法律演讲的特点

1. 鲜明的政策性

法律演讲不同于一般演讲。特别是法庭论辩演讲,其本身就是一种诉讼活动,必须严格依照法律进行,以法律为准绳,不能信口开河,敷衍了事,更不允许进行非法的人身攻击。国家的法律是最神圣的,它是统治阶级意志的反映,是方针政策的条文化和具体化。法庭演讲要保证法律的正确实施,因此,它必然具有鲜明的阶级性和政策性。演讲者——无论是公诉人、辩护人或审判长,都必须对法律有深刻准确的理解,实事求是,公正坦诚,不偏不倚,尊重法律,尊重个人,体现出鲜明的政策性。

2. 材料的准确性

法律演讲不是简单地引用法律条文,也不是不加分析、不加评价地复述案件事实。法律演讲要广泛地运用逻辑推理、论据和论证。无论是公诉人还是辩护人,演讲时都必须有确凿的证据。叙述案件的实际情况,分析和评价证据,是法庭演讲的主要内容,是它的核心所在。事实胜于雄辩,与论题有关的事实的总和是最为有力的无法反驳的论据。所以法律演讲必须确保材料的绝对准确,不能有任何主观臆断和猜想揣度。因此,法庭演讲总是首先证明诉讼证据是确凿无疑的。

3. 言辞的严密性

准确、鲜明、严谨、字斟句酌、无懈可击,是法律演讲的语言特色。显然,这是由法庭的特定环境、辩论的特定内容和法律语言的特定功能所决定的。一字之差,人命关天,不能稍有差错。例如,如果将"犯罪未遂"说成"犯罪中止",把"抢夺罪"误为"抢劫罪",就会铸成大错。含混模糊的词语如"大概""也许""可能"之类,在法庭辩论中也常被禁止使用。不论是以"立论"方式发表的公诉演说,还是以"驳论"方式发表的辩护演说,都必须做到用词精确严密,具有雄辩的力量。

第七节 道德演讲

一、道德演讲的含义

道德演讲是指以思想品德教育为目的的一种演讲。它是一种宣传教化手段。演讲者通过对社会生活中的意识形态问题进行分析、说明和评论,可以宣传赞扬真善美,揭露鞭挞假丑恶,支持进步,批评落后,帮助人们认清形势,分辨是非,明白事理,陶冶心灵,促使人们树立正确的人生观和世界观,培养人们高尚的道德品质和情操。

道德教育演讲在我国有着悠久的历史,积累了丰富的经验。这种教育方式很受各方面的重视,被广泛地推广运用。像李燕杰、曲啸、张海迪等人的演讲,为启迪听众聪慧,开拓人的内在潜力,塑造美的心灵,都曾产生过振聋发聩的巨大力量。

二、道德演讲的特点

1. 题材广泛,形式多样

思想道德教育演讲涉及的内容非常广,因为社会生活本身就是丰富多彩的,人生各个方面——理想、前途、爱情、幸福、荣誉、耻辱,社会各个领域,都可成为道德演讲的内容和对象。在众多的内容中,爱国主义教育是基本内容。古今中外,许多著名演讲都贯穿着热爱祖国这一重大而神圣的主题。李燕杰的《国家、民族与正气》的演讲,就是高亢激越的爱国主义颂歌。理想和人生的价值,也是道德演讲的热点。这类演讲往往生动地反映出思想之光,帮助人们树立正确的幸福观、爱情观、荣誉观、价值观,如鼓点催人奋进。

思想道德教育演讲所牵涉的听众面也很宽。不同年龄、不同职业、不同层次、不同文化的听众,都有不同要求,差异很大。为此,演讲者必然要"因人施教""因事施教""因时施教""因地施教",必然导致形式的多种多样。例如各类报告团的"巡回演讲",就有各演讲者在统一主题下进行的"主题演讲会",选择共同关心的问题组织的"问题演讲会"等多种形式。

2. 贴近生活,洋溢时代感

道德教育演讲,要"以理教化",要讲政治倾向、思想深度,但绝不可搞空头政治,简单说教。道德教育演讲不仅从理论上进行探讨,而且还要十分贴近生活,选择与现实密切相关的内容加以阐述、评论,选择听众共同感兴趣的真实、生动、感人的典型事例进行分析讲解。演讲者熟悉现实生活,了解听众心理要求;以其敏锐的洞察力,把握时代的脉搏,捕捉最新信息,以新形势、新思想、新观点给人以教育和启迪。这里值得一提的是,"时代感"不是"掉洋书袋"或是扯上几段洋贤哲的洋玩意,就沾上了非凡仙气。自然界不断衍生,人类社会不断发展,每一个时代都有每一个时代的特点,道德演讲总是选择追随时代脚步、带有时代精神和时代变革烙印的先进典型来进行宣传。例如人们在将张海迪和雷锋进行比较时,不仅讲清他们的共性,而且尤其着重讲清张海迪有着雷锋所未曾有的新的时代的印记,展示出她的价值观,她对变革前进的炽热愿望,以及她的令人心驰神往的新一代的思想光彩。

3. 疏导指教,充满亲切感

思想道德教育是一种感情的艺术,成功的思想教育是"三分含情,七分叙理",情理有机结合,情中有理,理中含情。因此,道德演讲一方面"以理教化",另一方面又"以情感化",感情色彩很浓。演讲者常常采用循循善诱的疏导说服方式,摒弃训斥口吻,语言亲切平易,感情真挚动人,充满亲切感。特别是对待青年听众,热情诚恳尤其显得重要。他们对指手画脚的训斥,感情相悖,即便金玉良言,也无动于衷。在思想教育演讲中,演讲者总是善于把感情置于正确思想指导下,发挥它在演讲中的重要作用。例如解放军一等功臣、老山前线英雄徐良所作《血染的风采》的演讲,以真实、生动、有针对性的叙述为主,适当加以抒情议论,语言质朴、优美,饱含感情;把对祖国的爱、对战友的爱以及对亲人的爱,抒发得淋漓尽致;感情诚挚自然,完全是由衷的倾吐,使人感到真实亲切,产生了极大的宣传感染效果。

第八节 礼仪演讲

一、礼仪演讲的含义

礼仪演讲是指在公众节令或重要仪典上发表的演讲。它是调节人际关系的重要手段,主要有凭吊和庆贺两种类型,意在表达感情和表示礼节。演讲者常常借对死者的哀悼或对喜庆的祝贺,以真挚感情打动听众,起到宣传和交际的作用。

礼仪演讲使用范围较广。凭吊演讲不仅在葬礼上使用以寄托哀思,还常常在周年祭或纪念会上发表,借歌功颂德,激励后人。庆贺演讲的适应面则更为宽广,婚礼、寿诞、立功受奖、佳节纪念等都需要前往祝贺,可以发表热情洋溢、催人奋进的演讲。

二、礼仪演讲的特点

1. 强烈的感情色彩

感情色彩浓重是礼仪演讲最显著的特点。凭吊演讲感情深重,语调沉缓悲切,与丧事的悲痛气氛相协调。庆贺演讲情绪昂扬,语调高亢热烈,与喜庆的欢乐气氛相统一。不管是悲是喜,演讲者的感情总是明显外露,声情并茂;表达充分而自然,扣人心弦;在修辞上,比较接近文学语体。

历史上,出色的凭吊演讲很多,感情色彩的表达丰富多彩。林肯《在葛底斯堡国家烈士公墓落成典礼上的演说》,仅仅10个句子,感情却十分深厚,思想集中,措辞精练、朴实、典雅。郭沫若《在萧红墓前的5分钟演讲》,有感而发,饱含哲理,体现了对青年的热切期望,眷眷之情溢于言表。闻一多在李公朴追悼会上发表的《最后一次的讲演》,悲愤交加,情绪激昂,字字句句似匕首投枪,势不可当。恩格斯《在马克思墓前的讲话》,缅怀战友,情深意切,充分表达出无限敬仰思慕之情。

庆贺演讲气氛热烈,演讲者常表达出爱戴、尊敬和祝愿之情。郭沫若的《科学的春天》就是一篇热情洋溢的庆贺演讲。

2. 符合礼节规范

礼仪演讲是在特定的社交活动中进行的,特别要注意礼节规范,不可贸然行事。表情、态度、动作都要有讲究,要适应现场气氛,尊重民族习惯和民间风尚,彬彬有礼。礼仪演讲的特定内容决定了它有较为固定的结构形式。如祝酒词,一般开头说明祝酒缘由,结尾借酒祝贺,最后举酒干杯。

3. 由此及彼,借题发挥

礼仪演讲不是单纯地为纪念而纪念,为庆贺而庆贺,常常由此及彼,借题发挥,通过凭吊或庆贺达到某种目的。例如,1947年10月10日,冯玉祥出席了在美国哥伦比亚大学教职员俱乐部举行的中国学生欢迎庆祝会。这天正好是当时"中华民国"的国庆纪念日,冯玉祥发表了著名的《国庆演讲》。他首先缅怀孙中山领导革命,创立民国的伟绩,然后话锋一转,矛头直指时弊和当时政府的腐败劣绩,并热情激励大家争取民主的胜利。感情真诚,慷慨激昂,顺乎民心,产生了深远的影响。

▶ 第九节 宗教演讲 ◀

一、宗教演讲的含义

宗教演讲是指宗教神职人员所作的宣传教义教规和宗教故事的演讲。这种演讲在中世纪的欧洲曾盛极一时,处于唯我独尊的地位。在我国古代,随着佛教的传入和兴起,宗教演讲也曾十分盛行。唐朝的三藏法师玄奘,在宗教演讲方面就有过辉煌的成就。据历史记载,公元642年12月,印度半岛上的羯若鞠阇国的年轻国王戒日王在曲女城召开了佛教的两派——大乘教和小乘教的论辩大会,到会的有印度半岛上18个国家的国王,大乘、小乘两派佛教高僧3000多人,还有其他宗教徒2000多人以及许多国家的平民百姓等,人山人海,盛况空前。三藏法师作为大乘教派的论主,首先演讲,全面阐述了佛教教义,具体批评了小乘派的不足;同时他把自己撰写的《制恶见论》张挂于会场门外,申明如果有人发现论文里有一个字没道理,就斩论主的头,向大家谢罪。开始有一二人提出异议,但都被驳得哑口无言。三藏法师天天演讲佛教教义,征服了所有听众,连续18天,无一人再敢辩论。大会结束时,他谢绝了各国的厚礼,被拥上一头装饰华丽的大象,绕场一周,庆贺胜利。我国宪法规定,人们有信教自由,因而,在我国社会主义制度下,宗教演讲也将长期存在。

二、宗教演讲的特点

1. 内容的唯心性和迷惑性

宗教是统治阶级用来麻痹人民斗志的工具,也是被压迫者寻求精神解脱的安慰。宗教演讲正好在这两方面发挥作用,因而具有明显的唯心性和迷惑性。它是维护神学统治的手段。

2. 常常伴随宗教活动进行

宗教演讲是宗教活动的内容之一,一般在宗教仪式和宗教活动中进行,因而常常具有某种特定程式或结构形式。

3. 宣扬求善心理

宗教演讲常常标榜惩恶扬善,以"温良恭俭让"为美德,因而有一定的"劝善"功能。

思考与训练

1. 为什么在我国的演讲园地里会呈现出一派异彩纷呈的景象?
2. 着眼于功效,就演讲的目的而言,演讲可分为哪些种类?着眼于时空环境,就场合而言,演讲又可分为哪些种类?
3. 试比较政治演讲与法律演讲的不同特点。
4. 下面是一位导游在引导游客乘坐竹筏参观游览福建鹰潭龙虎山景区的旅游介绍。请结合这篇导游辞来谈谈旅游演讲的主要特点。

各位先生,各位女士:

我们将从这里乘坐竹筏顺流而下,各位将一览《水浒传》开篇所描绘的龙虎山"遥山叠翠,远山澄清""千嶂竞秀,万壑争流"的美景秀色:有如诗似画的排衙峰,奇诡如梦的马祖岩;有巍峨险峻的云台山;还有宫观联袂、宛如仙境的应天山、圣井山、琵琶山、鬼谷洞。清澈澄碧、曲折回环的泸溪河两岸,或古树参天,或陡峭险峻,或乱山横翠;仙水岩山奇水秀,形似漓江,百余个人文景点,各呈风姿,尤其是仙水岩至马祖岩5公里的山岩洞穴中,100多座2600多年前的古越族墓群,令人目不暇接……它们相互映衬,争奇斗艳,构成一幅绵延15公里的立体画卷。正如宋代政治家王安石在《七绝·龙虎山》中所描绘的那样:"湾湾苔径引青松,苍石坛高进晚风。方响乱敲云彩里,琵琶交映水声中。"

各位先生,各位女士,有道是:"莫道宜春远,江山多胜游。"愿各位在今天乘筏旅游中饱览江山秀色,领略多娇风采。

5. 下面是一位大学毕业生的告别演说。请结合这篇告别演说来谈谈校园演讲的主要特色。

同学们:

大家都瞧见了,这是一个阳光灿烂的丰收季节。在这座城市,在我们的校园,到处都是玫瑰朵朵,这是四年前我们共同栽培的。今天,让鲜花和友谊来聚拢、安抚我们激动不安的心!

四年前,大家从天南海北来到这里,组成了一个新的集体。年轻的心是最容易相通的,尽管四年中有追求有失落,有得意有烦恼,有欢乐有忧愁,有友爱有孤寂……但我们都曾怀着真诚而美好的初衷去学习、生活、相爱,没有什么比这些更有意义,更令我们怀念。

我们怀念每一位诲人不倦的老师,你们的手势或白发会镌刻在我们的记忆中;怀念教室里深夜灯光下的静谧;怀念运动场上的奔跑跳跃,甚至食堂里的拥挤和高低床上的争论;怀念每一块绿地和每一片风中飘零的废纸……今天,我们没有更好的礼物留下,这第一朵玫瑰,就献给我们的母校和老师,她寄托着大家的热爱和敬意!

四年很长久,四年也匆匆,以后的日子,大家又要飞,天高地阔,任重道远,我们将在躬身的劳作和奉献中等候着彼此的好消息。现在,请珍惜和永远记住这一刻,记住你左边和右边的任何一个人吧,记住他(她)的姓名、仪表和特点,请让我们彼此握手,彼此赠佩一朵玫瑰,让她表达我们的感谢和祝福。不管地老天荒,我们彼此息息相关,我们的手指上永远保留着赠人鲜花的芳香!

谢谢大家!

第三章　成功演讲的必要环节
——演讲的准备

第一节　信息与动机

一、信息与动机的关系

信息是一个综合概念。简言之，信息就是消息。它既不是物质，也不是能量，而是关于外部世界各种事物变化着的状态及其规律的描述，它具有知识秉性，是使人们得以了解、适应和控制外部世界的东西。

演讲与信息的关系十分密切。演讲的信息主要指演讲的内容和材料。演讲活动实质上就是传递和接受信息的过程。演讲信息不仅是演讲的内容和材料，而且常常是演讲者萌发演讲动机的重要原因，演讲总是为一定的目的和动机所驱使，为演讲而演讲是不可取的。可以说，信息是萌发动机的激素。

印度前总理尼赫鲁之女甘地夫人，在其自述中记载过两次截然不同的演讲经历。一次是她在英国学习时，应邀参加一次会议。会上，英国国防部长克·梅农突然当众宣布请她讲话，她毫无思想准备，惊恐万分，只得在哄堂大笑中结束了她的前言不搭后语的"演讲"，并发誓今后不再在公众面前讲话。另一次是在南非，东道主要她在招待会上演讲。她执意推脱说："不行，我一句话也不准备讲，只有依了这条件，我才赴会。"招待会定于下午4点举行，整个上午，甘地夫人参观非洲铁路工人生活区，铁路工人生活艰苦的情况深深地触动了她，使她"心有所结"如鲠在喉，非一吐为快不可。当主持人宣布"尼赫鲁小姐不讲话"时，她竟改变初衷，一跃而起，主动滔滔不绝地讲了起来，而且讲得非常成功。甘地夫人的两次演讲，生动地表明了信息与动机的关系。在南非，如果没有整个上午的参观访问，没有铁路工人生活的大量信息促使她萌发演讲的动机，并给她提供演讲内容，她怎能一跃而起并且获得演讲的成功呢？

信息是动机萌发的基础；而动机一旦产生，就必然要围绕动机进一步收集和整理信息。因此，动机又是收集和整理信息的原则和依据。

动机来源于对信息的理解，演讲动机实际是演讲的最初目的。动机产生后，由于进一步对信息收集和整理，所萌发的演讲动机也会逐步明朗化、具体化。因此，收集和整理信息的过程，也是演讲的目的明朗化、具体化的过程。

信息萌发动机，也是因人而异的。对同一信息，不同的人有不同的理解。不同的认识深度，能产生不同的效应：有的人置若罔闻，熟视无睹；有的人则能激起浓厚的兴趣，产生强烈的冲动，积极思考，寻求解决的办法。这与演讲者各自的知识积累、兴趣爱好、阅历修养等有着密切的关系，不是任何信息都能促使任何人萌发演讲的动机，也不是每种信息都只能萌发出一种演讲动机。

二、演讲的议题

萌发了演讲的动机，就基本上确定了演讲的最初目的；根据这个最初目的，必须选择议题，确定中心。这个环节非常重要，它直接决定着演讲的主题和价值，影响着演讲的成败。

所谓议题，就是演讲的内容。选择议题就是选择话题，确定谈哪方面的内容。演讲者总是通过阐述、分析、论证议题来表情达意的。那么，究竟如何选译话题呢？其基本原则如下。

1. 体现时代精神，顺应历史潮流

演讲的目的在于宣传、教育、组织和激励群众。因此，选题一定要有时代意义，必须紧紧抓住人们普遍关心的问题，抓住社会现实中急需解决的问题。比如思想政治方面的重大问题，与现实社会息息相关的社会风气和道德修养问题，以及反映科学文化发展动态、推动科学文化事业发展的问题，等等。要讲出时代感，讲出新意，演讲者必须考虑演讲的场合、环境、现实状况，以及自己对该问题的历史、现状的了解程度，并给以科学的分析、综合和解释，符合历史发展的规律。

2. 适合听众要求，内容有的放矢

选题要有针对性，要能深刻影响听众，极大地感染听众。由于民族不同，性格各异，职业有别，年龄差距，以及生活环境和文化修养不同，演讲的听众存在着很大的心理差异、风格差异、感情差异等。选题时应考虑不同类型听众的需要，根据不同民族、不同职业、不同层次的听众的知识水准、兴趣爱好、风俗习惯等来确定。只有选题适合听众的心理、愿望，才能调动听众的注意力，唤起听众听讲的热情和兴趣。例如，对青年人谈男女恋情，谈如何看待流行歌曲等问题很合他们的口味，但对中老年人就未必合适。显然，如果对山区老农大谈高能物理，谈得再好恐怕也不会受欢迎；倘若换成水土改良，情况就会大不一样。

为了适应不同类型听众的需要，选题要考虑"适应度"。选题的"适应度"较大，适应的听众面就较宽；反之，"适应度"较小，适应的听众面就较窄。一般来说，议题的专业化程度越高，其适应度就越小。

3. 切合自己的身份，不妨"驾轻就熟"

选择演讲议题，应切合自己的年龄、身份、气质，适合自己的知识水平和兴趣。这样，演讲者便能自然地融入自己的思想感情，"得心应口"，措辞、语调、口气也就自然、生动、有声有色、富有活力，给人以新鲜感和亲切感；否则，如果硬要去讲那些不切合身份、气质、年龄和知识水平的议题，就必然是力不从心，即使勉强讲了，也必然是生吞活剥、生硬呆板、无法感人。

演讲者不妨"驾轻就熟"，选择自己比较熟悉、最感兴趣的议题。这里所说的"驾轻就熟"，不是指搬用僵死的套话、空话，也不是指套用固有的框架格式，而是指选择自己比较熟悉、比较了解、比较感兴趣、体会比较深的议题，选择与自己的专业、知识面比较接近的议题。这样容易讲深讲透，讲出水平，讲出风格。兴趣来之于实践，来之于对社会现实和客观事物的了解。比较熟悉、比较感兴趣的议题，常常是曾经思考过或有一定了解和研究的议题。可见,演讲者要使自己的演讲门路宽,演讲时左右逢源,平日的思考和知识积累是十分重要的。

4. 注意演讲场合,考虑预定时间

演讲内容要与演讲场合气氛相协调,也就是要考虑演讲的时间和空间环境。时空环境不仅指演讲现场的布置,也包括时间、背景、组织和听众等因素。显然,在喜庆的场合大谈悲凉,在悲哀的氛围中大讲欢愉都是荒唐的。

选题还应考虑可供演讲的时间。根据心理学的研究,一般人的大脑在1小时以内,只能解说或接收一两个重要问题。因此,演讲选择议题必须集中凝练,富有特色,时间要掌握得恰如其分。如果是参加演讲比赛,更有必要了解限定的时间;否则到临场时修改内容,增添删汰,就会手忙脚乱,甚至无所适从。此外,参加有多人演讲的场合,还要考虑自己演讲所安排的顺序是在会议的开头、中间还是结尾,并且还要了解在自己演讲之前的演讲者和在自己演讲之后的演讲者的情况。这些都与听众的心理定式和情绪有密切的关系,不可忽视。

三、演讲主题的确定

选定了议题,就有了演讲的大方向,但仅有大方向还不行,还必须确定一条具体的途径,必须确定主题。主题是演讲的灵魂,它决定演讲思想性的强弱,制约材料的取舍和组织,影响到论证方式和艺术调度。它是选题的具体化明朗化。没有明确的主题,演讲就如同没有灵魂的偶像,即使讲得天花乱坠,也会让人不知所闻,不得要领。

演讲的主题要集中。一般来说,一篇演讲只能有一个主题,必须围绕这个主题展开阐述,否则就容易出现焦距模糊、思想枝蔓的毛病。主题要求鲜明、正确、新颖、深刻。鲜明,是指主题要贯穿于全篇,能够给听众留下深刻的印象,引起强烈的反响;正确,是指其观点见解具有积极意义,能使听众受到教益,取得良好的社会效应;新颖,是指见解独特,给人以醒目之感,对听众具有诱惑力和吸引力,能激起听众的兴趣和注意;深刻,是指提出的主张和见解能揭示事物的本质,能使听众受到启迪,从感性认识提高到理性认识。而要做到这些,必须在选定角度和发掘深度上下工夫,做到立意深远。庄子云:"语之所贵者,意也。"元代陆辅之《词旨》指出:"命意贵远,用字贵便,造语贵新,炼字贵响。"可见立意的重要。

例如,曾经荣获1984年"全国十六省市演讲邀请赛"一等奖的林波的演讲《不倒的碑》,最初确定的主题是"缅怀先烈,悼念先烈"。这个主题虽然鲜明、正确,但很一般,缺乏新意,也不够深刻。后来几经讨论,大家认为,作者的外祖父(革命烈士)宁死不屈、死而无憾的精神,同她外祖母("双枪老太婆"原型人物之一)蒙冤受屈、矢志不移的精神都说明了一个问题:因为他们有纯正的入党动机,所以才会洒热血仰天大笑,历万劫不改初衷。特别是其外祖母自新中国成立以来便受到不公平待遇,甚至被劝退党,而她仍旧按时交纳党费,仍然努力为党工作。这种信念是多么坚定!几经讨论,最后把主题确定为"端正入党动机,矢志不渝为党奋斗终生"。这样一提炼,角度改了,主题深化了,当20世纪80年代金钱观冲击着正确的人生观和价值观的时候,特别是当时在部分人中产生信仰危机的时候,其针对性和教育意义就更显得突出了。

四、演讲的标题

标题不等于主题。标题是标明演讲稿的名称,是演讲稿不可缺少的有机组成部分,是演讲的"眉目"。好的标题,具有风流蕴藉"眉目传神"的特点,给人留下鲜明的印象,引起听众浓厚的兴趣;如同"指路标",使听众产生有正确指向的定式,为演讲的顺利开展创造条件。所以,训练有素的演讲者都十分重视制作标题的技巧,讲究标题的艺术性。

标题一般在主题确定以后拟出,它可以说是主题和内容的最大限度的浓缩。如果按不同的标准进行分类,标题也可分为各种不同的类型。从结构形式来分,标题可以有正题、副题和插题。一篇演讲通常只有一个正题,如范曾的《扬起生命的风帆》。有时内容较复杂,或另有所指时,便在正题下边加上副题。副题与正题相互补充,相得益彰,如《画龙还要点睛——谈文章的标题》。有些篇幅较长、内容较复杂、涉及面广的演讲,有时在段落或章节之间用上插题。插题往往反映了各部分的基本内容。事实上,插题可以看成是演讲的纲目。如李燕杰的《爱情与美》就用了插题"恋爱的真谛""爱情的格调"等。

如果按演讲标题的制作技巧和功能来分,演讲标题的类型有揭示主题型、设问引发型、界定范围型和象征比喻型。揭示主题型的题目,往往警策醒目,能使听众产生有正确指向的心理定式,与演讲者在进行同步思考,如《为改革高唱赞歌》《尊重知识,尊重人才》。设问引发型的标题,能引人注目,启发听众积极思考,如《娜拉走后怎样?》《知足者常乐吗?》。界定范围型的题目,限定了演讲范围的可能涉及的问题,如列宁的《共青团的任务》、鲁迅的《美术略论》。象征比喻型的题目形象生动,诱人联想,如《草——地质队员的象征》《叶的事业》《科学的春天》《生命之树常绿》等。

如果按照演讲标题的语法结构来分,演讲标题还可分为主谓型、动宾型、联合型、偏正型等。此外,演讲标题还可以按其他标准划分,这里就不一一赘述了。

演讲的标题不是演讲者信手拈来、随意拟定的。新颖、生动、恰当而富有魅力的演讲标题,是演讲者经过认真思考反复推敲而成的。它们有的含义深远,耐人寻味;有的思辨性强,饱含哲理;有的鼓动性强,掷地有声;有的豪情满怀,激励斗志。要拟好标题,大体应注意以下几点。

1. 贴切自然

演讲标题的含义要清楚,与内容切合,能概括演讲的基本内容或提示主旨,不可"文不对题"或"题不及意"。如标题《美在生活中》就明确地揭示出演讲的主题,且富有哲理,能启迪听众思考。同时,标题"大小"要适度,不宜过宽,太宽则难以抓住中心;也不宜过窄,太窄则容易束缚思想。例如《气论》,就显得空泛含糊,令人费解。

2. 警策醒目

演讲标题的字数不宜过多,用语要干净利索、简短明快,不能拖泥带水,还要力求新奇、生动、醒目。新奇便富有吸引力,使听众产生急欲一听的心理;新奇不等于晦涩深奥、艰深难懂,使人感到沉闷,激不起听众的兴趣。如《四化与废话》将含义相差甚远的概念强行组合在一起,出人意料,用语利索活泼,很有诱惑力。这个标题新奇却不晦涩,题旨鲜明,听众很容易领会到它的含义。

3. 富有启发

演讲标题要有积极性,有时代精神,适合现实要求,令人鼓舞,催人奋进;要耐人寻味,富于启发,能抓住听众渴望听讲的急切心情。同时,题目要饱含情感,爱憎分明,能引起听众感情上的共鸣。如《让中华腾飞》《改革何惧担风险》《身残未敢忘忧国》等题目,热情洋溢,掷地有声,鼓动性强,能激起听众积极向上的热情。

第二节 材料准备

一、演讲材料的收集

(一)收集材料的意义

如前所述,演讲动机的萌发、主题的确定与信源的关系十分密切。从材料与主题的关系来看,材料是观点形成的基础,观点从材料中来。这种从材料中抽象出来的观点一旦形成,就成了进一步收集材料的依据。同时,思想观点的阐述,也以材料做支柱,离开了真实、具体、生动、新颖、典型、充分的材料来阐明思想观点,演讲就会如瘦骨嶙峋的"小瘪三"。只有大量地广泛地收集材料和占有材料,才能使演讲获得成功。概括地说,材料和观点的关系是:信源材料萌发动机,并形成观点;广泛收集材料以观点为统帅;利用生动典型材料阐述观点。这三重反复可用图3-1表示。

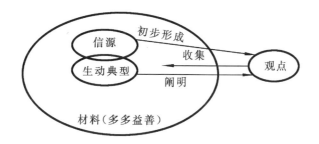

图 3-1 材料与观点的关系

在这三重反复的过程中,还可能形成小的多重回路,使观点不断得到修正、补充、完善、明确,从而达到内容丰满、有血有肉、令人信服的目的。

可见,善于收集材料对演讲是非常重要的。在这方面很多人引用过林肯用高帽子和维德摩迪用大信袋收集材料的有趣故事。美国第16任总统林肯,经常戴一顶当时流行的高帽子,随时将所见、所闻、所感的材料记在碎纸片、旧信封及破包装纸上,然后摘下帽子,放进里面,再把帽子戴上,闲暇之时,便分门别类,加以整理,抄进本子以备用。他的特点是收集材料十分及时。维德摩迪是美国19世纪的大演说家,他准备了许多大信封,封面上标着醒目的标题,倘若遇到好材料,便及时抄录下来,放入适当题目的信封内,这可算是开分档储存有用材料之先河。他们的成功演讲与平时"做有心人",注意及时地收集材料有密切关系。唐代诗人刘禹锡诗云:"千淘万漉虽辛苦,吹尽狂沙始到金。"没有"千淘万漉"的辛勤劳作,怎能有"吹沙见金"的喜悦呢?

当然,收集材料的过程,本身就是一个鉴别筛选的过程;要慧眼识宝,善于识别、确定材料的性质、价值和作用。否则身在宝山不识宝,即使有好的材料,也会熟视无睹,轻易放过。

（二）收集材料的途径与方法

获取演讲材料的途径很多，概括起来，主要有两方面：一是获取直接材料；二是获取间接材料。所谓直接材料，是指演讲者自己的经验和思想。常言道："事事留神皆学问。"在日常生活、工作、学习中，处处留神观察，认真体验，便能获得许多材料。由于亲身经历，所见所闻所感是真切动人的最好材料。另外，亲自调查得来的材料，也属直接材料，由于这种材料出现频率较高，司空见惯，有时容易被忽略，因此，必须养成勤记录、整理的习惯。这种材料虽然不是自己的经历，但由于经过亲自调查，对事件产生的背景、经过、结果清清楚楚，讲起来便头头是道，得心应手，极易赢得听众。所谓间接材料，主要指从图书、报刊、文献以及网络中所得的材料。这是最广泛的材料来源。借鉴这些材料要以敏锐的洞察力进行思考、琢磨，不可人云亦云；要从中发掘新意，使之具有新的色彩。

收集材料是一项琐屑的基础工作，必须常记不懈、持之以恒，同时也要得法。收集的材料可以记纲要、大意，也可摘录；一般记在笔记本上、卡片或存储在手机或计算机里，但以记在卡片上或手机里为好，这样，便于整理归类，使用灵活。不管是获取直接材料还是获取间接材料，都要做到广泛采撷，精于筛选，善于归档整理，使之条理化、系统化。这里特别要引起注意的是，要善于利用收集的材料进行归纳、研究、分析，发掘出新意，提出自己的观点和见解。

（三）收集材料的原则

1. 定向

收集材料要把准方向，防止盲目性和随意性。生活千头万绪，书报浩如烟海，时间和精力不容我们有见必记，有闻必录，这不仅没有必要，也没有可能。我们必须把准方向，有计划、有针对性地收集。所谓把准方向就是围绕论题进行，根据论题划定的区域范围，按计划、有重点地工作。选择的论题要大小适中，不宜太窄，也不宜过宽。太窄，往往会漏掉与之相关的材料，使用时没有回旋余地；太宽，往往难抓住主线和重点，造成内容芜杂臃肿，削弱和冲淡主题。例如，作一次题为"岗位成才"的演讲，不妨把收集目标集中在下列方面：从名人先哲的著作中收集有关成才的论述及有关部分和整体关系的论述；从教育学和心理学的图书中收集有关成才理论和有关青年心理特点及其发展趋势的论述；从历史图书中收集有关青年在工作中立志成才的故事；从报刊和现实生活中收集，特别是收集本单位青年在本职岗位上所作贡献的先进事例，等等。确定了这样一个范围和方向，收集材料就会顺利得多。

2. 充分

材料要充分。演讲要求大量地详尽地收集和占有材料，既要纵向了解事物发生、发展的经过，又要横向了解事物各方面的联系；不仅了解事物的正面材料，而且还了解事物的反面材料，以便多方位、多角度进行分析、比较，这样可以避免认识上的主观性和片面性。材料越充分，思路就越开阔，论据就越充分，就越能正确有力地阐明观点，产生令人信服的雄辩力量。特别是学术演讲和法庭演讲，更要求论据充足，旁征博引。材料不足，往往难以言之成理，很难达到预定的目标。

3. 真实

所谓真实，就是指材料的客观性，即所选材料是客观世界确实存在的、符合历史实际的。只有真实的材料才有说服力,才有利于人们形成坚定的信念。任意臆造和虚构材料,势必与事实发生撞击,势必被揭穿。为了保证材料的准确性和可靠性,必须交代材料的出处。如引用事例必须讲清是什么人、什么时候、在什么地方、干什么事、为什么以及怎么样,即恪守 5 个"W"和 1 个"H"——Who(什么人),When(什么时候),Where(什么地方),What(什么),Why(为什么),How(怎样)。这样可增强真实感,提高信息的可信度和影响力。同时要知人论事,既不夸大事件的意义和拔高人物思想,也不低估事件的价值和贬损人物品德。对于选做论据的书面材料,要严格检查、核对;要善于鉴别,去伪存真;切忌抄转讹传,张冠李戴。

4. 新鲜

新颖别致,是就听众的感觉而言的。新奇感是促使人们注意的心理因素。演讲者立论高妙,演讲材料新鲜,就能较好地激起听众的新奇感,引起注意。这对深化主旨、充实内容都有着十分重要的意义。演讲者人云亦云,重复使用别人用滥了的材料,就会令人感到乏味,甚至反感。因此,要尽力防止和避免材料的雷同,要具有新鲜感。一方面要留心收集现实生活中新近发生的事情,同时也要善于收集那些过去早已发生但并不为人所知的事例。此外,还要善于观察分析,抓住现实中看似一般的材料,从中挖掘出新意来。这些当然不是信手可得的,而必须有耐心,有韧劲。鲁迅先生在这方面为我们树立了很好的榜样。他常借古讽今,十分生动。如《由中国女人的脚,推定中国人之非中庸,又由此推定孔夫子有胃病》的演讲,运用了大量历史材料和现实材料,古今结合,使人感到异常新鲜有趣。

5. 典型

选取的材料,既要求真实、新鲜,还要求典型。真实具有可信度,新鲜具有吸引力;而典型则由于其深刻揭示事物本质,具有代表性,有较强的说服力。演讲的目的在于说服人、鼓动人,因而要认真审慎地收集那些能说明主旨、具有代表性的事实材料和事理材料,防止和避免材料的平淡化。

典型材料与一般材料是相比较而存在的。只有在充分掌握许多材料的基础上,才有比较余地,分出高下。在与众多材料进行比较时,要发现典型材料,关键在于演讲者的观察分析能力和思想认识水平。比如,为了说明树立正确的审美观和人生观的重要性,有人在众多的材料中选取了一位女大学生自杀的材料。这位女大学生相当爱美,常为自己的单眼皮伤脑筋,后来自费做手术,不料手术无效,眼睛反而显得更难看。她陷入了极度苦恼之中,无法解脱,竟一死了之。显然,这种愚蠢的轻生行为竟然发生在一位正在受着高等教育的人身上,这充分说明树立正确的审美观和人生观的必要性。

6. 具体

具体,是相对抽象笼统而言的。有些材料虽然真实、新鲜、典型,但由于详略处理不当,尽管讲清楚了来龙去脉,也使人感到"不够味""不解渴"。这恐怕就在于叙述太简略笼统所致。出现这种情况的原因,对于事例性的感性材料来说,往往是忽视了对重点材料的必要的渲染;从记叙的诸要素看,常常是对 Why(为什么)和 How(怎样)交代得不够。如果把 Why 和 How 的内容进行较为详细的阐述,作必要的渲染,就会显得具体,给人留下明晰的印象。比如讲"他带病坚持工作,最后累倒在车床旁",给人的印象就较笼统。如果进一步把他为什么带病工作,如何做的,怎样累倒的,累倒后又怎样,当时的现场怎么样等作必要的交代和渲染,给人的印象就具体得多。

7. 感人

在演讲活动中,要注意选取能提高听众兴趣和打动听众感情的材料。在现实生活中,许多感人的事情都是看似违背常理,出人意料,不可思议,但又是在情理之中。例如,有位演讲者在演讲时引用了一位老师上课老是跑厕所的事。这种事显然违背常理,令人好笑。可是,当你知道这位老师身患膀胱癌,长期尿血,直到他被抬上病床,大家才发现他揣了一大摞病假条却从不请假时,你会觉得看似违背常理的事情,其实在情理之中。演讲者用这件事来表现这位老师的高风亮节,十分生动感人。在现实生活中,有许多这样的事例,关键是要善于发现这种有违常理事例的特殊性。此外,演讲要感人,讲人们的奋斗经历,讲与听众切身利益相关的事,容易达到目的。

总之,收集演讲材料要力求做到定向、充分、真实、新鲜、典型、具体、感人。很多优秀的演说家在这方面为我们做出了很好的榜样。请看,美国著名的废奴主义者,奴隶出身的弗·道格拉斯(1817—1895年)于1846年5月在伦敦发表的一次演讲的部分内容:

……这就是美国的奴隶制;没有结婚的权利,没有受教育的权利——福音的光辉透不进奴隶幽暗的心灵,法律禁止他读书识字。如果一个母亲教她的孩子认字,路易斯安那的法律就宣布她将受到绞刑。倘若一个父亲想让他的儿子识几个字母,他立即会受到鞭笞,而在另一场合之下,法庭可以随时把他处死。

……

奴隶主的残忍是罄竹难书的。……饥饿、血腥的皮鞭、锁链、口衔、拇指夹、猫抓背、九尾鞭、地牢、警犬,都被用来迫使奴隶安于他在美国为奴的处境。……(在美国)报上也时常刊登如下广告,叙述有的逃奴颈上戴着铁圈,脚上拴着铁链;有的浑身鞭痕;有的带着火红烙铁烧成的烫伤——他们的主人把自己的名字的开首字母烫进他们的皮肉里。……不久前发生过这样一桩事。一个女奴和一个男奴在缺乏任何法律保护作为夫妻的条件下结合在一起。他们的同居得到了他们主人的同意,而不是由于有权利这样做,他们成立了一个家。主人发现,为了他的利益起见最好把他们卖掉。但他根本不询问他们对这件事的愿望,对他们的愿望是不予以考虑的。在拍板声中一男一女被带到拍卖台旁。喊声响了:"瞧啊,谁出价?"想一想,是一对夫妇在待价而沽呀!女的被领上拍卖台,她的四肢照例是野蛮地展现在买主们面前的,他们可以像相马一般的任意察看她。丈夫无能为力地站在那里,他对自己的妻子毫无权利;处置权是属于主人的。她被卖掉了。他接着被带到拍卖台上。他的双眼紧盯着走远的妻子;他以恳切的目光望着购买他妻子的那个人,乞求把他一起买去,但是他最终被别人买去了。他就要同他相亲相爱的女人永别,无论他说什么话,无论他做什么事,都不能使他免于这次分离了。他恳求他的新主人允许他去跟他妻子告别,但没有获准。在极度痛楚下,他挣扎着从新买他的主人那里冲向前去,打算同他的妻子话别;但是他被挡住了,并且当头挨了狠狠的一鞭,他马上被抓了起来。他太伤心了,所以当命令他出发的时候,他像死人一般倒在主人的脚边。……

这篇演讲,淋漓尽致地揭露了美国奴隶制度的罪恶,真是催人泪下!这与演讲者精当的选材有密切的关系。

二、演讲提纲的编列

编列演讲提纲,是演讲前的重要准备工作。它常常是临场发挥的重要依据。提纲编列的好坏,直接影响到演讲成功与否。所谓编列提纲,实际上就是确定框架,以提要或图表方式列出观点、材料以及观点和材料的组合方式。

大体来讲,编列演讲提纲有如下作用。

1. 确定框架

编列提纲能把演讲的整体轮廓用文字固定,明确下来。事实上,拟订提纲的过程,正是认识不断明朗化、条理化的过程。通过拟订提纲,可以对论题的设想不断加以修改和补充,使构思更为周密、完善。确定了整体框架,演讲者便能心中有数,逐层展开,不致东一句西一句,言不及义。

2. 进一步选材组材

编列提纲的过程,也是进一步选材和组材的过程,是演讲内容逐步具体化的过程。演讲题目、结构层次、典型事例、引文材料以及其他有关资料,都要具体地在提纲中体现出来。在这个过程中,必然要对材料作进一步的筛选和补充。

3. 训练思维

编写提纲的过程,正是演讲者积极思考的紧张过程。在这个过程中,演讲者必然要认真思考,分析演讲的主题、材料、层次、结构和其内在的逻辑联系,促使思维的条理化和科学化。因此,这个过程事实上正是培养和锻炼思维的过程。

4. 避免遗忘

编写提纲也是不断熟悉材料的过程,特别是在不用讲稿仅用提纲进行演讲时,提纲更是起着提示启发、避免遗忘的作用,成为临时发挥的重要依据。

根据演讲的具体目的和要求,以及演讲者对材料的掌握情况等,演讲提纲的编列可粗可细。内容简单,材料易掌握,可编粗略些;内容复杂,材料丰富,就宜编得详细些。粗略的概要提纲,要以极其简练的语言,扼要地列举出演讲的主旨、材料、层次和大意等;详细提纲则要求比较具体,应基本上是讲稿的缩影。

一般来说,演讲提纲中要列举如下内容。

(1)演讲的标题。如有副题和插题,均应分别列举出来。

(2)演讲的论点。演讲的中心论点必须明确清晰地列出。中心论点所包含的分论点,以及分论点下属的小论点,也应用简明的语言逐层列出,应根据事理的内在逻辑关系依次排列。

(3)演讲的材料依据。阐明主旨的事实材料和事理材料,也应用简明的语言或恰当的符号在相应的部位列出。事实材料主要指例证、数据等;事理材料包括科学原理、科学定律、文件精神、法律条文、名言警句等。这些事实依据和理论依据能使演讲持之有故,言之成理,具有说服力和感染力。因此,必须逐一列出,不可忽视,以免遗漏。

(4)演讲的整体结构。演讲提纲的编列要依据演讲的内在逻辑体现出演讲内容的先后次序。例如,如何开头,如何结尾,重点内容如何突出,如何过渡,结构层次如何安排等。事实上,演讲提纲就像事先构筑的语流渠道,决定着演讲语流的走向。

有些演讲在提纲编列之后,就可以进行演讲。依纲发挥,常常能收到很好的效果。但为了谨慎起见,使演讲更趋圆满,常常需要在提纲的基础上写出详尽的演讲稿。如何撰写演讲稿,将在后面单独列章阐明。

▶ 第三节 精神准备 ◀

要搞好演讲,除了要做好充分的材料准备之外,还要有充分的精神准备,即在思想上、心理上、态度上要有足够的准备。

一、急切的发表欲

从心理学的角度看,影响解决问题的因素很多,动机状态、定式作用、个性特征、知识经验等都是。动机对解决问题的作用显而易见,它是促使人去解决问题的动力。动机对人愈有意义,他为解决问题而作的探索就愈紧张、愈积极、愈强烈。因此,在演讲之前,演讲者对于自己演讲的意义要有充分的认识。若有急切的发表欲望,当进入演讲环境时,他就会形成一种准备演讲的心理状态,形成较强的心理定式。按照心理定式固定和强化的规律,如果演讲材料准备充分,演讲者对内容熟悉,就会使演讲的心理定式得到巩固和加强。

二、去掉侥幸心理

演讲特别讲究社会效益。演讲者应有高度的社会责任感,需要事先付出巨大的心血和劳动,不能存在侥幸心理寄希望于偶然产生的灵感,而要以严肃认真的态度对待。从产生动机、选取材料、组织材料到走上讲台、发表见解,几乎每一个环节都必须认真对待。即使对演讲稿已经是烂熟于心,也不能马虎随便;否则,万一出现差错,就会不尽如人意。美国总统林肯的《在葛底斯堡国家烈士公墓落成典礼上的演说》总共只有10句话,但林肯却整整准备了两个多星期,甚至在马背上的时间也不放过。直到演讲前夕的后半夜,他还在斟酌演讲的内容,并到秘书希沃德的房间,高声试讲,征求意见。第二天早饭后,他仍然继续斟酌;在去公墓参加典礼的路上,还抓紧最后时刻,思索、温习那只有10句,然而却是永放光彩的演讲词。作为美国的总统,作为早已享有演讲家盛名的林肯,在公墓典礼上讲几句话,不要说已经准备了两个星期,就是毫无准备,即席演讲,也并不困难。然而他却以高度的社会责任感,在日理万机的情况下,抓紧一切时间,一丝不苟、认真刻苦地准备,终于使这篇感情深厚真挚、文采朴实优雅的演讲,轰动全国,饮誉世界。他的这种认真刻苦的精神很值得学习。

三、树立自信心

演讲是对演讲者心理素质适应性的严峻考验。演讲时,演讲者常常因为不适应演讲环境而产生胆怯畏惧心理,这种怯场心理往往在准备阶段就产生了。究其原因是,自卑感太强,平日养成了谨小慎微、胆小怕事的习惯;准备不足,心中无底,顾虑重重,怕忘记讲稿,怕遇见强者,怕场上出现特殊变故。毫无疑问,怯场心理对正常发挥演讲技能是非常有害的,必须克服。美国诗人爱默生说:"自信是成功的第一秘诀。"对演讲来说也是这样。要使演讲成功,必须克服怯场情绪,树立自信心。所谓自信心,就是个体对自己认识活动和实践活动的结果抱有成功把握的一种预测反应,是一种推断性的心理过程,它是演讲者重要的心理支柱。自信心可以坚定自己的意志,可以充分发挥自己的创造性,在复杂挫折的情况下,头脑清醒,随机应变。值得注意的是,这里所说的自信,是指建立在熟悉演讲基本规律,了解演讲时空环境和对自己演讲的基本内容有充分把握基础上的科学的自信,而不是那种对自己、对实际、对知识、对听众都缺乏应有了解的非理性的盲目的自信。

四、熟记讲稿

演讲时要做到胸有成竹、从容镇静、侃侃而谈,必须熟记讲稿,反复试讲。特别是脱稿演讲,更应该在这方面下工夫,花气力。对于演讲中最为精彩、节奏较快的部分,尤其要烂熟于心,出口如流。心理学认为:记忆是心理过程,记忆包括识记、保持、回忆或再识等三个基本环节。识记是识别和记住事物的过程;保持就是已获得的知识、经验在脑中巩固的过程;而回忆或再识则是在不同的情况下恢复过去经验的过程。从信息加工的观点来看,识记就是信息的输入和编码的过程,保持是信息的储存和继续编码的过程,而回忆或再识则是提取信息的过程。这三者是互相联系、互相制约的。没有识记,谈不上保持;没有识记和保持,也就谈不上再识或回忆。识记和保持是再识或回忆的前提,再识或回忆则是识记和保持的结果与表现。要记好演讲稿,同样要抓住这三个环节。

熟记和记忆讲稿的方法很多。具体采用哪种方法,往往取决于演讲的内容和演讲者的记忆习惯。熟记和记忆讲稿的方法大体有如下几种。

(一)以意领先,抓纲带目

"意犹帅也",从意义入手,把握住中心思想,了解各部分的内在逻辑联系,提纲挈领,抓纲带目,既把握了内容,又掌握了结构,能进一步加深理解,在理解的基础上进行记忆。这样,便能快速、准确、高效地记住内容。一般来说,理论性较强的演讲,习惯于进行逻辑思维和理论思考的人,常采用这种方法来记忆。

(二)从情入手,以情带理

在记忆的过程中,强烈而真实的情感如同"催化剂",能使记忆加深。这是因为人的情感与大脑两半球的活动联系着,现实的第一信号和第二信号(即以词为条件的刺激物)都能引起各种情感的活动。演讲稿的语言,常常具有浓厚的感情色彩,能唤起演讲者的喜怒哀乐的情感,从而在语气、语调、音量、音速等方面得到体现。因而,情感有利于记忆。一般来说,感情色彩浓厚的演讲,平时感情丰富的人,常用这种从情入手、以情带理的方法进行记忆。

(三)形象记忆,化抽象为具体

形象的记忆是人们记忆的一种基本表现和方式。运用形象记忆法,先把所需记忆的重要概念抽取并排列起来,然后在头脑中浮现出这些概念所代表的具体事物的形象,最后,再用联想把这些具体形象连接起来,可以达到增强记忆的效果。例如,要记住下面段话:"青年朋友们,我们肩负着历史的重托。是千里马,就应嘶风长鸣;是龙种,就应冲腾起舞。当今的世界有着千变万化的流行色,而只有这,自尊、自信、自强、自立,才是我们精神世界的流行色。我们要争当出头鸟,竞做弄潮儿,把我们的青春、热血、大智大勇,自觉投入新时代的大熔炉里去,为中华的第三次腾飞发光发热吧!"只要我们依次记住"青年""肩负重托""千里马""流行色""出头鸟""弄潮儿""大熔炉"这些形象,那么整段话的内容就能顺利地记住了。中间的抽象概念,如文中的"自尊、自信、自强、自立",也可以依次记"自尊""自信""自强""自立"这四者的外在形象特征。总之,依次记住形象性的词句,或把抽象的概念变成具体的形象,脑子里闪现蒙太奇式的画面,能迅速熟记所需记忆的内容。

(四) 高声朗诵记忆法

高声朗诵对熟悉和记忆演讲稿十分有效。其原因在于:一是朗诵发出声音这个主动动作和自己双耳听到声音这个被动性的动作同时进行,能使视觉器官和听觉器官同时活动,增强了对大脑的刺激效果;二是它可以排除其他杂念对大脑的干扰,使思维及相关器官高度紧张、集中,使人能专心致志地记忆;三是演讲主要是口语表达,高声朗诵能使演讲的口语表达得到事先的训练,更有利于演讲口语的流利晓畅。

(五) 机械记忆法

记忆人名、地名和历史年代时,常常使用机械记忆法。这种记忆方法,其速度、精确性、巩固性等都不如理解记忆,但如果运用得当,也比较方便。机械记忆方法大致有以下几种。

1. 谐意记忆

例如,要记住圆周率 $\pi=3.1415926535897932284626……$ 确实很难。有群调皮学生,老师为了惩罚他们,要他们把圆周率背到小数点后22位。有位聪明的学生于是编了一首谐音打油诗,迅速地把它记下来了。他是这样编的:"山巅一寺一壶酒,尔乐苦煞吾,把酒吃,酒杀尔,尔不死,乐而乐。"这首诗不仅谐音,而且构成了一个小情节,很容易使人记住。又如有人一接触到电话号码3944,头脑里便立即出现了大雪纷飞,祥林嫂倒在雪地里的情景。原来这人迅速把数字转换成了"三九逝世"。

2. 编顺口溜

例如,周恩来同志曾把我国30个省、市和自治区的名称编了一段顺口溜:"两湖两广两河山,五江云贵福吉安,四西二宁青甘陕,还有内台北上天。"

又如,对于四角号码字典规定的各种笔形的代号,有人就编了下面的顺口溜:"横一垂二三点捺,叉四插五方框六,七角八八九是小,点下有横变零头。"掌握这个口诀,就掌握了笔形代号。

3. 运用对照

例如,日本领土面积约为37万平方公里,正好等于湖南省面积(21万平方公里)与河南省面积(16万平方公里)之和。

4. 抓住特征

例如,蒙古灭金是公元1234年,这个年号正好是1234的自然排列。又如,鲁迅生于1881年,这个年号正好是由18和它的相反数81构成。

此外，记忆的方法还有很多。例如，日本高木重郎所著《记忆术》中，介绍有标钉记忆法，又称培哥法和连锁记忆法。这些方法其实质还是机械记忆，这里不一一赘述。

五、反复试讲

从记熟演讲稿到演讲获得圆满成功，这中间还有很长一段距离，试讲便是其中重要的环节。"临阵磨刀，不快也光"，模拟现场进行试讲就像戏剧的彩排一样。通过试讲，不仅可以较全面较透彻地了解自己演讲风格和演讲水平，同时也可以发现自己演讲中可能出现的疏漏，以便及时采取相应的措施，还可以进一步加深和巩固演讲的内容，使自己的演讲更顺畅、纯熟、优美、动人。事实上，试讲的过程，就是演讲者把自己记熟的内容外化的过程，使谙熟于心的无声的东西变成抑扬顿挫的有声的语流；是对演讲稿进行实践修订的过程。

试讲的方法很多，既可像林肯那样对着树桩或成行的玉米反复练习，也可像孙中山那样对着镜子反复演讲、琢磨；既可面对亲朋好友反复练习、斟酌，也可对着录音机侃侃而谈。具体采用哪种方法，要因人因时而异。总之，要通过试讲，明确自己的长处，善于发现自己演讲的弱点和不足，采取切实有效的措施，认真加以改正，以力求做到临场演讲时，语言规范，口齿清楚，态势恰当，富于表情，达到扣人心弦、撼人胆魄的效果。

思考与训练

1. 怎样确立演讲的主题？如要给演讲拟一个好标题，应把握哪些要点？
2. 怎样收集演讲材料？收集材料应掌握哪些原则？
3. 演讲时树立自信心为什么特别重要？熟记讲稿有哪些行之有效的办法？
4. 《救救我们吧》是胡志明于1920年12月在法国社会党第18次代表大会上的演讲。这篇演讲的主题是什么？全文是怎样表达主题的？

> 各位同志们，我今天来到这里本来是为了和同志们一起为世界的革命事业献出一份力量，但是，我以社会党党员的资格，带着深刻的痛苦来到这里，反对帝国主义者在我的家乡所犯下的滔天罪行。（很好!）同志们都知道，法国帝国主义入侵印度支那已经半个世纪，为了它的利益，它以刺刀征服我们的国土。从那时起，我们不仅遭受耻辱的压迫和剥削，而且还遭受凄惨的虐待和毒害。更明白地说，我们遭受了鸦片、酒精等的毒害。但在几分钟内，我不可能把这伙资本主义强盗在印度支那的暴行全部揭露出来。监狱比学校还多，任何时候都挤满了囚犯。任何本地人员只要有社会主义思想就都被捕，而且有时候不需要经过审判就被杀害。所谓印度支那的公理就是如此。在那个地方，越南人被歧视，他们没有得到像欧洲人或者欧洲国籍的人所得到的那些保障。我们没有新闻自由和言论自由，连集会和结社的自由也没有。我们没有在外国居住或到外国旅行的权利；我们要生活在黑暗蒙昧中，因为我们没有学习的自由。在印度支那，殖民主义者为毒害我们，使我们愚昧无知，千方百计地强迫我们抽鸦片和喝酒。他们已经害死和屠杀了成千越南人来维护原来并非属于自己的利益。

同志们,2000多万越南人民,等于法国人口的半数以上,就是遭受这样的待遇。奇怪的是,他们还是得到法国保护的人呢!(掌声)社会党必须为支持被压迫的殖民地人民而进行切实的活动。(欢呼声)

5. 下面是曲啸同志的演讲《心底无私天地宽》的一段话。这段话是用什么方法将材料组织起来的?

1957年,大学毕业后8天,就被错划为"右派",送去劳动教养。

1961年10月,摘除"右派"帽子,解除了教养,只身来到兴安岭脚下一个新开辟的农场,成了牧马人。

由于他的身份不适合在边疆工作,又被遣送到辽宁,在一个劳改农场教小学二年级。

"文革"开始,又被定为"现行反革命",判刑20年。

1979年1月,冤案得到平反。

1981年调到营口教育学院工作。

1982年入党。

平反后找到妻子、孩子。一家生活状况的述说……

第四章 成功演讲的重要基础
——演讲稿

演讲准备的一个重要环节是写好演讲稿。所谓演讲稿,就是指演讲者在演讲之前,根据口头发表的需要写出的文稿。它是进行现场演讲的主要依据。事实上,选题立意、选材组材、编列提纲等,都是撰写演讲稿的研究范围。鉴于前一章已经对上述内容作过介绍,本章所说演讲稿的撰写,是指提纲编列以后的成文过程。

演讲者在提纲编列之后,为了保证演讲成功,常常要依据提纲的要求以及口语表达的需要,将所要讲的话原原本本地写出来,使演讲的内容更实在更具体。演讲稿实际上是由"心声"变为有声语言的中介,它既是以无声的语言(文字)记录的演讲者的心声,又是演讲者将"心声"转化为有声语言的凭借。演讲者在演讲现场的演讲就是将演讲文稿这种无声语言转变为诉诸听众听觉的表情达意的活语言的过程。

演讲稿实质上就是一种特殊的应用文。由于演讲是一种辅之以姿态动作的讲话,演讲的内容与形式的构成必然具有自己的特点,因而,演讲稿与一般文章相比,无论是在传播对象、构思立意、选材组材,还是在题材结构、语言运用等各个方面,与一般文章既有联系又有区别,它可以说是成文性的口语、口语化的文章。

第一节 演讲稿的作用与特性

一、演讲稿的作用

有人认为,演讲无需演讲稿,写个提纲,打个腹稿就行;认为有了成文的演讲稿,就会囿于文辞,照本宣科,使演讲失去其生动性和灵活性。显然,这些看法都是片面的,这是由于对演讲的特点和演讲稿的作用缺乏全面了解的缘故。诚然,照本宣科念稿式的演讲会使听众厌烦、反感,是拙劣的、不可取的。但是,我们决不能因为演讲稿可能导致这种消极影响而忽视了它在演讲中的积极作用。事实上,成功的演讲,大都备有完整的演讲稿。演讲稿的积极作用主要表现在以下几方面。

1. 对选材和提纲的实践性进行检验,进一步保证内容的完善

人们认识问题有一个由此及彼、由表及里的逐步深入完善的过程。演讲者完成了材料的收集、整理和提纲的编列以后,对演讲内容已经有了大体轮廓,但它毕竟只是一个框架,而不是完整的文稿。如果仅仅根据提纲去讲,就有可能因为选材、组材和提纲的疏漏而出现一些不尽如人意的地方;也可能由于认识的原因而出现临时性更改,打乱阵脚;还可能出现对于判断的程度、范围等的表述失当等等。按照提纲写出讲稿,实际上就等于按照提纲进行默讲。这种默讲不像临场演讲那样,一旦讲出就变成最终形式。在这个过程中演讲者有充裕的时间对自己的讲话进行修改,使它完美适切。因此,这个默讲的过程实质上就是对选材、组材和提纲编列是否恰当的一次实践性检验,也是认识进一步深化、思想进一步明朗化条理化的过程。通过撰写演讲文稿,可以进一步修改、完善充实演讲内容,保证演讲的质量,保证内容的完美,使观点和材料得到高度的统一。

2. 避免临场斟酌词句,增强语言的感染力

演讲主要是以有声语言和相关的态势语言来表达思想。有声语言不仅具有传声性,而且具有表情性。演讲者不仅通过声调的高低强弱、语气的轻重缓急生动具体地反映客观事物,而且可以通过声调、语气或动作表情等把"只可意会,难以言传"的东西表达出来,使听众心领神会。然而,在没有讲稿的情况下,演讲者在演讲现场临时把思想转变为有声语言的过程很短,没有足够的时间来斟酌词句,必然会出现一些"嗯""嗯""呀""呀",凌乱、啰嗦、模糊和不必要的重复等毛病。为了防止口头语中的各种偏差,必须减少现场临时斟酌词句的情况,预先写好演讲文稿。因为根据提纲撰写演讲文稿,事实上是把默讲变成书面语言,其实质是把口头语言变成书面语言。在这个过程中,经过认真、仔细的揣摩,那种词不达意、言不及义的现象能得以克服。在正式演讲时再将这种书面语言的讲稿转变为有声语言时,就能达到"出口成章"的程度,使语言表现力大大增强。

3. 保证思路畅通,帮助消除怯场心理

编列提纲为演讲的语流梳理了河床,规定了流向;而成文的讲稿,则具体地描绘了语流的状况。演讲者由于预先设计好了蓝图,心中有底,思路畅通无阻,便可以消除演讲时的种种顾虑和恐惧心理,轻松自如,有利于专心一意加强态势技巧,全力发挥主动性和灵活性,使演讲声情并茂,圆满成功。

4. 帮助限定时速,避免时间松紧失当

演讲通常有时间限制,总是要在一定的时间范围内完成。如果没有准备好演讲稿,时间往往难以掌握得当。要么前松后紧,开头大肆发挥,扩展内容,到后来就大删大砍,虎头蛇尾;要么前紧后松,开头讲得太简略,到后来拖拖拉拉,画蛇添足,令人生厌。有了演讲稿,可以按字数的多少来计算演讲的时间,演讲者在自己的思维中加进文字之外的语言成分,便可以计算演讲的速度,有计划、从容不迫地在限定的时间里完成演讲。

5. 促进演讲规律的研究

演讲是一门独立的学科,演讲稿的写作有别于一般文章的写作,也不同于平常讲话记录。演讲稿虽然是书面表达的形式,却要特别考虑口头表达的需要和临场的需要;它虽然最终用口语发表,但却又具有规范、严谨的特点,有更为明确的目的性和清楚的条理性。无论是从发表形式还是从内容构成上看,演讲稿的撰写都有其个性特征。这种特征是受演讲的特点影响和制约造成的。因此,通过对演讲稿的撰写和研究,还可以促进和加深我们对演讲的各种技能技巧的研究,正如河床规定了水流的走向,而水流的冲刷又对河床的形态产生相应的影响一样。

二、演讲稿的特性

演讲的特性决定了演讲的文稿具有独特之处,主要表现为声传性、临场性和整体性。

1. 声传性

演讲稿是根据口头发表的需要而写出的文稿,是现场演讲的依据,是由"心声"变为有声语言的中介。因此,声传性是演讲稿的显著特点。

为了发挥演讲稿声传的特点,撰写演讲稿要做到"上口"和"入耳"。所谓"上口",就是指词句适合口语表达,讲得顺口,自然流畅,具有平时交谈时"讲"的特征。所谓"入耳",是指听起来明白易懂,没有什么障碍。演讲稿只有做到了"上口""入耳",经得起说和听的考验,才能达到声传的目的,起到交流思想情感的作用;否则,忽视了任何一面,都会有损于感情和信息的交流。

2. 临场性

演讲稿既是供演讲用的,就必然要考虑演讲的时空环境,要考虑听众的情况和可能出现的种种反应。因此,演讲稿不仅要考虑内容的针对性,还要具有应变性。也就是说,在保持内容完整的前提下,要适当注意内容的伸缩性。比如储备几个能说明问题的例子或生动幽默的趣闻轶事,以便在必要而恰当的时间插入。事实上,演讲稿开头、主体和结尾的撰写都取决于演讲的内容、环境和听众的情况,要充分考虑它的临场性。

3. 整体性

演讲稿不仅具有声传性、临场性的特征,而且有其自身的完整性。可以说,演讲稿是演讲者的思想修养和知识水平等方面的综合表现。一篇完美成功的演讲稿是由许多相关因素构成的,三方人物、四重联系、五个环节构成了演讲活动的完整联系。演讲稿作为口语表达的准备,同样必然受各种因素互相联系、互相依托的影响。比如,撰写演讲稿首先要明确目的,立定格局,否则就漫无中心,头绪混乱;同时要感情真挚,语言动人,否则,就令人厌倦,缺乏感染力。此外,声音的变化和姿态动作等等也都直接或间接影响着演讲的质量。如果写演讲稿只注意了某一方面而忽视了其他方面,都无法使演讲完美成功。例如我们只注意演讲声传的特点,仅仅在语言和修辞上下工夫,而忽视了题材结构等其他因素,就不能体现演讲稿的整体性的功能。这种顾此失彼的状况,必然导致演讲的失败。

第二节 演讲稿的结构

演讲的文稿,不是主题和材料的简单相加,而是它们严谨巧妙的结合。第三章已介绍了演讲主题的确定和材料的选取以及提纲的编列。事实上编列提纲的过程就是确定框架、考虑观点和材料的组合方式的过程,提纲本身就包括了演讲标题、演讲的论点、演讲的材料以及演讲的整体结构等。人们常常用健美的人来比喻完美的演讲词:高尚的灵魂好比演讲的主题,丰满健壮的血肉如同演讲的材料,而支撑这个血肉之躯的骨骼就是演讲稿的结构。正因为组织结构起着支撑主题思想和材料,使之组成一个完美的整体的作用,所以必须从既能准确充分表达内容和主题,又能使听众明白易懂饶有趣味的角度出发,对演讲稿的结构进行深入的探讨和研究。

人们认识客观事物,常常是遵循从已知到未知、从简单到复杂、从现象到本质的规律进行的;同时,各种客观事物、客观事理本身都有其各自的内在规律和逻辑联系。演讲要能准确充分表达内容,使听众明白易懂,也就必须遵循人们的认识规律,符合事物的内在逻辑,所以,演讲稿的篇章结构并非随心所欲任意为之,而必须选择一种使听众容易理解的顺序来组织和安排材料。即是既符合认识的规律,又符合事物的内在联系。这样,便能引起听众顺着演讲者的思路主动思考,领会演讲的精神实质。

演讲文稿总是由开头、中间和结尾三部分组成。由于演讲往往以论说为主,因而,一般地说,演讲词开头总是提出问题,中间分析问题,结尾解决问题。这三个部分必须配合恰当,形成有机整体。开头如何勾勒提要,定好基调;中间如何逐层分析,形成高潮;结尾如何自然收束,发人深省,都必须认真揣摩。元代乔梦符说:"作乐府亦有法,曰凤头、猪肚、豹尾六字是也。"他虽然说的是乐府诗的做法,其实,写演讲词也是这样。

一、开头

凤凰头,小巧美丽。演讲词开头应该短小精巧,新颖诱人。古人云:"善于始者,成功已半。"演讲的开头,在通篇演讲中处于领先的特殊位置,在演讲者和听众之间架起一座沟通思想情感的桥梁,为演讲的成功开辟道路。出手不凡的开头,能唤起听众的兴趣和求知欲,产生巨大的吸引力,紧紧抓住听众的兴头,使听众非听下去不可。好的开头,能为全篇演讲定下基调——是庄重严肃,还是喜庆欢快,抑或诙谐幽默,往往一开始就给人以清晰的印象。精巧的开头,画龙点睛,勾勒提要,能自然顺畅地引领下文,把听众带进声情并茂的演讲情景中去,造成有利于接受演讲观点的心理定式。然而,要做到开头出语新奇,语惊四座,并非一朝可得。初为演讲者,在开头时常常不是出言陋俗,陈词滥调,就是堆砌辞藻,言不及义;要么就驾空抒情入题太缓,甚至不切题旨。

那么究竟怎样设计和安排演讲的开头呢?这主要取决于演讲的内容、环境和听众的情况。内容和时空环境的多样性决定了演讲开头的多样性。常见的演讲开头有下列几种。

1. 设问式开头

聪明的提问是智慧的标志,是通往知识宝库的桥梁。演讲者一开始就提出一个或几个出乎意料的问题,触发听众神经元的亢奋,能够迅速地唤起听众的兴趣和注意力,引起人们深思,自然地激发听众的参与意识,缩短演讲者与听众的距离,使两者的思想感情得以迅速沟通。同时提问能加深听众对问题的记忆和理解。

比如,1980年复旦大学举办的"青年与祖国"的演讲比赛,当时由于种种原因,会场嘈杂难静。其时有位同学上台,他刚讲个开头,就立即扭转了混乱局面,紧紧抓住了听众的心。他说:"我想提个问题。"台下听众立即被他这种新奇的开头形式所吸引。他停顿了一下,继续说:"谁能用一个字来概括青年和祖国的关系呢?"这时,台下听众议论纷纷,情绪活跃。他立即引导说:"可以用'根'字来概括这种关系。"接着,他讲述上海男人名字喜欢用"根"字的原因,并归纳说:"我们青年有一个共同的姓,就是'中华';有一个共同的名,就是'根'。'中华根'应该是中国青年最自豪、最光荣的名字!"话音刚落,全场顿时掌声雷动。这样的提问开头,新颖别致,出人意料,让人耳目一新,激起听众浓厚的兴趣。

还有一位同志在进行爱国主义教育演讲时,是这样开头的:"我常想起拿破仑在1816年曾说过的一句话:'中国是一个多病的沉睡的巨人,但是当她醒来时,全世界都会震动!'"接着便出乎意料地发问:"大家说,中国这个沉睡的巨人现在醒了没有?"会场立即活跃起来。有的说:"醒是醒了,可是让'四人帮'一棒子又给打昏了。"有的说:"醒了。"有的说:"没醒!"听众迅速转入这场讨论。这时,演讲者立即将话题收回,谈自己的看法,很自然地突出了演讲的中心内容。

采用设问开头的方式,关键在于问题要提得好,提得恰当。从信息论的观点来看,提问的过程是信息传递的动态过程。提问的信息要与对象、场合相适应,同时讲究内容的合理性和确定性,要使听众感到新鲜、出乎意料,能激发听众积极思考,而且与后面阐述的问题联系紧密,能巧妙而自然地引发出演讲的主体内容。否则,泛泛地为提问而提问,问题设计不当,或者故弄玄虚,反会弄巧成拙,不仅不能使人感到新颖别致,反而让人觉得浅陋俗套。

2. 叙事式开头

演讲者一开始就讲述新近发生的奇闻怪事、令人震惊的重大事件或生动感人的故事,这种开头,由于故事具有情节生动、内容新奇等特征,容易赢得听众的关注,并能造成悬念,激起听众的兴趣。

例如,《救救孩子》的演讲,就是以叙述两件具体事件开头,然后展开论述的:

> 去年5月24日的《新民晚报》披露了这样一个事实:一个四年级小学生每天要带父母亲手剥光了壳的鸡蛋到学校吃。有一次,父母忘了给鸡蛋剥壳,差点憋坏了孩子。他对着鸡蛋左瞅右看,不知如何下口。结果只好原蛋带回。母亲问他怎么不吃蛋,回答很简单:"没有缝,我怎么吃!"无独有偶,据某杂志载,一个将要留学法国的地质学院研究生,因为害怕出国后,没有人照料自己的生活而吓得全身痉挛,有时竟连续5个小时。神经学专家的结论是:"病人发病的根源在于社会生活能力差,出国反而造成了极大的心理压力……"这个结论,我想不应该只是针对这位患有"出国恐惧症"的研究生,所有的教师,所有的家长,是否也应该考虑一下我们的学生的社会生活能力究竟怎样?今后他们能自立于社会,贡献于社会吗?

演讲者选用两件看来酷似笑话、令人啼笑皆非的事实开头,十分生动,富有吸引力,引人深思。听众很自然地被引入"教育改革势在必行"的议论中去。

用故事触发兴趣的开头,要求做到:

第一,叙事简明扼要,短小精悍,不可啰嗦拖沓;

第二,事情本身要有针对性,耐人寻味,能触发听众的兴趣;

第三,所叙事情要与中心论题密切相关。

忽视了这些,就可能弄成虎头蛇尾,开头云天雾地,海阔天空,而听众不得要领,不知所云。

3. 解题式开头

这种开头扼要地解释、说明演讲题目的含义,能自然顺畅地转入正文的论述。

例如,在某次"演讲与口才培训班"结业典礼时,一位民警同志紧接在一位营业员之后发表演讲,他借营业员演讲的结尾,引出自己的开头。承接顺畅自然,显得生动有趣。他说:

> 同志们,刚才那位营业员同志说,欢迎大家到商场来,可我呢?却不欢迎大家到我那里去,因为我是长春市公安局交通警察大队的。提起交通警察,有人给我们送了个雅号——"马路橛子"。好吧,今天,我就专题讲一讲《好一个马路橛子》。

这样风趣的开头,不仅扼要地说明了题目的含义,也具有即兴的特点。

解题式的开头,要避免冗长啰嗦,同义反复。同时,在承接前面演讲内容时,要力求出新,不落俗套,不要矫揉造作,故作谦虚,也不要巧涂脂粉,自吹自擂。

4. 明旨式开头

这是常见的开头方式。这种方式开宗明义,开门见山,概括主要内容,直接揭示主题,说明意图。

例如,《战士的爱》简洁明快地这样开头:

听到这个题目,在座的许多同志也许会联想到爱情。是的,爱情是神圣的,也是美好的。可是,我今天所要讲的,却是一种更高意义上、具有更强生命力的爱。这,就是战士的爱!

明旨式的开头,常常使用名言、警句、谚语等。因为这些话言简意赅,富有哲理性,发人深思,对演讲内容能起提纲挈领、画龙点睛的作用。例如,《生命之树常青》的开头:

伟大的诗人歌德曾有这样一句话:"生命之树常青。"是的,生命是阳光带来的,应该像阳光一样,不要浪费它,让它也去照耀人间。

明旨式的开头,要尽量做到集中突出,语言准确凝练,不宜转弯抹角,过多渲染铺垫,否则就容易造成开头臃肿而与主体比例失调。这种开头方式往往在比较庄重严肃的演讲中使用。

5. 抒情式开头

这种开头意在渲染气氛,以情感人,使听众迅速受到情绪感染,注意聆听演讲内容。这种开头多采用排比、比喻、比拟等修辞手法;多用诗化的语言,有的干脆直接引用诗歌,因而自然优美,形象生动,引人入胜。

例如,《我是夜幕的一颗星》的演讲是这样开头的:

水兵喜欢把自己比作追波逐浪的海燕,飞行员喜欢把自己比作搏击长空的雄鹰,而我们警卫战士却喜欢把自己比作夜幕上闪亮的星。不是吗?当在皓月当空,万籁俱寂的夜晚,疲劳的人们已进入梦乡,祖国大地的每个角落里不都闪烁着警卫战士一双双警惕的眼睛吗?它就像天上的星星一样,不知困倦地注视着大地,搜寻着每一个可疑的目标……

这段类似散文诗的开头,构思巧妙,比拟得当,语言形象生动,创造出了诗一般的意境。抒情式的开头,一定要有真挚的感情,不可矫揉造作,驾空"抒情"。如果一上台,满口学生腔,"无病呻吟"似的"嗯嗯啊啊"一通,就会让人大倒胃口。

6. 示物式开头

这种开头方式多在军事演讲、法庭演讲或学术演讲中使用。它通过展示实物,首先给听众一个感性的直观印象,然后借助具体实物,提出和阐述自己的见解。如军事演讲首先向听众展示军用挂图或战场实物,学术演讲首先展示科研成果或图表,法庭演讲展示证物等等。这样开头,由于增强了演讲的直观性和实体感,更有利于内容的表达和逐步深化。

例如,《拼搏——永恒的旋律》这篇演讲,演讲者一开头就说:

今天我给大家带来了一样礼物。(举起一个小铜盒)我珍藏它已五年多了。它不仅使我改变了自己的命运,更使我明白了自己肩上重担不止千斤。你们一定想知道它是什么?那就请听一个关于我自己的真实的故事……

这样示物开头很自然地给听众留下悬念。接着,演讲者便以铜盒为线索讲了下去。讲到关键处,激动地打开铜盒,拿出内装的用血书写的"拼搏到底"四个字,使听众产生强烈的感情冲动。最后,演讲者说:"历史、时代坚信我们会用钢铁的意志,坚实的行动勇往直前!因为我们共同拥有一个永恒的旋律——这就是拼搏!"再次高举血书。

除以上介绍的方式外,演讲的开头还有其他方式。比如,议论式、归纳描述式等。总之,演讲的开头不可忽视,要求简短切题,有魅力,力求一开始就给听众造成一种良好的心理定式,切忌套话和陈词滥调;要有真挚感情,切不可故作谦虚,或耳提面命。

二、主体

主体是演讲稿的主干部分,篇幅较大。要使演讲的观点站得住,立得牢,就必须做到内容充实丰满,有血有肉,要围绕中心论点,处理好论点与论据间的关系,合乎逻辑地逐层展开论述,做到结构严谨,层次清楚,过渡自然。在这一部分中,要组织和安排好演讲高潮,使演讲者和听众在情感上产生强烈的共鸣,达到使"快者掀髯,愤者扼腕,悲者掩泣,羡者色飞"的出神入化的境界。

(一)安排好讲述层次

层次是结构的基础,是作者传递信息、表达主题过程中形成的相对完整、相对独立的思想单位。撰写演讲稿,安排层次的过程,实际上就是对所选材料进行归类的过程。要根据客观事物内部联系的特征和共性来合理安排层次。比如,事件一般有发生、发展、结局等几个阶段;问题一般有提出、分析和解决等几个过程;人物有成长变化的历史;场景有空间位置的特征等。因而,层次安排常以时空为序,以逻辑线索为序;或以认识过程为序,形成时空结构层次、逻辑结构层次和心理结构层次。

安排层次要注意通篇格局,统筹安排,给人以整体感;要主次分明,详细得当,给人以稳定感;要互相照应,过渡自然,给人以匀称感。同时,演讲稿主要是用以讲给人听的,是转瞬即逝的,结构层次不能太复杂,要给人以明朗感。

演讲稿的层次排列形式可分为纵向组合结构、横向组合结构和纵横交叉结构。

1. 纵向组合结构

纵向组合结构是指按照时间的推移来排列层次,包括直叙式和递进式两种。

第一,直叙式。即以时间先后为序,或以事情的发生、发展或变化过程为序。这种结构层次比较单一,事情的来龙去脉很清楚。运用这种方法,要注意突出重点,兼顾一般,切忌平均用力,平铺直叙。

第二,递进式。即按事理的展开或认识由浅入深的递进过程来安排结构层次,或按演讲者感情发展的脉络来安排层次。按事理展开,多采用"叙事—说理—结论"的模式,即摆情况,作分析,下结论,也就是提出问题,分析问题,解决问题。按照由浅入深的递进过程安排层次,其内容则呈螺旋式层层深入,由表及里。这样的安排,说理透彻,说服力强。按照演讲者感情发展的脉络来安排层次,内容起伏跌宕。

徐良的《血染的风采》就是采用纵向结构安排层次的。他以自己的成长经历为线索,按时间先后顺序来安排。其主要层次如下:

1982年考入西安音乐学院(编织着一个艺术家的梦)—1985年底申请入伍

(说明为什么投笔从戎)——最初的军旅生活(找到了大学生与战士的差距)——血与火的考验(认识到军人的天职在于无私的奉献)——负伤之后(感激党、人民和战友的关怀)——军人亲属们的伟大贡献。

这篇长达两个多小时的演讲,脉络清楚,有条不紊,在叙述中适当加以抒情议论,声情并茂,道出了他成长的轨迹和战士们及其亲属对祖国和人民的无私奉献,显示了20世纪80年代军人的风采。

2. 横向组合结构

这种组合结构,或按事物的组成部分展开,或按空间分布展开,或按事物的性质归属关系展开。按照不同的排列展开方式,横向组合可分为简单列举式和总分并列式。

简单列举式即是围绕主旨,把选取的材料逐条逐项并列排出。它们从不同角度来表现演讲中心。总分并列式则常遵循总分思路辐射式地展开,并列的各部分按事物的逻辑关系分类安排,分别围绕主旨阐述一个问题,或说明事物的一个侧面。

演讲者王理《人贵有志》的演讲就是采用横向组合结构,其主体部分列举了四个小标题:

一、目标高

1. 引用高尔基的名言:"一个人的奋斗目标越高,他的才力就发展得越快,对社会就越有好处。"我国古语:"志当存高远。"

2. 目标高,更要符合坚定正确的政治方向。如栾弗提出的"三士":政治上成为共产主义战士,业务上成为博士,身体上成为大力士。

二、立志坚

1. 引用爱迪生的话:"伟大人物最明显的标志,就是他坚强的意志。不管环境变化到何等地步,他的初衷和希望不会有丝毫改变,而终于克服障碍,以达到期望的目的。"

2. 在逆境下立志不屈的各种范例。

三、生活俭

生活态度、生活作风历来是人们思想状况的晴雨表。刘邦入关,"财产无所取,妇女无所幸,此其志不在小"。

列举事例:毛泽东,周恩来,南北朝时的范慎,北宋的范仲淹、司马光,明初的宋濂等生活俭朴的事例。

四、惜分秒

列举名人事例:列宁、鲁迅、英国诗人爱德华·扬、英国女作家埃半蒂·勃朗特、科学家爱因斯坦珍惜分秒的事例。

《人贵有志》这篇演讲,中间主体部分采用的是横向的、并列式的结构。它列出四个小标题,分别论述目标高、立志坚、生活俭、惜分秒,有的小题中又分出小层次,引用经典名言和动人事例加以论证,由于组织得当,过渡自然,衔接紧凑,使得全篇演讲结构完整,充分阐发了主旨,给听众留下很深的印象,可谓横向组合结构的范例。

采用横向组合结构,要力戒开中药铺似的罗列现象,而要注意发掘各部分材料间的必然联系,发挥整体效应。

3. 纵横交叉结构

有些内容丰富、容量较大、时间较长的演讲,常采用此种结构。它以时间顺序为主线,穿插横向组合材料；或者以横向组合为主，其间穿插纵向组合材料。先按纵向组合容易看出事物发展的全过程，先按横向组合则易于分析出事物各部分之间的联系和区别。采用这种结构，不宜搞得太复杂；否则，听众难于理解。李燕杰的《爱情与美》采用的就是纵横交叉式结构。

（二）组织与安排演讲高潮

演讲最忌平铺直叙，而必须有波澜起伏，要在感情上紧紧抓住听众，在理论上说服听众，在内容上吸引听众。在演讲的过程中，要组织和安排一个或几个演讲高潮，形成强烈的"共振效应"。演讲高潮实际上就是演讲者和听众感情最激昂、精神最振奋的地方。它是运用典型的事例，准确的、阐释精当的议论，深刻的哲理，确切的修辞，生动的语言，真挚的情感，得体的动作所组成的强烈的兴奋点。它是崇高美、哲理美和诗意美达到的高度和谐统一。例如有一篇标题为《在血与火的征途上》的演讲，演讲者在介绍了一位烈士腹部中弹，毫无畏惧地把肠子压在腰带下面继续冲锋，最后用自己的身体滚雷，为战友开辟通路的英雄事迹后，深情地说：

> 这些风华正茂的青年战士，如果活到将来，有谁敢说他们之中不会有将军、部长、博士？可他们刚刚活到新中国的好时辰，就告别人间，把蓬勃的生命和美好的理想，托付给活着的人们，化作向四化进军的足音和号角，化作一对对倩影在湖面荡舟的安宁和温馨……

这扣人心扉、感人肺腑的叙述和议论，为听众创造出了一个动人的意境，把演讲自然地推向高潮，使许多听众不禁潸然泪下。

再请听《井下工有颗金子般的心》这篇演讲是怎样推向高潮的。演讲者在讲述矿工无私奉献的动人事迹时，辅以浓烈的感情抒发：

> 我们矿山行业有一个专业术语：品位。它是一个百分之一的比值。它不正是井下工人精益求精认真工作无私无畏的最好写照吗？到1988年底，我们招远金矿在全国首家实现了建矿以来累计产金100万两！100万两，就是整整一节火车车厢的黄金！"一寸光阴一寸金。"这100万两黄金，不正是几千名井下工奉献青春和年华的最好证明吗？

接下去，演讲者用了一连串的设问和排比：

> ……当你真正喜欢上金首饰的时候，你是否喜欢这些有着金子般心灵的采金人？当你美滋滋地戴上金戒指的时候，你可否知道，由于作业中的高压风、水的侵蚀和风钻的强烈振动，多少个凿岩机工得了白指病？当你乐颠颠地戴上金耳环的时候，你是否聆听到了井下工渴望理解、向往友谊、憧憬爱情的心声？当你笑盈盈地挂上金项链的时候，你是否也把苦中求乐甘愿奉献的井下工挂在了心上？……

这些设问和排比，渲染了情感，升华了主题，有很强的感染力和震撼力，把演讲顺利地推向了高潮。

组织和安排演讲高潮要做到语言简洁明快，切忌拖泥带水，冗长啰嗦。体现高潮的名言警句要从真实可靠的事实和事理中自然发出，切忌牵强附会。

三、结尾

结尾是演讲稿的自然收束。"豹尾"正是形象地说明结尾要雄健有力,言止意长,回味无穷。明代学者谢榛说:"起句当如爆竹,骤响易彻;结句当如撞钟,清音有余。"(《四溟诗话》)明代学者黄政枢也说:"好的结尾,有如咀嚼干果,品尝香茗,令人回味再三。"(《春觉斋论文》)可见结尾和开头一样重要。如果演讲的开头和高潮很精彩,结尾又出人意料,耐人寻味,则是锦上添花,给人以美的享受。

怎样设计和安排演讲的结尾呢?常见的类型和方法如下。

1. 总结式结尾

这种结尾,扼要地总结演讲内容,能起到提醒、强调的作用,给听众留下完整的总体印象。例如,在1986年吉林省青年电视演讲赛中荣获命题一等奖的权红的演讲稿《世界也有我们的一半》是这样结尾的:

……听听我这个没当成的女记者的心声吧:

我相信,女性是伟大的!

我也相信,男性是伟大的!

我更希望我们都相信,伟大的男性和伟大的女性加起来才是伟大的人民!

他们的自信、自尊、自爱焕发出来的巨大搏力才是伟大的文明!

这个结尾恳切、热情、概括,点化主旨,给听众留下了清晰、完整而又深刻的印象。

2. 感召式结尾

这种结尾多是提希望,发号召,表决心,立誓言,祝喜庆,贺成就,以激起听众感情的波涛,给人以心志的激励。

例如,古希腊著名演说家德摩西尼发表的《斥腓力演说》这样结尾:

敌人正在对我们铺罗设网,四面合围,而我们却还呆坐着不求应付。同胞们,我们究竟要到什么时候才能采取行动?当雅典的航船尚未覆灭之时,船上的人无论大小都应该动手救亡。一旦巨浪翻上船舷,那就一切都会同归于尽……即使所有民族同意忍受奴役,就在那个时候我们也要为自己而战斗。辞令的灵魂就是行动!行动!再行动!

这个结尾慷慨陈词,号召人们拔剑奋起,反抗马其顿王腓力二世的入侵。

又如,中国羽毛球队的韩健所作的《在失败面前挺起胸膛》的结尾:

此时、此刻,祖国需要我,我怎么能在功成名就之际捧着桂冠品味人生。我深知,我将来可能败得更惨,但我不怕,因为怕失败的人永远不会成功!

这样结尾,情真意切,字字千钧,充分表现了演讲者为了祖国的荣誉敢于战胜失败、赢得成功的决心。

3. 抒情式结尾

这种结尾常常是演讲者在叙述典型事例和生动事理后,油然而生的激情。以抒情方式结尾,言尽而意未尽,留有余韵,给人启迪。

例如,郭沫若的《科学的春天》的结尾:

春分刚刚过去,清明即将到来。"日出江花红胜火,春来江水绿如蓝。"这是革命的春天,这是人民的春天,这是科学的春天!让我们张开双臂,热烈地拥抱这个春天吧!

这样结尾,热情奔放,以诗一般的抒情语言激励人们向科学进军,拥抱科学的春天,具有很强的鼓动力。

4. 警言式结尾

警言式结尾通过引用谚语、成语、格言、警句、诗词等方式结尾。这种结尾言简意赅,多有韵律,使内容显得充实丰满,具有哲理性和启发性。

例如,李燕杰的《国家、民族与正气》的演讲,其结尾是:

> 青年朋友们,爱我们的国家吧,爱我们的民族吧,同心协力,把我们民族的正气,把我们中华民族奋发图强的爱国主义精神极大地发扬起来!最后,用几句名人名言作为结束语:
>
> 谁不属于自己的祖国,他就不属于人类!
>
> 爱国主义的力量多么伟大呀!在它面前,人的爱生之念,畏苦之情,算得是什么呢?
>
> 我无论做什么,始终在想着,只要我的精力允许我的话,我就要首先为我的祖国服务。
>
> 真正的爱国主义不应表现在漂亮的话上,而应表现在为祖国谋福利,为人民谋福利的行动上。

李燕杰的这篇报告寓理于事,攫取力强,最后采用名人名言结尾,恳切热情,紧扣演讲题旨,升华主题,字字句句掷地有声。

5. 呼应式结尾

这种结尾与开头呼应,使整篇演讲首尾圆合,结构完整。例如,《井下工有颗金子般的心》的开头是这样的:

> 你了解井下工吗?井下工,顾名思义,是在矿井下作业的工人。这是当前最危险的工种……他们不仅承受了人们的种种误解,还以自己有力的臂膀擎起了整座矿山!可以自豪地说:在我们招远金矿,有多少井下工,就有多少颗金子般的心!

接着,讲述了三个生动感人的事例,歌颂了矿工无私无畏的奉献精神。最后,是这样结尾的:

> 朋友们,黄金是宝贵的,比黄金更宝贵的是井下工那颗颗金子般的心!如果我们的整个社会、行行业业的每个人都能在自己的岗位上竭诚尽力,无私奉献,那么四化何愁不成?……

最后,用一句既是祝福也是希望的话作为结尾:

> 愿我们都有一颗金子般的心!

这篇叙事性演讲,题目很"实"很"俏",开头、结尾,处处照应,首尾圆合,增强了演讲的鼓动力和激奋力。

值得注意的是,使用呼应式的结尾,不应与开头简单地重复,而应加深主旨,耐人寻味。

从不同的角度来谈结尾,样式还有很多,诸如议论式结尾、象征式结尾、呼告式结尾、幽默诙谐式结尾、示物式结尾等等。总之,结尾要有一定的高度,如异峰突起,要韵味深刻,使听众情绪激动感奋,切忌虎头蛇尾或画蛇添足,努力避免陈词俗套和语言干巴。

第三节 文采与修辞

演讲稿具有较强的逻辑性,也具有一定的艺术性,对语言艺术有较高的要求。有了好材料,有了好结构,还必须通过优美动人的语言来表达。深刻的思想,精巧的结构,最终都要靠优美动人的语言文字物化,才能得以体现和传播。要使演讲稿富有文采,必须讲究修辞。

修辞包括选词炼句和合理运用辞格。

选词炼句一般指句式的选择、语音的调配、词语的锤炼等。演讲稿的语言应准确、鲜明、生动;音节和谐,上口入耳;语句精练,晓畅易懂。要使演讲"上口""入耳",一般来讲,句子不宜过长。句子过长,讲起来费劲,听起来吃力。宜把长句改为适合听的短句,把倒装句改成一般主谓句,把生僻的词换成常用的词。同时,要慎用文言和方言词语;对于艰深的专业术语和抽象的科学概念,要尽可能用浅显明白的语言进行解释,做到深入浅出。在语音方面,要避免因同音词而产生的误解,应把单音词换成双音词。因为单音词声音短促,容易出现同音异义的现象;选用双音词,声音较长,词义明晰,留给听众的印象较深。这些都是演讲语言最基本的要求。

恰当合理地运用辞格,是美化语言的重要途径。所谓辞格,"是用以表达一定的思想内容、具有特殊的修辞效果和某种语言形式的修辞方法"。辞格不仅表达通顺、准确,而且生动形象,音韵和谐,表意深刻,富有艺术性和审美价值。它能使枯燥变生动、抽象变具体、平凡变神奇。因此演讲中恰当使用辞格,能为演讲增辉添色。演讲中常用的辞格有比喻、比拟、排比、层递、对比等。

一、比喻

比喻就是打比方。它是运用具体、通俗、浅显的事物或道理来说明抽象、深奥的事物或道理的一种修辞方式。它具有深刻、形象和幽默诙谐的特点,可以增强语言的表现力和感染力,也能增强语言的抒情色彩和喜剧效果。它把精彩的论述与模型拟象的描绘糅为一体,既给人理性上的启迪,又给人以艺术上的美感。它可以说是语言艺术中的艺术。这种辞格运用范围很广,在演讲中恰当运用能收到理想的表达效果。

例如,《攀枝花的金字塔》这篇演讲,演讲者在列举了大量事实的基础上以"金字塔"暗喻攀枝花的伟大成就,以"十块丰碑"来比喻攀枝花的发展历程,并以此作为抒情的落脚点,显得很有气势。结尾处进一步点明"……攀枝花也犹如一座金字塔崛起在共和国的版图上……永恒而神秘的金字塔属于过去,属于未来,更属于我们年轻的攀枝花!"这种比喻恰当自然,语言恳切有力,给人印象深刻。

又如,《我的理想之路》这篇演讲,热情地歌颂了人民教师。结尾处用了一连串的比喻:

作为未来教师的我,没有太高的奢望——只求用知识的雨露去浇灌幼苗。

像红烛,将全部心血化为光焰,去照亮青少年一代那美好的心灵;像春蚕,为谋求人类的幸福,吐尽最后一口丝。

这里把传授知识比喻为用"雨露去浇灌幼苗",把"教师"比喻为"红烛""春蚕",比喻贴切,赞美了人民教师的伟大奉献精神,表达了对人民教师的无比崇敬的情怀。

再如,在《我的思考与奋起》这篇演讲中,演讲者将曾经缠绕自己的苦闷比喻为"就像一个圆点,四处延伸着的是大小不等的问号……"当苦闷解脱时,他"顿时觉得眼前的问号渐渐地被拉直了,变成有力的惊叹号。我第一次感到我对马克思主义是那么无知,可真有点'相识恨晚'之感"。这样一前一后的比喻,形成了一种动态过程,前者是后者的前提和铺垫,后者为前者的引申和扩展,两者配合,生动地展示出思想转变的过程。

运用比喻要贴切得体。要根据对不同本体的爱憎感情,恰当选择具有不同褒贬色彩的喻体,决不能用假恶丑的事物来比喻真善美的事物。当然,也不能用真善美的事物去比喻假恶丑的事物。比喻要有生命力,不在于量而在于质,在于推陈出新。比喻要新鲜、奇特,切忌陈词滥调。英国作家王尔德说得好:"第一个用花比美人的人是天才,第二个再用的是庸才,第三个就是蠢材了。"只有那些新颖绝妙的比喻,才能给人深刻的印象。

二、比拟

比拟是拟人和拟物的合称。把物当作人来描写,赋予人的行为和思想感情等,叫拟人。把人当作物来写,或把甲物当作乙物来描写,叫拟物。比拟富有形象性、生动性。在演讲中,恰当地运用比拟手法,能寄情于物,托物言志,引起听众的共鸣和深思;能表达强烈的爱憎感情,增强语言的感染力和战斗力;能渲染气氛,起烘托作用。

《大学生演讲选评》一书中选有优秀演讲词《信念的力量》,其中有这样一段:

> 翻开中国的历史看看吧,中华民族经历了多少深重的灾难……长江在哭泣,黄河在哀号。广大的中国土地上,多少人流离失所,妻离子散;多少人逃荒要饭,家破人亡。

"长江""黄河"是中华民族的象征,说"长江在哭泣,黄河在哀号"是震撼人心的拟人手法,生动形象地表现出祖国沉重受难的历史,发人深思。

再如,《在师范毕业生典礼上的演讲》中有这样深情的语言:

> 如今,你们就要离开母校了,尽管情丝不绝,可你们在四年的风雨中练硬了翅膀,现在也该驮回去一幅春天的图画了……

人无翅膀,这里"练硬了翅膀""驮回去"就是"拟物"手法,用描写动物的词语来描写人物,表现出师范生锻炼成长的过程和他们将载着母校的重托走向工作岗位的热情。语言中流露出对毕业生的无限依恋和激励的感情。

运用比拟手法一定要正确恰当,要抓准被比拟物和比拟物之间的相似点,特别是褒贬色彩要恰当。例如,海燕、苍鹰,英勇顽强,常用来比拟革命英雄;豺狼狐狸,凶残狡诈,常用来比拟奸贼坏人。爱憎好恶,十分鲜明。

三、排比

三个或三个以上结构相同、字数相近、语气一致、意义相关而互相平行的词语或段落,连续排列在一起,就构成了排比。排比可分为短语排比、句子排比和段落排比三种类型。

它在演讲中运用广泛,既可以用来铺陈描述,又可用来议论说明,还可用来抒发情怀,使演讲增强语势,增强节奏感和旋律美,增强条理性和严密性,提高演讲的说服力和感染力。

例如,《镶嵌彩灯的女性》的演说词中,有这样的话:

……从地质队诞生的那一天起,"献身地质光荣,找矿立功光荣,艰苦奋斗光荣"就与地质队员融为一体,谱写了一曲动人的凯歌。……我相信,只有那些曾经或正在致力于献身地质这项伟大事业的人们,才会有那么一种冲动,一种自豪,一种喜悦,一种激情——如大海翻腾,如群山呼啸,如岩浆喷发,如涓涓溪水……

这里运用排比和比喻,表达出了与"三光荣"融为一体的地质队员的豪迈感情,节奏鲜明,旋律优美。

运用排比手法,在形式上要做到结构相同,句式整齐,字数相近,音节匀称;在内容上要表意确切明了。各句间语意平行,不可因词害意,重复啰嗦。

四、层递

层递与排比相似,两者都能使语言富有条理性和感染力。不同点在于:排比的词句之间,语意是平列的;而层递的词句之间,语意有层次和级差,它是按照所表达的语意轻重、程度深浅、数量多少、范围大小、时间先后,逐层依次排列在一起的。恰当运用层递手法,能使言语富有层次感和条理性,能产生层层深入、步步推进的修辞效果。

例如,《矿山魂》在结尾处的抒情议论:

朋友们,当你想写一首诗,想唱一支歌,请别忘了那高高的井架,那飞旋的天轮,那800米深处的一片赤心,那湛蓝天下的巍巍矿山魂!那就是——可贵的主人翁精神!

井架—天轮—赤心—矿山魂,由具体形象到精神世界,语言逐层加深,表达了对矿山主人翁精神的热情赞美。

选用层递手法,要注意内容上的锤炼,要精心选择在语言上确有轻重、在范围上确有大小等层次差别的词句,根据表达思想内容的需要,按照递升或递降的顺序来排列,次序不可混乱。

五、对比

把两种不同事物或一事物的两个不同方面放在一起进行比较,就是对比。从内容上分,对比可分为两体对比和一体两面对比。对立统一的两种事物或概念的对比叫作两体对比。存在于同一事物中的两个对立面之间的对比,叫作一体两面对比。演讲中恰当地运用对比手法,能使形象突出,能较全面地表现演讲者的观点,深刻揭示事物的本质特征。正义与邪恶,英勇与怯懦,伟大与渺小,一经对照,泾渭分明,给人印象极深。

例如,英国政治家赖白斯在伦敦参事会上所作的关于劳动情况的演讲,就巧妙地运用了对比手法。据说,他在演讲中突然停顿,取出金表,一声不响地站在那里看着听众,在场者对他的举动迷惑不解。他一直停顿了一分十二秒之久。就在听众几乎都坐不住的时候,他突然大声说道:"诸位适才所感觉的局促不安的七十二秒的长时间就是普通工人垒一块砖所用的时间。"赖白斯这里确实匠心独具,高人一筹。他巧妙地利用这种停顿进行了一次生动的时间对比,形成弦外之音,言外之意,收到了独特的修辞效果。

再如河北省的一位中学生所作的《祖国需要奉献》的演讲,中间有这样一段:

一位年近古稀、身患绝症的老人,主动拿出250元钱认购了三年才能归还的保值公债;一个年轻有为,在改革大潮中涌上浪尖的经理竟贪污受贿达17万元。

我哭了,是对奉献者的爱,对索取者的憎!

这里把奉献者和索取者摆在一起,进行了强有力的对比,高尚与卑鄙泾渭分明,爱憎之情溢于言表。

除上述几种辞格之外,对偶、借代、设问、反问、反复、拈连、移就等辞格在演讲中也常用到。人们在表达某种思想感情、某层中心意思时,往往将多种辞格综合运用,以便取得多方面的修辞效果。例如,《到军校去》这篇演讲中有这样的话:

亲爱的同学,您想成为一名能征善战的勇士吗?到军校去!年轻的战友,您想成为一名叱咤风云的将军吗?到军校去!敬爱的首长,您想把握未来战争的脉搏吗?到军校去!

这里把"设问""排比""层递""反复"等修辞手法融在一起,使之具有不同辞格的特点,有着多种表达功能!"设问"引人入胜,"排比"气势磅礴,"层递"使感情逐步强化,"反复"更突出了"到军校去"的题旨。几种辞格融为一体,言简意赅,具有很强的鼓动性。

第四节　理义与谋略

如前所述,撰写演讲稿,要有明确的主题、充足的材料,设计出恰当的结构,采用合适的修辞手法;要使主题、材料、结构、修辞等方面共同配合,形成有机的整体,即是达到形式和内容的高度统一。众所周知,内容决定形式,内容是首位的。因此,主题是统帅全篇的灵魂。而主题无非是作者想要传达的某种信息,讲述的某种道理,表达的某种感情。同一个道理,同一种信息,由于时空环境不同,对象各异,要用不同的感情方式来表达,有时委婉规劝,有时愤怒斥责,有时循循善诱,有时平静舒缓。演讲者爱憎分明的感情总是自觉或不自觉地渗透在演讲稿的各个方面。所以,理义和感情,实际上是使演讲稿达到形式和内容高度统一的凝固剂。

从某种意义上讲,演讲稿的主题确定后,构思便是促使演讲者达到演讲目的的总的策略。即如何使理义和感情发挥其独特的作用,征服听众。而要拨动听众心中的"琴弦",直言往往不及巧说为妙,巧说既出人意外又入人意中,使人折服。

演讲的策略和技巧很多,归纳起来,主要有如下几种。

一、欲擒故纵,出奇制胜

所谓欲擒故纵,就是首先故意避开目标,使人放松戒备,然后抓住要义,一举擒拿,达到目的。它往往异峰突起,获得出奇制胜的效果。一些演讲中所用的西门豹治邺的故事,就是运用擒纵法的典型事例。西门豹要破除迷信,却不明言,反而故意装成十分虔诚的样子,与大家一同为河伯送女,等到看过河伯妇之后,他突然对三老、巫祝说:"是女子不好,烦大巫妪为入报河伯,待更求好女,后日送之。"便相继把巫妪及弟子、三老一一投入河中。他巧妙地借神权迷信来打击神权迷信,以出其不意的突然一击,严惩了害人者,挽救了受害者,使广大群众猛然惊醒,陋俗得以破除。

在演讲中,特别是在论辩性较强的演讲中,擒纵之法经常被采用。其原因在于它符合"情随境迁"的心理活动过程,易于收到事半功倍的奇效。演讲得常常把基本主题组织到另外一些能为听众接受的主题中去,使听众产生一种印象,似乎演讲者与听众在观点方面是相近的,造成演讲者与听众心理吻合的情境,使演讲者的观点自然被听众顺利接受。例如,林肯在伊利诺伊州的演讲中就采用了擒纵法。

19世纪中叶,美国维护奴隶制与反奴隶制的斗争空前激烈。1858年,伊利诺伊州南部奴隶主对废奴主义者十分愤恨,声称林肯若来演讲,必置之于死地。林肯并没被吓倒,他十分自信:"只要他们给我谈几句话的机会,我就可以把他们说服。"他在演讲的一开头,运用的就是擒纵手法:

> 南伊利诺伊州的同乡们,肯塔基州的同乡们,密苏里州的同乡们——……让我们大家以朋友的态度来交往。我立志做一个世界上最谦和的人,决不会去损害任何人,也决不会干涉任何人。我现在对你们诚恳要求的,只是请你们允许我说几句话,并请你们静心地听。你们是勇敢而豪爽的,这一点要求,我想一定不致遭到拒绝。现在让我们诚恳地讨论讨论这个严重的问题吧。

面对强悍的反对者,林肯开头没有直接批评,而是以"纵"的手法,先颂扬他们勇敢豪爽,和他们套近乎,为他们唱赞美诗,渐渐地消除他们的戒备心理和敌对情绪,使演讲得以顺利进行,最后竟赢得了喝彩大潮。

二、悬念吸引,呼应作答

叙事性较强的演讲,往往设置悬念,紧紧地吸引着听众,使听众对事物发展和人物命运产生强烈的关切心情,急切希望能得到解答。悬念能调动听众的想象力、思维能力,使听众从质疑、释疑中受到启迪。没有悬念,难于吸引听众的兴趣。

悬念的设置在演讲中也需要呼应,往往是先把疑问悬置起来,引起听众对某一事态的密切关注,演讲者却引而不发,故意暂不理会,让听众念念不忘,做出种种猜想;在蕴蓄一段时间后,再行作答,与开头呼应,揭开谜底,产生一种出奇制胜的效果。

悬念常常带有一定的偶然性和突发性,既要新奇,又要真实;解除的过程必须入情入理,交代清楚。没有根基的悬念,无异于空中楼阁,自我否定。

从某种意义上讲,严谨的逻辑推理,首先设置疑问,然后逐层剖析,也是一种"悬念吸引"。演讲者常常喜欢用设问开头,实际上就是对"悬念吸引"的青睐。

《含泪的忏悔》这篇演讲,主旨在于用具体事例,说明孝敬父母是我们民族的传统美德,是社会主义精神文明建设的一个组成部分。演讲者一开头就说:

> 朋友,我站在这个演讲台上,像被押上那"良心"法庭的被告席,忏悔,羞愧,无地自容,心在绞痛。

这几句饱含感情的话,立即在听众的心里引起疑问:为什么忏悔、羞愧、无地自容、心在绞痛?犯了什么严重错误要被押上"良心"的法庭?很自然地使听众产生急于得到解答的迫切心理。然而,演讲者接着并没有立即正面回答,而是以大量事实讲述母爱;然后话题一转,讲述仅仅十天,自己的"孝情都起了质的变化"的情况,点出开头"像被押上那'良心'法庭的被告席"的缘故,使听众留下深刻的印象。

又如前节所述,以举起一个小铜盒为演讲开头的《拼搏——永恒的旋律》,一下子就在听众心中造成一种悬念,究竟铜盒里藏着什么?直到关键之处,演讲者才把谜底揭开,使听众产生强烈的感情冲动。

三、主动出击,先声夺人

演讲者事先估计听众可能从某方面质疑、反问,在演讲时先主动引出疑问,并加以驳斥,这样便形成了主动进击、先声夺人的局面。这种策略可以从多方面帮助树立自己的观点。例如,《请看看我们头顶的月亮》这篇演讲,有力地批判了那种崇洋媚外的民族自卑心态。演讲者在列举了时下又兴起的颇为走俏的买卖——免费推销外国人的"最高指示"后,摆出了那些崇拜"外国月亮"的人可能提出的"质疑":

> ……说到这里,恐怕那些正在目不转睛观看"外国月亮"的先生们又要转过来教训我们:你这是严重的讳疾忌医,阿Q!各位,这能说是讳疾忌医吗?这能说是奉行阿Q主义吗?不!我们没有必要这样做,我们非常迫切需要外国朋友真诚的批评,公正的评价,但绝不是歪曲和侮辱!

接下来,演讲者列举了我们奋扬国威于世界的典型事例,并且说:

> 大量雄辩的事实足以证明:中国,不但有骄傲的昨天,更有自豪的今天;中国不但可以面无愧色地屹立于世界民族之林,而且也有能力,也有信心为全人类的发展,贡献出自己的力量!……

演讲者就这样采取主动进攻的手法,先声夺人,批判了民族自卑感,赞扬了民族自尊和自信,显得十分深刻有力。

四、委婉风趣,曲径通幽

同一个道理,在不同情况下,可以有不同的表达方式。一般来讲,直径近,曲路远。然而,有时候人们常避直就曲,采取"以迂为直"的谋略。诚如英国军事理论家哈利所说:"在战略上,那漫长的迂回道路,常常是达到目的的最短途径。"这种谋略,在演讲中也常运用。明明目标在东而先向西选取一种"抵触情绪"最弱的方式,打开说服的"突破口",避其锋芒,迂回诱导。比如,直接讲"天才是在民众中产生的,没有民众就没有天才",可以讲得理直气壮,也可以讲得委婉风趣。请看鲁迅先生在《未有天才之前》的演讲中是怎样讲的:

> 有一回,拿破仑过阿尔卑斯山,说:"我比阿尔卑斯山还要高!"这何等英伟,然而不要忘记他后面跟着许多兵;倘若没有兵,那只有被山那面的敌人捉住或者赶回,他的举动、言语,若离了英雄的界线,要归入疯子一类了。所以,我想,在要求天才的产生之前,应该先要求可以使天才生长的民众。

他借用一个比喻,不仅从正面说明了民众是天才产生的基础,而且从反面说明天才离开了民众,就要"归入疯子一类"。这种批评,委婉风趣,很有说服力。

从某种意义上讲,借用比喻来说明道理,本身就是一种迂回手法,曲径通幽。刘勰说:

"喻巧而理至。"新奇而含义深刻的比喻,就像寓言一样,意在言外,引人深思。这类例子很多,这里就不一一赘述了。

其实,人们惯常使用的"归谬法",也可以说是一种以迂为直的手段。想指出对方的错误,不妨先假定对方错误的论题是正确的,然后顺着这个论题引申,推导出更为荒谬的结论,让人一看就明白,毋庸置疑。例如,谚语"如果有胡子就算学识渊博,那样山羊也可以上讲台了",显然,山羊不能上讲台。可见以胡子来判断学识水平是荒谬的。据说楚庄王特别喜欢养马,有匹马因过肥而死了,楚庄王要以"大夫"的葬礼为该马办丧事。大臣们纷纷劝阻,楚王不依,并声称"谁敢再劝,杀他的头!"于是谁也不敢开口了。优孟得知此事后,闯入王宫,仰天大哭。楚庄王惊诧不已:"优孟,你为何哭得这样悲伤?"优孟说:"大王心爱的马死了,用'大夫'的葬礼太不够排场了,应该用国君的葬礼。用玉石做棺,以佳木为椁,让各国使节都来送葬,给它造一个富丽堂皇的祠堂。用金牛金羊祭祀,封它最高的封号。"优孟见楚王疑惑不解,便接着说:"这样,人们就都知道了,大王把马看得比任何人都高贵万倍。"楚庄王听出话里有话,问道:"难道我的过错有这么严重,我该怎么办好呢?"优孟笑道:"依我说,用铜锅做棺椁,使炉灶做棺套,用葱姜上供,给它穿上火做的袍子,埋进人肚里,这是最好的葬礼。"聪明的优孟,正是巧用了归谬法。他开始虚张声势,为死马大哭,撩人眼目,绕着弯子进入正题,然后一步一步引申到了荒唐不过的境地,终于让楚庄王醒悟,应允了把死马烹食。试想,如果优孟一开始直接批评庄王的错误,恐怕早就"人头落地",还谈得上烹马而食吗?

演讲策略还有很多,诸如抑扬并举、波澜起伏、转折灵动、巧妙穿插、气势夺人、绵里藏针等等。总之,要因时、因地、因人而异,不可机械套用。

第五节　演讲稿的修改

对演讲稿初稿往往要进行修改。修改是写演讲稿的最后环节,也是提高演讲质量的重要途径。演讲稿的修改过程,一方面是对所讲内容进一步加深认识的过程,另一方面也是对讲稿的表现形式的进一步选择的过程。人们认识事物,总是在不断深化不断反复的过程中逐步达到主观认识与客观实际统一的。人们叙述事物,阐明道理,表达感情,究竟采用什么形式,才能完美地表达出来,达到内容和形式的统一,也存在着一个不断摸索探讨的过程。企望"一挥而就""文不加点",显然是不现实的。所谓"文不厌改",正说明了"改"的重要。许多著名演讲家,都十分重视讲稿的修改。例如,美国总统罗斯福,每篇演讲草稿写出后,往往要修改十几次,到最后完稿时,有时第一稿中的话甚至全改光了。他如此谨慎认真起草和修改,在演讲史上已传为佳话。重视讲稿的修改,其实也是演讲者高度责任感的具体表现。

演讲稿的修改顺序,与演讲稿的起草顺序和听众听讲的顺序并不相同。演讲稿起草时,人们是遵循存在决定意识的运动规律,从材料开始,即先有信源,然后根据材料提炼主题,再根据主题的要求组织材料,最后通过语言进行表达。而听众听演讲的顺序则是首先通过接受语言信息,了解演讲的内容,再根据内容来领会演讲者的用意所在。那么,修改的顺序如何呢?它必须统观全局,从大处着眼,先校正主题,然后根据主题要求,采取增、删、调、变、修等手段，由内容而结构、而语言进行修改。它遵循着"先整体，后局部""先观点，后材料"的法则，顺着"观点—材料—语言"的顺序进行。

从修改的范围看，演讲稿的修改，主要包括内容和形式两个方面。具体来讲，即校正观点、增删材料、调整结构、变换手法、修饰语言等。

1. 校正观点

首先通读全文，看演讲意图是否表达清楚。每篇讲稿，必然有一个统帅全篇的基本观点，有时还可能有几个与之相应的小观点。这些观点都应该正确、鲜明、新颖，且具有普遍的指导意义。检查和修改，首要的方面就是校正、提炼和深化演讲的主旨。如果发现主题涣散，观点模糊，立意不高，则必须坚决改正，不可抱残守缺。否则，必然导致演讲的失败。

2. 增删材料

材料是形成演讲稿的基础，观点统帅材料，材料说明观点。材料要求充分、典型、新鲜。修改材料主要采取"增、删、换"的方法。如果某些事实材料和事理材料不充分，演讲内容就会显得单薄、瘦骨嶙峋，因此，必须增添和补充一些材料，使内容显得完整、充实、丰满。如果材料过多，形成堆砌，就会使演讲内容显得臃肿、拖沓，甚至冲淡或淹没主题，对此必须削枝强干，删除多余的材料。如果某些材料未经验证，某些材料比较空泛、不够典型，某些材料显得陈旧、不够新颖，就要采取断然措施，加以调换，重新精选。"增、删、换"的最高准则，就是要实现材料和观点的高度统一。

3. 调整结构

结构是演讲稿的骨架，是根据演讲主旨要求，将材料构成有机整体的组织形式。内容决定形式，形式为内容服务。层次安排、段落划分、过渡衔接等等，均要求能更好地为表现主题、突出主题服务。如果发现结构松散、残缺不全，或者轻重倒置、前后脱节等现象，必须进行修改调整，做到结构严谨，合乎逻辑，详略得当，过渡自然。

4. 变换手法

演讲虽然以说理论证表情达意为主，但其手法也是多种多样的。根据演讲的对象、时间长短、环境状况等情况，应采取不同的策略，力求新颖生动、丰富多变，克服程式化的单一表现手法。

5. 修饰语言

演讲的语言要求准确、鲜明、生动。语言的推敲润色，必须舍得下工夫。千锤百炼，方能愈臻完美。特别是要"上口入耳"，既有利于讲，也有利于听。要从全文需要出发，把它放在整篇文章的具体语言环境中去衡量；尽量改掉那些含混不清、生僻拗口、紊乱花哨、晦涩简古、平板乏味的语句。同时，要注意标点符号的正确运用，力争准确无误地表达思想感情。

演讲稿修改完成后，要通过试讲进行全面检验，最后誊清完稿。

思考与训练

1. 演讲稿有何特性？有什么作用？
2. 为什么要重视演讲稿的结构安排？有人说比较理想的演讲稿结构应当是"凤头、猪肚、豹尾"，这种说法对吗？为什么？

3. 为什么说"要使演讲稿富有文采,就必须讲究修辞"？在演讲时常用比喻、比拟、排比、层递、对比这几种辞格,它们各有何功能？

4. 一般来说,演讲时常用哪些谋略？这些谋略有什么作用？

5. 下面是两个不同演讲的开头,各自运用了什么手法？取得了怎样的效果？

① 余德馨《受骗的上帝》：

我演讲的题目是：受骗的"上帝"。

这可是个离经叛道的题目。说它"离经",是因为在信教的人看来,《圣经》明明白白地写着,一切是上帝创造的,上帝又怎能受骗呢？说它"叛道",是因为唯物主义的观点是：从来就没有什么救世主,又哪来上帝？更哪来受骗的上帝呢？不！"上帝"是有的,"上帝"就是你、我、他。有一句名言："顾客是上帝。"我们每个人,一生下来都必然是消费者,也就是直接或间接的顾客,因此,我们大家都是上帝——当然,这个"上帝"是打引号的,不然我在这儿就成了牧师布道了。

好,现在我来谈谈咱们消费者作为"上帝"的受骗情景吧！

② 刘劲松《让生命永远有价值地燃烧》：

朋友们：

我记得作家奥斯特洛夫斯基讲过这样的话："生命赋予我们一种巨大的和无限高贵的礼品,充满着求知和斗争的志向,充满着希望和信心的青春。"是呀,青春,多么美妙、亲切的字眼,它曾激励着多少青年人为使她更加闪光而努力地拼搏。

今天,当我准备参加这样一个主题演讲会时,我感到自己的心猛然间受到了一种强烈的震动,似乎还从未有像今天这样如此清晰地感觉到：我已经走到了生命之中最可宝贵的辉煌灿烂的里程。

6. 下面是两个不同演讲的结尾,各自运用了什么手法？取得了怎样的效果？

① 浩云《论"男子汉"》的结尾：

所以,真正的男子汉,不仅须博大、精深,有理性的头脑,能开创一番事业；不仅须刚毅、坚强,有无畏的精神,敢蔑视一切困难,他也须能宽容,具善意,有爱心。正所谓"无情未必真豪杰,怜子如何不丈夫"也。但愿我们的世界,因为会有更多的男子汉的出现,而充满了男性的美,男性的力度,男性的清醒与坚定,也充满了男子汉深厚宽广的爱。

② 徐宁《叶的事业》的结尾：

伟大诗人泰戈尔有这样一段名言："花儿的事业是甜蜜的,果的事业是珍贵的,让我们干叶的事业吧,因为叶总是谦逊地垂着她的绿荫的。"幼教事业又何尝不是叶的事业呢？每一个幼儿教师,都像是一片绿叶,在党的阳光下进行光合作用,孕育着花,孕育着果,孕育着神州大地的万千桃李。

让所有年轻的爸爸、妈妈都放心把孩子交给我们吧！我要把我的爱、我的智慧和我的整个生命都奉献给他们。假如命运允许我选择一百次,我还是要选择幼教事业！

我也愿所有的年轻朋友,都尽自己的力量,干好叶的事业,花的事业,果的事业,共同为我们欣欣向荣的祖国增一分明媚的春光,添一片绚丽的色彩。

第五章　成功演讲的应变效应
——即兴演讲

第四章"演讲稿"讨论的是在演讲之前,经过深思熟虑、精心准备的带稿演讲。还有另一种演讲,事前不一定能深思熟虑,不能精心准备讲稿,只是临时打好腹稿,作即兴演讲。本章试作具体探讨。

第一节　即兴演讲的含义与特点

一、即兴演讲的含义

即兴演讲,又称即席演讲或即时演讲,它是演讲者在某种特定景物或某种人物、气氛的激发下而产生的一种临时性的演讲。这种演讲方式,是在事先无准备、事先没有拟稿的情况之下进行的演讲活动。早在20世纪30年代,我国演讲家杨炳乾曾有论述:"即时演说者,演说家事先无为演说之意,而忽遇演说之时机,不能不仓促构思,以即时陈述也。"作即兴演讲,确有一定难度,最见功力,一般人难以把握。

即兴演讲最突出的特点是"即兴",它具有明显的"临时性",所以在一般的情况下是没有讲稿的,甚至连个演讲提纲也没有。但这并不是说演讲者在对自己讲什么和怎么讲都心中无数的情况下,就冒冒失失地进行演说了。其实演讲者在临时决定要演讲时,只用了极短的时间,就在心中编好了演讲"提纲",打好了"腹稿",然后登台按照预定的思路边想边讲。如1946年7月15日,闻一多先生在昆明市云南大学至公堂李公朴先生的追悼会上所作的《最后一次的演讲》就是一篇著名的即兴演讲。

随着时代的发展,即兴演讲的范围越来越广,使用频率越来越高,诸如主持会议、宴会祝酒、婚丧嫁娶、答记者问等均少不了即兴演讲,我们不可等闲视之。

二、即兴演讲的特点

即兴演讲具有以下三个明显的特点。

1. 具有临场性

即兴演讲不能像命题演讲那样事先拟好草稿;也不能像论辩演讲那样事先进行调研、模拟训练。演讲者往往是当即打腹稿,临场发挥。例如上海市委党校刘德强教授在上海大学文学院担任客座演讲教师的时候,有一次进行课堂自由演讲训练。W同学对上海市的交通拥挤、住房紧张和环境污染等现象极为不满,登台以《发牢骚万岁》为题发表了一番演讲。紧接着,刘教授进行了如下的即兴讲评。

同学们:

刚才W同学的演讲《发牢骚万岁》,讲得很好。首先好在演讲题目准确地反映了演讲的内容。正如大家所听到的,W同学通篇的演讲都是在发牢骚。如"××搞不好了!""×××搞不好了!"其次,我要说发牢骚从某方面来讲也是一种关心。因为发牢骚无非是对现状不满,希望现状能改变得好一些。而敌人对我们工作中出现的问题是绝不会发牢骚的,他们恨不得我们的问题更多些,现状更糟些。如果一个战士打靶,10发子弹没有一发打中靶心,指战员们肯定会替他着急,有的人还可能会发牢骚:"哪能搞个,一枪也打勿到靶心,浪费了介许多子弹!"(上海话)而敌人绝不会发牢骚说:"哪能搞个,一枪也打勿到我的胸口!"(台下发出笑声)

发牢骚与提建议都是对现状不满,都是希望现状能变得好一些,那么请问发牢骚与提建议两者有没有区别呢?(台下发出小声议论声)当然有区别。我认为它们之间至少有两点区别。其一,建议是积极的,而发牢骚是消极的,建议能体现建议人的诚心和友好态度,并且能给人指出前进的方向,使人容易接受。发牢骚人的诚心,相对来说就显得不够了,而且态度似乎也不够友好,这也不利于对方的接受。其二,毛泽东同志曾说过"牢骚太盛防肠断"。意思是说:经常发牢骚,对自己的身心健康是不利的。据现代医学研究证明,一个人老是发牢骚,整天闷闷不乐,会得一种很难治好的病。(台下发出笑声)

所以,我衷心地希望同学们今后多提建议,少发牢骚。(台下响起热烈的掌声)

演讲以W同学《发牢骚万岁》的演讲题为媒介,在肯定"发牢骚"具有"关心"的一面之后,又通过"发牢骚"与"提建议"两者之间的对比,指出"发牢骚"有其消极的一面,最后点题(希望同学们今后多提建议,少发牢骚),使同学们感到生动、活泼、语重心长。

2. 具有敏捷性

演讲者必须在短短的时间里,迅速选择话题,进行构思,组织材料,针对具体的对象和情景,发表适切的演讲。即兴演讲的敏捷性是由临场性这一基本特征决定了的。

即兴演讲者的快速构思必须抓住"选题"和"定格"这两个关键。否则,漫无边际地去想,反而会把思维搞乱,影响构思的速度和质量。

所谓选题,即话题。它包括两层意思:一是选择主题;二是确定题目(命题式即兴演讲则为"审题")。选题的好坏直接关系到即兴演讲的成败和价值的大小。所谓定格即确定即兴演讲的格式,给即兴演讲划一个框子,演讲时根据定好的"格"(框子)填上适当的词语即可。即兴演讲者如能做到快速"选题"和"定格",登台演讲时根据已有的思路边想边讲、边讲边想也就不会很难了。

即兴演讲的定格常用开头、主体、结尾"三格法"。

例如,曹海霞同学在吉林省中学生的一次即兴演讲赛中,抽到的题签是《妈妈的眼睛》。在审题时,她首先确定这篇演讲主要表达的是母女之情,同时也应着力表现对祖国、对人民的深切热爱。其次为演讲定格。首先,开头借题签发挥,引入正题:"当我手捧着题签,望着上面'妈妈的眼睛'这5个字时,我的脑海里立刻浮现出一双美丽明亮的眼睛,那就是妈妈的眼睛。"其次,主体从三个方面阐述母亲给予自己的勇气和力量:"当我感到孤独的时候,我想起了妈妈慈祥的眼睛,它告诉我生活中到处充满着爱,它让我去寻找纯洁的友谊";"当我在挫折和痛苦面前叹息和失望的时候,我想起了妈妈闪耀着希望之光的眼睛,它引导着我从失望的迷谷中走出……使我勇敢地接受生活的磨难和考验,鼓舞我在困难面前奋然崛起";"当我面临突如其来的侵凌,我想起了妈妈那双坚定的眼睛,它给了我无穷的智慧和勇气"。由于选材恰当,饱含激情,演讲者出色地为听众塑造了一个慈祥、善良、坚毅、顽强的伟大母亲的形象。最后是结尾,向听众发出呼唤:"朋友们,世界有黑暗更有光明,请你到大千世界中去追寻最能给你力量的美好事物吧!就像我找到了妈妈的眼睛一样,它不但能给你温暖,激励你的斗志,还能净化你的灵魂,温馨你的感情。让我们共同去追求吧!哦,妈妈的眼睛……"此时,演讲者已成功地把一个孤女对母亲的怀念升华为对真善美执著追求的拳拳之情。

3. 具有简练性

这是就演讲者所使用的语言来说的。演讲者要以简洁、生动、形象的语言去征服听众。这也是由即兴演讲的临场性这一基本特征所决定的。

1993年8月,中国运动员在第四届世界田径锦标赛中一举夺得女子100米、1500米、3000米和10000米的金牌,震动了世界体坛,教练马俊仁即兴回答记者的问话就非常简洁得体:

> 外国记者问:"3000米比赛结束后,中国三名队员为何显得不十分高兴?是否担心赛后的药检过不了关?"
>
> 教练马俊仁答:"东方人有东方人表达胜利的方式,我们中国女孩,比较含蓄。说实在的,在途中跑时,别的国家的选手有5次包抄我们,打乱了我们的计划和节奏。三名队员没有显得十分高兴,为的是没有打破世界纪录。……如果有人硬要中伤中国队员服用禁药,我会送他一颗酸葡萄吃的。"
>
> (《中国体育报》1993年8月23日)

即兴演讲中如能引用一些名言警句、历史典故、神话寓言等,往往会收到词约意丰、事半功倍的效果。

第二节 即兴演讲的类型与要点

一、即兴演讲的类型

即兴演讲可分不同的类型。就其方式而言,可分为主动式即兴演讲与被动式即兴演讲;若按演讲主题选择的相对自由度来说,可分为命题性即兴演讲、随意性即兴演讲和论辩性即兴演讲。

1. 主动式即兴演讲

所谓主动式即兴演讲,指演讲者被临场的情景所激动而主动发表的演讲。如1860年11月,林肯当选为美国第16任总统。次年2月11日,他在车站面对斯普林菲尔德热烈送行的群众,触景生情,发表了满怀激情、迎接未来的告别演讲:

> 朋友们:任何一个人,不处在我的地位,就不能理解我在这次告别会上的忧伤心情。我的一切都归功于这个地方,归功于这里的人民的好意。我在这里已

经生活了四分之一个世纪,从青年进入了老年。我的孩子们出生在这里,有一个孩子还埋葬在这里。我现在要走了,不知道哪一天能回来,或者是能不能回来。我面临着的任务比华盛顿当年担负的还要艰巨,没有始终伴护着华盛顿的上帝的帮助,我就不能获得成功。有了上帝的帮助,我决不会失败。相信上帝会和我同行,也会和你们同在,而且会永远是到处都在,让我们满怀信心地希望一切都会圆满。愿上帝保佑你们,就像我希望你们在祈祷中会求上帝保佑我一样,我向你们亲切地告别。

即兴演讲必须是有感而发。无论是其他人的演讲,触动了演讲者的感情,还是会场上的气氛,触动了演讲者的感情。总之,这种演讲必须如鲠于喉,不吐不快,无病呻吟的演讲,没有真情实感的演讲,会使听众生厌的。

2. 被动式即兴演讲

所谓被动式即兴演讲,指演讲者原本不准备演讲,但被会议主持人或其他人临时邀请所发表的演讲。

赛场即兴演讲是被动式即兴演讲的典型。

被动式即兴演讲,要强调"切题"与"超旨"。

所谓"切题",指紧扣主题不偏不离,不枝不蔓;所谓"超旨",指超出"公共主题",不能人云亦云、老生常谈,要题材新颖、与众不同。

1944年12月,丘吉尔出访美国,正逢圣诞节。在白宫举行的集会上,继罗斯福总统发言之后,丘吉尔应邀作了如下的即兴演讲:

各位为自由而奋斗的劳动者和将士:

我的朋友,伟大而卓越的罗斯福总统刚才已经发表过圣诞前夕的演说,已经向全美国的家庭致友爱的献词。我现在能追随骥尾讲几句话,内心感觉无限的荣幸。

我今天虽然远离家庭和祖国,在这里过节,但我一点也没有异乡的感觉。我不知道,这是由于本人的母系血统和你们相同;抑或是由于本人多年来在此地所得的友谊;抑或是由于这两个文字相同、信仰相同、理想相同的国家,在共同奋斗中所产生出来的同志感觉;抑或是由于上述三种关系的综合。总之我在美国的政治中心地——华盛顿过节,完全不感到自己是一个异乡之客。我和各位之间,本来就是手足之情,再加上各位欢迎的盛意,我觉得很应该和各位共坐炉边,同享这圣诞之乐。

但今年的圣诞前夕,却是一个奇异的圣诞前夕。因为整个世界都卷入一种生死的搏斗中,正在使用科学所能设计的恐怖武器来互相屠杀。假若我们不是深信自己对于别国领土和财富没有贪图的恶念,没有攫取物资的野心,没有卑鄙的念头,那么我们在今年的圣诞节中,一定很难过。

战争的狂潮虽然在各地奔腾,使我们心惊胆战,但在今天,每一个家庭都在宁静的肃穆的空气里过节。今天晚上,我们可以暂时把恐惧和忧虑的心情抛开、忘记,而为那些可爱的孩子们布置一个快乐的晚会。全世界说英语的家庭,今晚都应该变成光明的和平小天地,使孩子们尽量享受这个良宵,使他们因为得到父母的恩物而高兴，同时使我们自己也能享受这种无牵无挂的乐趣，然后我们担起明年艰苦的任务，以各种的代价，使我们孩子所应继承的产业，不致被人剥夺；使他们在文明世界中所应有的自由生活，不致被人破坏。因此，在上帝庇佑之下，我谨祝各位圣诞快乐。

丘吉尔《在美国度圣诞节的即兴演讲》紧扣主题，从"血统""友谊"和"感情"三个方面阐述了英美两国之间的手足之情，以及"各位欢迎的盛意"给自己带来的"同享这圣诞之乐"。但是，丘吉尔的即兴演讲并未停留在类似"双方之友谊"和"圣诞之快乐"这些"公共主题"上，而是紧接着由"圣诞快乐"联系到"战争的狂潮"，并指出英美两国人民只有在这场反法西斯侵略中担负起"艰苦的任务"，不惜付出"各种的代价"，才能"使我们孩子所应继承的产业，不致被人剥夺；使他们在文明世界中所应有的自由生活，不致被人破坏"。这样就把节日的祝愿与战争的动员自然地结合在一起，使主题得到进一步的升华，达到了"切题"与"超旨"的高度统一。

即兴演讲要把握好"切题"与"超旨"的辩证关系。"切题"而不"超旨"，演讲必然流于公式化，从而缺乏振聋发聩之力；"超旨"而不"切题"，演讲必然成为套话，从而缺乏实事求是之意。

3. 命题性即兴演讲

命题性即兴演讲主要在演讲比赛中运用得比较多。演讲者按抽到的题目要求，只作3～5分钟的准备就上台进行演讲。如2000年5月在昆明举办的首届"红河杯"全国演讲大赛，进入决赛的20名选手就是通过即兴演讲的形式来决定选手的最后的名次，选手抽到的题目有《正气歌的联想》《施恩不图报》《人、家、国》《假如我当官》《人生舞台》等。

4. 随意性即兴演讲

随意性即兴演讲，这主要表现在日常生活中的学习交流、工作中的协商切磋，会议上就某一个问题的讨论争执，或在大会上应邀讲话等等，发言者被眼前发生的景象或情态所感染而激发兴致和灵感所作的一种即席演讲。它是人们在社交活动中最常见、最普遍的一种说话形式。

5. 论辩性即兴演讲

论辩性即兴演讲，是指两个或两个以上持有对立或各不相同的观点的说话者，面对面地进行针锋相对的争论的演讲。如商务和贸易谈判、法庭辩论、赛场论辩等。

随着人类社会的发展，人们社交活动的日益扩大和频繁以及演讲与口才水平的不断提高，对人们即兴演讲能力的要求也就越来越高。即兴演讲的运用范围也越来越广泛，如竞聘答辩、欢迎致辞、宴会祝酒、来宾介绍、婚事贺喜、电视谈话、新闻发布、干群对话等等。

二、即兴演讲的优点

随着时代的发展与社会的进步，即兴演讲这种方式越来越受到人们的青睐，其优势越来越明显，表现为以下三个方面。

1. 内容针对性强

即兴演讲的内容都在现场准备，贴近现实生活，贴近观众、听众心理。主题的确定，材料的选择，轻重主次的安排，都从观众、听众的需要出发，不易脱离实际。

即兴演讲是动态性强的语言交流活动，边看边想边讲，并根据现场反馈及时调整所讲内容，尽量多提供受欢迎、有用的信息，效果事半功倍。

它没有闭门造车的弊端，也少有隔靴搔痒的空话，有的放矢，实实在在，易于接受。如果再加上重视就地取材，当场捕捉话题，更能激起全场的强烈共鸣。

2. 与听众交流多

即兴演讲多半是在现场有感而发，灵感常常来自听众、观众席上。演讲者与听众、观众之间互相配合默契，共同营造一个良好的信息与思想感情的交流环境。台上、台下心理距离小，交流的方式方法多种多样，小到一个会意的眼神，大到和听众、观众握手、拥抱，甚至穿插台上、台下之间的简短交谈，往往气氛格外热烈。

即使在命题演讲之中，"振臂一呼，应者云集"的高潮阶段，往往也是演讲者暂时抛开原来准备的内容或精心设计的态势语言，尽情即兴发挥的关键时刻。

3. 形式更自由

即兴演讲常常是在某个特定的生活场景中进行，而生活场景又多种多样，有的较严肃，有的较宽松，于是演讲形式也不拘一格，只要方便、自然。演讲场地、会场布置、声光设备等等，没有固定的模式，大到万人集会，小到数人座谈，都可以发表即兴演讲。演讲者也不一定始终站在台上，可以选择自认为合适的位置。

即兴演讲是否只适合日常社交生活，而不适合重大政治活动呢？那也不尽然。政治活动要求会场气氛较庄重、严肃，但除了各级领导干部之外，广大人民群众的参政、议政积极性也在日益提高，这是政治民主化的必然趋势。人民群众对国家大事与企业大事各抒己见，发挥主人翁的作用，发言的态度要严肃、认真，但发言场合、讲话的方式仍可不拘一格，仍以即兴、方便、自然较合适，过于拘谨，就难以畅所欲言。

三、即兴演讲的难点

知识、思维、语言（口语），是演讲成功的三大要素。即兴演讲最需要的是优良的思维品质。在思想的条理性、周密性、敏捷性之中，即兴演讲最需要的又是思维的敏捷性。如果思维的敏捷性差，即使知识储备丰厚，也很难迅速灵活调动；正如同即使有良将精兵，战争打响，却很难调到前线灵活指挥使用。敏捷的反应，市场竞争最需要，但却是我们民族性格、思维品质的薄弱环节。其形成过程，有深刻的社会根源与深远的历史根源。要彻底改变，非朝夕之功。

在日常社会生活中，即兴口才用途最广。但在考场、比赛场上，即兴演讲水平又最低，远不如命题演讲，也不如论辩演讲。有的青年人命题演讲考试可得高分，参加全省和全国性的大型命题演讲比赛可获一等奖，但参加即兴演讲比赛却多次中途讲不下去，只好向观众、评委表示歉意，然后退场。出现这种情况主要是由于即兴演讲的难度大、要求高、准备时间短，概括起来有以下三个方面的原因。

1. 准备仓促，很难精雕细刻

即兴演讲与命题演讲、论辩演讲不同，没有过多的时间准备。命题演讲有充分的时间写稿、记稿、酝酿感情，直到"吃透"讲稿滚瓜烂熟方登台。论辩演讲甚至模拟练兵多次才出场。即兴演讲常常带有突然袭击的性质，但这并不意味着可以信口开河。即使仓促准备,仍可在极有限的时间内,在脑海里快速构建一个理论框架;站在讲台上,再补充具体材料,边想边讲,虽然很难精雕细刻,但仍可使整个演讲浑然一体。

2. 篇幅短小,容量有限

短暂的即兴演讲,最短的不到一分钟,一般只有二三分钟,长的不过十来分钟,容量有限。所以,即兴演讲只能从小见大,以少胜多;主题单一,高度凝练、集中,不节外生枝;选材严,开掘深,不旁征博引;言简意赅,字字如金,句句中的,言必及人。否则,整个演讲就会像一盘散沙,易撒难收。

3. 多数人缺乏即兴演讲的锻炼

社会生活、劳动人事制度、教育制度等多方面的原因,使人们的即兴表达能力长期得不到充分的锻炼和提高。在我国未进入改革开放年代,从一家一户的小农经济到大工业生产的计划经济,未经过市场经济激烈竞争的洗礼,一种小型的安宁生活又被另一种大型的稳定生活所取代。一个人只要参加工作,成了国营企事业单位的正式职工,生老病死就全由工作单位包下来。虽然生活水平不高,但总算万无一失,生活节奏不快,工作节奏不紧张,没有竞争带来的生活压力、精神压力,所以善于临机应变的能力也就可有可无、可强可弱。

学校教育长期重知识传授,轻智能培养,对心理素质、思维品质关注更少。从小学一年级到大学高年级,每逢考试,复习功课多为背书、背笔记。学生身经百考之后,机械记忆能力可谓强项,但观察能力、分析能力大多平平,临机应变能力和口头表达能力就普遍更低了。

市场经济竞争激烈,情况瞬息万变,反应太迟钝者,迟早必败。目前教育界对家庭教育、学校教育的缺陷,已经开始重视,处在这样一个新旧交替的时代,临机应变能力暂时较差,即兴演讲(包括应对口才)的水平暂时较低,也就不足为怪了。但是我们可以预见到,只要充分重视综合素质教育和心理素质的改善以及思维品质的提高,中国人的智慧将获得空前的大解放,攻克即兴演讲的思维障碍,也就不难了。

第三节 即兴演讲的要求与准备

一、即兴演讲的要求

即兴演讲以它少而精、小而活、快而准的特点,符合着时代的潮流,迎合着人们快节奏的生活方式,因此,这种演讲方式深得听众的欢迎。而正是即兴演讲的个性特点与特殊功能,决定了即兴演讲的特殊要求。

(一)对即兴演讲者能力的要求

即兴演讲能力是一种高级的演讲能力,是最能反映演讲者修养和功底的。因为即兴演讲场合常有变化,听众的职业、年龄、生活阅历和文化教养也不尽一致,即使是在一次演讲会的过程中也常常产生各种预想不到的情况。即兴演讲能力强的人,能在错综复杂的场合,泰然自若,侃侃而谈。他们能从当时当地听众的实际情况出发,及时调节演讲内容和演讲方式,从而提高演讲的效果。而即兴演讲能力弱的人,则不能随时变通。或者拘泥于原来的讲稿,脱离变化了的实际;或者即席变化,但讲得词不达意,语无伦次,错漏百出,降低或损害了实际效果;或者不能临场发挥,无法即席发言。

一个人的即兴演讲能力,要能够达到缘事而发、应付自如的程度,而且能做到天衣无缝、出口成章,确实有一定难度,需要下一番苦工夫。这是因为,即兴演讲面临的具体课题多变,它要求演讲者必须确有真才实学、知识渊博,具有较高的才情禀赋。同时,即兴演讲面临的情况比较复杂,这就要求演讲者必须具有最佳的心理素质,特别是要有良好的意志品质,能够控制自己的情绪,调节自己的心境,集中自己的神思来完成演讲。并且,即兴演讲的触发性、临时性、短暂性特点,特别要求演讲者头脑清醒、机智、思维敏捷、词汇丰富,能够迅速捕捉话题的精义和要害,理出头绪,列出提纲,快速组织语言。

总的说来,即兴演讲能力的形成,既需要有一定的功底,又需要反复的实践锻炼。否则,即使勉强即兴演讲,也难以产生好的效果。因此,要真正成为一个优秀的演讲者,就必须十分注重即兴演讲能力的锻炼和培养。

(二) 对即兴演讲内容的要求

对即兴演讲内容的要求,主要有以下两点。

1. 材料必须新颖

"文章最忌随人后",即兴演讲更是如此。一次即兴演讲没能给别人留下什么印象的原因,往往是因为内容缺乏新意。不"新"就无魅力可言。如你讲的,也是重复别人的,人云亦云;或是反复地去讲一些人们早已熟知的内容,炒剩饭,说废话,老调重弹,拾人牙慧,就会令人生厌。而要讲出新东西,就要讲那些别人想说而说不出或者没有想到过的道理;要讲那些大家正在思索,但还没有被正确地提出来的问题;要讲那些人们想脱口而出,但还没有找到合适语言表达的心声。这样就容易缩短演讲者和听众的距离,使听众产生共鸣而有所获、有所得。

2. 立意必须深刻

即兴演讲的立意要深刻,指讲话的认识要深、意义要深、体会要深、开掘要深,这样才能给听众以深刻的启迪。而要立意深刻,就要选择一个合适的角度。因为同样的一件事情,它可以包含几个意义。我们可以根据不同的目的来确定演讲的立意。要使立意深刻,演讲者确定中心论点的角度就要尽量少而集中,要小中见大。所谓少而集中,是要求演讲者从生活中的平凡现象着眼,由此及彼,以点带面,抓住最本质的一点,触类旁通,引申扩展,上升到理论高度,使其小而实、短而精、细而宏、博而深,令人回味无穷。所谓小中见大,是指要求演讲者力求说出点新意,哪怕是说出一星半点的火花和闪光,也会使道理增色生辉。

(三) 对即兴演讲方法的要求

对即兴演讲方法的要求,主要有以下两点。

1. 构思要敏捷

即兴演讲因为要在事先无任何准备的情况下,临时构思发表演讲,所以必定要求构思敏捷。要真正做到"构思敏捷"是不容易的,正像诗人陆游所说:"汝果欲学诗,功夫在诗外。"构思敏捷是以智慧和常识为基础的。构思敏捷,要做到三点:一是要注意培养敏锐的观察能力和分析、归纳、概括能力;二是构思时要选取本人熟悉的人、事、物、景为话题,因为只有自己熟悉的事物,大脑反应才迅速、快捷;三是构思时要选取听众熟悉的、感兴趣的事物和听众关心的热门话题,这样才能与听众产生共鸣。这样,演讲者构思时就能文思如泉涌,并且话语能滔滔不绝,长流不息。

2. 语言要简洁

即兴演讲,本来篇幅就不长,而短短的几分钟演讲,要给听众留下深刻的印象,就特别要求语言要简洁,不能说废话、空话、套话,不能冗长啰嗦。并且,使用的句子不能过长,修饰语不宜用得过多。如果在句子中修饰语用得过多,就会使句子变得冗长累赘。而即兴演讲,语言稍纵即逝,句子太长,后半句还没说完,前半句就可能淡忘了,听众就会觉得抓不住句子的主干,迫使听众把心思用在理解长句子的意义上,从而影响整个演讲的效果。所以,即兴演讲宜用短句,少用修饰语。要使即兴演讲的语言简洁,不是单纯地把长句换成短句,而是要锤炼词句,要杜绝一切空话和废话,要节省话语,含而不露,留有余地,力求做到言简意赅。

二、即兴演讲的准备

这里着重介绍即兴演讲的智力准备、心态准备和知识准备。

(一) 智力准备

俗话说"养兵千日,用兵一时",没有日积月累的学习和锻炼,就不可能有妙语连珠、语惊四座的即兴演讲。

即兴演讲比备稿演讲的要求更高,对一般的演讲者来说,具有相当的难度,最见功力。即兴演讲者必须拓展知识广度,开掘思想深度。一名演讲者对所学的专业,掌握得越全面越好;对专业以外的知识,也应尽其所能地了解。因为演讲是一门综合艺术,要求演讲者具备比较全面的知识结构。谈今论古、评说时事,需要历史知识;幽默风趣、吸引听众,需要文学知识;语言简洁、形象生动,需要语言知识。要以自己的热情去感染听众,讲到爱就要满腔热忱地爱,讲到恨就要痛心疾首地恨,要把这些爱憎分明的情感表现出来,又必须具备一定表演艺术……知识犹如一张网,它结得越大,捕捞成功的机会就越多。

即兴演讲者应具备以下四种能力。

第一,应具备敏锐的认识能力和分析能力。能辩证地看待问题,分析问题。面对即兴演讲的命题,能宏观地把握住它,迅速作出准确的判断,由表及里,由浅入深,由近而远,得出深刻的认识,作出正确的判断。

第二,应具备较强的综合材料的能力。即兴演讲者要在很短的时间里,把符合主题的材料粗略地组合在一起,形成一条主线,边讲边修改。增添符合主题需要的资料,摈弃游离主题需要的内容。

第三,应具备丰富的想象力和联想力。即兴演讲,临场发挥特别重要,应注意观察现场和听众,摄取那些与演讲主题有关的人物、事件和情景,因地设喻,即景生情,做到借题发挥,驰骋想象。尽量做到新颖、独到、别具一格。

第四,应具备较强的应变能力。即兴演讲事前无充分准备,临场极易出现意外,如紧张、忘词、说错词等。遇到这种情况,只有沉着冷静,巧妙应变,才能扭转被动局面,反败为胜。

总之,精彩的即兴演讲,绝非一日之功。"台上十分钟,台下十年功。"要能娴熟地应对即兴演讲,需长期积累知识,不断提高自己的认识能力、综合能力、联想能力和应变能力。

(二) 心态准备

即兴演讲中,演讲者的心理素质直接关系到即兴演讲的成败。即兴演讲要求演讲者在精神上"放松",这是即兴演讲成功的前提。"放松"的关键在于"自信"。

1. 放松心态

演讲者在即兴演讲时,应该表现得轻松、客观,坦然自若,这样才能较充分地发挥出自己的演讲才能。演讲者要使自己精神放松,首先应该养成"在乎而又不太在乎"的态度。因为,演讲者如果"过分在乎",心中充满"杂念",就会觉得问题严重,从而产生紧张情绪,使自己的精神无法很好地集中到演讲上来,导致演讲时不能讲出应有的水平。

2. 充满自信

放松的关键在于"自信"。演讲者对自己的观点应该坚信不疑,对自己的即兴演讲能力应该充满信心。不要去想对自己不利的反面因素,不要去想自己这次演讲可能会失败。这样,你就能全身心地投入演讲,充分发挥自己的潜能,使演讲获得成功。因为你所得到的,往往不是你所需要的,而是你头脑中不断出现的。

即兴演讲的"自信",关键在于充实与积累。其中就包括前面所提到的智能方面的准备,以及下面将要讲到的平时的训练。

(三) 知识准备

我们平时就要广泛积累演讲材料。这就要求我们平时要做有心人,"家事、国事、天下事,事事关心",广泛收集演讲材料。平时思考多,即使临场上台演讲也不会慌张。要注意收集历史资料,对那些重要的历史事件、人物的有关情况要熟记,并分门别类地进行整理;注意收集当今的资料,对当今国内外发生的重要事件、人物的有关情况要了如指掌,到即兴演讲时方可信手拈来,恰当用上;注意收集现场的材料,设法熟悉演讲对象,注意观察现场的所见所闻,增加演讲的即兴因素,从而征服听众。

第四节 即兴演讲的方法与技巧

一、即兴演讲的方法

"文无定法,大体有之",对即兴演讲来说也是如此。即兴演讲大体上都由开头、主体和结尾三个部分组成,亦即前面所提到的"三格法"。即兴演讲的格式化构思,有利于演讲者的快速选题和建立演讲的框架。下面介绍即兴演讲的几种基本格式与方法。

(一) 借题发挥法

俗话说"万事开头难",即兴演讲的"开头难"就曾使不少演讲者望而生怯。可是,如果我们能抓住一个"媒介",来一个"借题发挥",马上就能从尴尬中解脱出来。

借题发挥是即兴演讲中最基本的方法,它的要诀是"媒介+联想"。即兴演讲中的"媒介"可以是人、事、物,也可以是语言、环境等其他对象。

1. 以人为媒介展开联想

某校邀请在戏剧《光绪政变记》中扮演慈禧太后的演员郑毓芝同志作演讲,大会主持人作了即兴介绍：

> 同学们，今天我们好不容易把"老佛爷"慈禧太后请来了！（掌声、笑声，听众情绪顿时热烈起来）"老佛爷"郑毓芝同志在戏台上盛气凌人，皇帝、大臣、太监见了都诺诺连声，磕头下跪；在台下却和蔼可亲，热情诚恳。她方才和我谈起，还曾扮演过《秦王李世民》中的贵妃娘娘，话剧《孙中山》中的宋庆龄。她是怎样把这些截然不同的人物演得栩栩如生的呢？下面就听她的演讲。
>
> （听众凝视主席台，热烈鼓掌）

主持人以郑毓芝为媒介，联想到她曾扮演过的截然不同的人物，以及这些人物与她本人之间的不同性格，这就使听众产生了极度的好奇，留下了神秘的悬念。

2. 以事为媒介展开联想

上海市浦东新区刚成立的时候，浦东新区的体制一时尚未理顺，川沙县又将并入浦东新区管辖，原数以千计的川沙县干部不可能全部分流到新区政府工作；而来自浦西的大批干部又面临着和即将分流到新区政府机关工作的原川沙县干部共事的局面。如何协调和解决这些新组合的干部队伍的团结问题，显得十分重要。

当时，上海市副市长、浦东新区管委会主任赵启正同志应邀在浦东新区"钻石城"举办的新区干部联谊会上作了精彩短小的即兴演讲：

> 我今天能和大家欢聚一堂，非常高兴。因为从此以后，我们就是一家人了。（掌声）
>
> 浦东开发开放，对世界来说，我们是吸引外资；对外省市来说，我们是打"中华牌"；对浦西来说，我们是东西联动；对浦东来说，我们是城乡一体化。到了浦东，我们就要勇敢地朝前走！（掌声）
>
> 你们年轻人是希望的一代！（赵启正用手指着无形中排在会场右边的年轻干部）
>
> 你们中年人是现在的骨干！（赵启正用手指着无形中排在会场左边的中年干部）
>
> （赵启正风趣诙谐地又用手摸着自己的头顶说）我们头发秃了，但还能干！（全场爆起了一阵热烈的掌声）
>
> （接着，赵启正欣然挥笔写下"城乡一体，共同振兴"八个大字，并签了自己的名字，并笑着说）城乡一体，共同振兴，要靠大家，所以大家都来签名。
>
> （结果签名本上留下了老年人、中年人和青年人一串长长的签名。）

赵启正以干部联谊会大家欢聚一堂为媒介，联想到今后大家也应该成为"一家人"，并进一步联想到要成为"一家人"，老、中、青就要团结一致，共同振兴浦东。对世界要吸引外资，对外省要打"中华牌"，对浦西要东西联动，对浦东要城乡一体。赵启正精彩短小的演讲不仅使会场增加了团结欢乐的气氛，同时也对新区的干部提出了希望并进行了鼓励。

3. 以物为媒介展开联想

在上海市"钻石表杯"业余书评授奖会上，《书讯报》主编贲伟同志作的即兴演讲：

> 今天，我参加"钻石表杯"业余书评授奖会，我想说的一句话是：钻石代表坚韧，手表意味时间，时间显示效率。坚韧与效率的结合，这是一个人读书的成功

所在,一个人的希望所在。谢谢大家。

贲伟同志的即兴演讲以"钻石表"为媒介,由"钻石"联想到"坚韧",由"手表"联想到"时间",又由时间联想到"效率",最后联想到"坚韧与效率"的结合也正是一个人读书的成功所在。

4. 以言为媒介展开联想

1929年1月间,剧作家田汉应南京市郊区晓庄师范学校校长陶行知的邀请,率领他的"南国社"剧团,前往晓庄演出。

当晚,全体师生和周围的农民前往观剧。演出前,陶行知致欢迎辞说:"今天我是以'田汉'的资格欢迎田汉。晓庄是为农友而办的学校,农友是晓庄师生的朋友,我们的教育是为'种田汉'而办的教育。所以我是以一个'种田汉'代表的资格在这儿欢迎田汉。……"借陶行知的话题,田汉在致答辞时说:"陶先生说,他是以'田汉'的资格欢迎田汉,我实不敢当!我是一个假'田汉',陶先生是个真'田汉',我这个假'田汉'能够受到陶先生这个真'田汉'以及在座的许多真'田汉'的欢迎,实在感到荣幸!"接着田汉联想到农民的高贵品质,表示一定要向真"田汉"们学习,让艺术同"田汉"大众携起手来。田汉精彩的答辞博得了听众的热烈掌声。

5. 以景为媒介展开联想

在号称"海天佛国"的普陀风景区,一群游客登上当地最高的佛顶山,个个疲惫不堪,默默无语。这时一位导游面对浩瀚无垠、海鸥轻翔的大海作了一番即兴导游演讲:

朋友们,脚下那锦鳞片片、白帆点点的水面就是东海,多少年来,这海拥抱着、冲刷着佛顶山,以它特有的英姿启迪着人们:海是辽阔的,胸怀无比宽广;海是厚实的,什么都能容纳;海是深沉的,永远那么谦逊……朝着大海,烦恼的人会开朗,狭隘的人会豁达,浮躁的人会沉稳……

这位导游以大海为媒介联想到人的一生要像大海一样"胸怀无比宽广""什么都能容纳""永远那么谦逊"……听着这充满豪情和哲理的演讲,游客们感慨不已,情趣顿生。

(二)其他手法

即兴演讲除了"借题发挥法"之外,还有"提纲挈领法""平中见奇法""四步法"和"三段法"等,不过它们大多是由"借题发挥法"演变而成的。它们的基本方法仍然难以离开"媒介+联想"。

1. 提纲挈领法

提纲挈领法又称"片言居要法",即兴演讲时先举出一个成语、俗语或警句来表达自己的观点或主张,接着就以它为红线,进行层层阐述。

如果你和单位的同事参观在农业、工业和商业等方面搞得都很不错的W乡镇,参观后乡镇负责人举办茶点招待,席间需由你代表参观团谈谈感想。你不妨这样开头:"俗话说'无农不稳,无工不富,无商不活',刚才我参观了W乡镇无污染菜园,又参观了W乡镇的电缆厂、制鞋厂,最后又来到这美丽豪华的宾馆,我们都有一个共同的感觉,这就是W乡镇农业、工业和商业都发展得很好,难怪W乡镇人心能如此稳定,生活如此富裕,经济如此活跃……"

2. 平中见奇法

平中见奇法即对一个平平常常的词语赋予新的解释，或经过"加工处理"使其产生一种相反的含义。

如果你应邀去参加电台或电视台举办的集会，会上主席要你谈谈如何做好节目主持。你不妨说："我连一天的节目也没主持过，而在座的都是'身经百战'的节目主持人，我来讲如何搞好节目主持，这是典型的'班门弄斧'。不过，我想'弄斧'还是要到'班门'，因为只有这样才能得到大大小小的鲁班的批评指正啊！好，下面我就谈三点看法……"

人们从"知足者常乐"中引出"不知足者常不乐"，从"有的放矢"中引出"无的放矢""有矢无的"，从"官僚主义"中引出"兵僚主义"等皆属此类。

3. 三步法

三步法即平时所说的"提出问题，分析问题，解决问题"。这种方法好学好懂，也符合事物发展的规律，新中国成立前革命前辈常用这种方法作即兴演讲。当今一些即兴演讲也常用此法。

例如，《谈精神文明建设》可以分为下面三部分。

第一部分：什么是精神文明建设。

第二部分：为什么要开展精神文明建设。

第三部分：怎样开展精神文明建设。

又如，《学习徐虎精神》也可以分为下面三部分。

第一部分：什么是徐虎精神。

第二部分：为什么要学习徐虎精神。

第三部分：怎样学习徐虎精神。

4. 四步法

这是美国公共演讲专家理查德所惯用的格式。理查德认为即兴演讲应该记住提醒自己的四句话，亦即四个步骤。这四个步骤如下。

(1) 喂，讲得精彩些！（提醒自己开头就要吸引听众。）

(2) 为什么要费这个口舌？（指出与听众的利害关系。）

(3) 举例说明。（可采用"选字组合法"加强记忆，即将每个例子题目的第一个字组合成一个"词语"便于记忆。）

(4) 怎么办？（对听众提出希望。）

根据理查德"四步法"的说法，交通安全问题的演讲可以这样进行：

第一部分，上星期四，特购的450具晶莹闪亮的棺材已运到了我们的城市……

第二部分，不讲交通安全，那订购的450具棺材，也许在等待着我，等待着你，等待着我们的亲人……

第三部分，举一些有关交通方面的事例。

第四部分，告诉听众你想要他们做些什么，要讲得具体点。

二、即兴演讲的技巧

在一般情况下，即兴演讲事先并不准备，更不可能预先写好演讲稿。但是，没有准备并不等于演讲者在对讲什么和怎样讲都心中无数的情况下便登台演讲,更不等于可以信口开河,随意胡诌,而是心中有"数",心中有"底"。这个"数"和"底"就是指腹稿。即兴演讲准备时间再仓促,也有一定的打腹稿的时间。即使是"命题测赛式"即兴演讲,通常至少也要给一分钟的准备时间。那么,有一分钟,就可以进行一分钟的准备。就要充分利用这一分钟来迅速构思腹稿。脑子再灵活的人,反应再快的人,进行即兴演讲也要构思腹稿。即使是想一句讲一句,也是在构思了讲话的基本框架、思路和要点的基础上随想随说的。想一句讲一句,指想一句语言,表达一句语言。"想"的是语言,而不是思路。

腹稿构思是进行即兴演讲的基础,也是必不可少的最关键步骤。但即兴演讲的腹稿构思,与一般文稿构思相比,有很大的特殊性。最为突出的是构思时间非常短,有时甚至只有一分钟,来不及,也不可能反复思考、反复修改、反复斟酌,而需要迅速构思,一气呵成。因此,即兴演讲的腹稿构思,比一般文稿构思的难度要大得多。但是,任何事情,有内涵就有特点,有特点就有规律,有规律就有诀窍,即兴演讲的腹稿构思同样如此。根据人们即兴演讲的实践经验总结,即兴演讲的诀窍主要有以下几点。

1. 借引媒介,引出话题

即兴演讲中的"媒介",是指与场景、主题有紧密关联的,能迅速沟通演讲者和听众心灵的人,或事,或物,或名言,或警句。所谓借引媒介,是指借引这些人、事、物、名言、警句来开头,从而引出话题,并达到沟通演讲者和听众心灵的目的。

借引媒介、引出话题的方法有三种:一是根据具体的场景、主题来借引"媒介",确定话题;二是选择听众所熟悉、易理解的事物为媒介,以激发听众的共鸣,迅速沟通演讲者与听众的心灵,引出话题;三是选择与演讲主题有关、能充分表达演讲者此时此地特定思想感情的事物为媒介,做到客观媒介与演讲主题和谐一致,从而托出话题。

借引媒介、引出话题时,还要注意如下几点:一看宗旨,即看场景的主题、会议议题、邀请人的意向等来就题发言,不说外行话,不说题外话;二看听众,即看听众的年龄、职业、文化程度等,有针对性地借引媒介,引出话题,比如听众都是学问渊博的儒雅之士,就不妨引经据典,旁征博引,以此引出话题;三看需要,即了解自己讲话之前有谁讲过什么,还有什么没有讲或讲得不充分、不完善,需要拾遗补缺,补充发挥的,要弄清楚需要自己讲什么,自己可以讲什么,不要讲起来云天雾地,不着边际;四看自己,主要是看借引的媒介要适合自己的身份。

2. 展开联想,搜集材料

在即兴演讲的腹稿构思过程中,在借引媒介、引出话题后,接下来是构思该讲些什么内容,这就需要材料。演讲者要在大脑里快速搜集储存的信息。演讲者的大脑在搜集信息材料时,联想便是最基本的思维形式。它由某一事物联想到另一事物,发生连锁反应,源源不断地再现储存的信息,提供所需的材料。因此,即兴演讲的腹稿构思,必须展开丰富的联想。实际上,每一个正常人都能迅速展开联想。因为,在即兴演讲的腹稿还未成形之前一般来讲,演讲者的大脑中都有一个短暂的内部语言的运动过程。在这个内部语言的运动过程中,即兴演讲者在具体时境的各种有关信息的刺激下,都会迅速地展开联想。只是不同的人,因储存信息量的多少和优劣,决定了信息提供的速度和质量。但是,不管平时积累、储存信息的多寡与优劣,在即兴演讲场合,通过展开联想,恢复记忆的方式提供演讲的材料，无论如何比临时编织、现场组织要快得多。并且，虽然任何联想都是建立在记忆基础上的思维运动，但由于即兴演讲的联想，是在演讲主题的氛围中进行的，是借助即兴情感的推动，把演讲主体的感知（体验）和理解联结在一起，将现场场景、氛围、主题、时境所提供的特定条件跟自己记忆中的同演讲主题有着内在联系的各种富有感情色彩的生动事例、幽默故事、风趣话语、名人警句、哲言隽语、诗词、歌赋等材料自然结合起来的。因此，这种联想的表象，就不再是曾经感知过的旧存表象的简单重现，而是经过加工、组合和改造了的新的信息形象。这种新的信息形象，就可成为此时即兴演讲的材料源或材料本身。

构思腹稿中联想的主要方式有两种：一种是接近联想；另一种是自由联想。所谓接近联想，是指因事物在性质上或形态上相似而产生的联想，比如，若话题是"你心目中的男子汉"，则由此联想到毛泽东、陈毅、孙中山、项羽、拿破仑、高仓健，联想到巍巍昆仑、滚滚长江、滔滔黄河、苍松翠柏、金戈铁马，等等。所谓自由联想，指围绕话题进行的无拘无束的畅想，不拘泥于眼前场境，超越时间和空间，一任情感驰骋，接连不断地展开想象，从而在最大的范围发现事物与事物之间联系的联想。这两种联想的方式，既可以单独使用，也可以交叉使用。

3. 布点连线，理脉成文

在展开联想时，演讲时大脑里所显现的信息材料，大多是与话题有关而独立的、零乱的、散碎的、互不联系的材料。这些互不联系的、似乎无关却又有关的事物，比如一两个表述观点的核心词语、一两句能概括观点的格言警句、一两个小典故等等，我们称之为腹稿内容的"点"。所谓布点，就是将这些互不联系的、独立的、零乱的、散碎的"点"的材料，迅速地略加筛选后，选择出自己所要采用的部分，作为组成演讲词腹稿的内容的"点"。然后围绕主题，并考虑到各"点"之间的联系，合理布局，快速组合，最后连贯成文，即所谓的连"线"。因为布点时的联想是快速思考，思考中所布各点往往是零星散乱的，不是有序和有机的，需要合理组合。连线的任务，就是把所布的各点，根据一定的逻辑关系放在恰如其分的位置上，使之成为一个有机的系统，从而理脉成文。

布点连线、理脉成文的方式，主要有三种：一是串珠式，即用横缀的方式把各点的内容连接起来，使之成为像"项链"或"门帘"那样，一线串珠，串联一体；二是楼梯式，即用直进深入的方式，把各点连缀起来，使之成为步步高、层层深的一体；三是网式，即将各点内容有纵有横地连缀起来，使之既有时空顺序，又有逻辑层次，形成纵横交错的"网式"结构体。第三种方式较为复杂，只有思维能力很强、思维品质特别优异的人，才能纯熟地驾驭此法。

第五节　即兴演讲的训练与把握

一、即兴演讲的思维训练

即兴演讲对一个人的思维能力的要求是很高的，努力做到思维敏捷，需要平时加强训练：要快速思维，反应灵敏，随机应变；要联想丰富，联想相关的人和事，使演讲内容丰富；善于发散思维，解决问题时能在同一个方向上流畅地想出多种不同类型的方案，能在不同的方向上想出多种不同类型的方案，增强演讲的说服力和统摄力。

即兴演讲的思维训练方法很多,现在介绍几种有效的方法。

(一) 即兴演讲的思维训练的含义

《美国杂志》曾发表过美国著名影星道格拉斯·范明克的文章,介绍了他和查理·卓别林、玛丽·璧克馥几乎每天晚上都要做的一种即兴思考游戏:

我们每个人都在一张纸条儿上写一个题目,然后把这张纸条叠起来混在一起。每人抽出一张条子,他必须立即站起来就条子上的题目讲上一分钟。我们的题目次次不同。有一天晚上,我不得不讲讲"灯罩"这个题目。如果你认为这个题目不费吹灰之力,那你只要亲自试试就知道了。我好歹总算讲了下来。

但问题的关键是,自从我们三个人开始做这个游戏以后,都锻炼得思维敏捷了。我们懂得了五花八门的丰富知识;然而,比这更使人高兴的是,我们是在锻炼对任何一个题目经过片刻就调集起知识和思想的能力,我们是在学习怎样即兴思考。

戴尔·卡内基通过演讲教学实践,证明这种练习功用有二:一是它可以向班上的人证明,他们能够即兴思考;二是这种经验使他们在做有准备的演讲时,更为气定神闲,更有充分的信心。他们明白,就算在做有准备的演讲时,最坏的情况发生,脑中突然一片空白,他们仍然有即席演讲的根基,仍能侃侃而谈言之有物,直至重返原先的思想轨迹。

戴尔·卡内基曾在训练班上多次重复过这样的话:"今晚将给每人一个不同的题目,要他演讲。不过,要到站起来演讲时才会知道自己的演讲题目是什么。祝各位好运!"

通过训练,戴尔·卡内基说,虽然有时会计师要讲做广告,而广告员却要讲幼儿园;有时老师的题目是银行业务,而银行家的题目却是学校教学……但是,他们并没有泄气,他们都尽量使这些话题适应自己所熟悉的事情和知识。他们最初的努力也许不会使他们讲得头头是道。不过,他们确实站了起来,确实开始了演讲。有些人也许觉得简单,有些人也许觉得困难,但是他们并没有放弃努力。他们都发现:自己远比想象中表现得更好。这对他们是一种兴奋和刺激,他们知道了自己可以发挥出一种原先不相信自己会具备的能力。

(二) 发散性思维训练

发散性思维又称求异性思维。心理学认为,思维的发散是使信息朝各种可能的方向扩散并引出更多的新的信息,从而达到创新,这是培养创造性思维的重要途径。发散思维有三个维度,即流畅性(指发散的量)、变通性(指发散的灵活性)和独特性(指发散的新奇成分)。其中的关键是变通性,因为有了变通,思维就会更加流畅;有了变通,才能逐步做到独特。发散思维是创造性思维的基础,所以演讲者要想使演讲做到"新奇、独特、有创造性",就必须进行发散思维的训练。进行发散思维训练中常出现的两个问题:第一个问题是只会直线思维,思路狭窄,不善于从逆向方面来论述,所以不免老生常谈、平淡无奇;第二个问题是随意粘连,无法收束,其实培养创造性思维,除了培养联想发挥和应变反应之外,还应培养思维的集中能力,不能开"无轨电车",否则会离题万里。常用的发散思维训练有连接法、连点法和联想法等。

1. 连接法

连接法是承接着上一位演讲者的话茬继续往下说的训练方法。例如:

①《坚定的信念是成功的前提》

同志们：

上海市奉贤县邬桥镇有一家电器厂，各方面的工作开展得都不错，这家电器厂有个很好的厂名叫作"强人电器厂"。我想这"强人"两个字不仅是代表了厂的名称，同时还表达了该厂职工对事业成功的坚定信念和执著追求。该厂过去名不见经传，现在经过全体职工的努力拼搏，已能生产各种高质量的漆包线和变压器等产品，其中电脑稳压电源、紫外线消毒箱等科技产品已走出上海，打入国际市场，深受广大用户欢迎。

一个人，一个企业，一个地区，一个国家，只有首先具备了坚定的信念，对自己的事业充满信心，[请接着往下讲]

②《岁末聚餐会致辞》

各位，谢谢你们让我有机会说几句话。今晚在座的，都是个性相投的同仁。为了祝贺一年中平安无事，也为了忘却一年来的辛劳，所以特别请大家在百忙中抽空参加这个聚会。现在，我先以主办人的立场表示感谢。

不久以前，[请接着往下讲]

③《"祖国与我"演讲赛上的讲评》

尊敬的校长、各位老师、同学们：

今天我很高兴能够到上海大学担任"祖国与我"主题的即兴演讲赛的评委，我和在座的师生一样受到了一次深刻教育。

刚才，突然听到主席宣布要我对这场演讲赛作个小结，我感到有点茫然……可是通过刚才10位参赛同学的即兴演讲，柳暗花明又一村，我豁然开朗了。[请接着往下讲]

戴尔·卡内基在训练学员即兴演讲时就用过这种连接法。卡内基叫一位学员以绝妙的词语开始叙说一个故事。比如，这位学员说："前几天我正驾着直升机，突然注意到一大群飞碟正朝我靠近。于是我开始下降，可最靠近的飞碟里却有个小人开始向我开火，我……"

说到这里，铃声响起，表示这位演说者的时间已经结束。接下来的另一位学员必须把故事接下去。等到班上每个人都进行了一段演讲后，这个连接训练也就圆满地结束了。

实践证明，连接法对于培养事先无准备的演讲技巧是行之有效的。

2. 连点法

连点法是将头脑中闪现出的人、事、物的散点按照一定的顺序和结构连缀成篇的训练方法。

假如你出席某市企业新闻工作者协会成立大会。这次大会是在某厂新建的俱乐部会议厅召开的。将你头脑中闪现的散点连缀成一段精短的演讲词。

散点为①主席台上盛开的杜鹃花、②到会的众多的新闻工作者、③十分漂亮的会议厅。

请看上海市新闻工作者协会主席王维同志在类似场合所作的即兴演讲：

我来参加会议，没有想到有这么好的会场，这个会场不要说是企业报记者会成立大会，就是记协成立大会也可以在这里召开。没有想到有这么多的企业报记者、编辑参加这个大会,它说明企业报社的同仁是热爱自己的组织、支持这个组织的。没有想到,今天摆在主席台上的杜鹃花这么美丽。鲜花盛开,这标志着企业报记者协会也会像这杜鹃花一样兴旺、发达……

王维同志的即兴演讲通过三个"没有想到",将会场、人员、鲜花这三个"散点"有序地连缀在一起,从而揭示了企业报记协的实力,赞扬了会员们的凝聚力,并表达了对企业报记协的美好祝愿。

连点的方法有纵式、横式和纵横结合的网式三种,演讲者可酌情灵活使用。

3. 联想法

联想法是由一事物想到另一事物的训练方法。它可以是由当前的事物回忆起有关的另一事物,或由想起的一件事物又想到另一件事物。善于联想的人在即兴演讲时可以充分利用发散性思维的特点,闻一知十、触类旁通,使即兴演讲具有流畅性和变通性,甚至可以作出具有独特性的精彩的即兴演讲。

联想训练有利于创造能力的提高。科学家哈定说,一切创造家几乎都是幻想家。所以,即兴演讲的训练,一要尽量展开想象,它不是儿童幼稚的表现,而是思维具有活力的标志;二要开拓知识面,知识面越宽,想象的思路也就越广;三要经常进行联想训练,它有助于发展想象力。

苏联心理学家哥洛万和斯塔林次研究证明,任何两个概念都可以经过四五个阶段,建立起联想的联系。例如:木材—树林;树林—田野;田野—足球场;足球场—皮球。又如,"天空"和"茶杯",它们似乎是两个毫不相干的概念,但是只要经过三步中间的联系,就可使它们发生联系:天空—土地;土地—水;水—茶杯。

研究证明,每个词(概念)平均可以同将近10个语词发生直接的联想联系。只要经过三、四步中间联系,发生联系的语词可分别达到1000个和10000个。

因此,在一般情况下,经过三、四个至多是五个阶段,两个毫无关联的概念都能发生自然的联系。经常做联想训练将大大地发展我们的想象力,有力地提高我们即兴演讲的能力。例如:

(1) 出示一根玻璃棒,要求演讲者通过联想,在一分钟之内说出它像什么,说得越多、越准确,就越好;

(2) 出示一块手表,要求演讲者通过三、四个阶段的联想,讲述妇女工作的重要性;

(3) 以公路两边农村新建的漂亮住房为媒介,宣传中央提出的"城乡一体化"的精神。

联想的种类很多,有接近联想、相似联想、对比联想和因果联想等。

接近联想是指在空间或时间上相接近的事物之间所形成的联想,如由水库想起水力发电机,由10月想起国庆节。

相似联想是指有相似特点的事物之间形成的联想,如由鲁迅想起高尔基,由徐虎想起雷锋。

对比联想是指有对立关系的事物之间形成的联想,如由光明想起黑暗,由警察想起小偷。

因果联想是指有因果关系的事物之间形成的联想,如由火想起热,由城市交通的井然有序想起交通民警的奉献精神。

联想的形式和方法有纵式、横式和网式（即"纵横式"）三种,在即兴演讲时,演讲者可酌情灵活应用。

二、即兴演讲环节的把握

即兴演讲的特点,决定了即兴演讲准备时间的仓促。但是,准备的临时性并不意味着演讲者在台上可以信口开河,胡说一通。演讲者应该把握住即兴演讲的基本环节,方能在演讲台上应付自如,潇洒自然。一篇精彩的即兴演讲,离不开吸引人的开场白、充实的主体内容、有力度的结尾,这便是我们进行即兴演讲必须把握的三个环节。

1. 吸引人的开场白

演讲的开场白,是向听众抛出的第一条彩带,听众往往从开头判断演讲者的优劣。美国演说家洛克伍德桑佩曾说过:"在整个讲话过程中,做到轻松地、巧妙地与听众交流思想是困难的,然而,做到这一点的关键,是讲话开头的用字和表达。"即兴演讲尤其如此。由于即兴演讲的时间很短,听众没有过多的时间思考、回味演讲的全部内容,往往把注意力放在演讲者的开头几句话。

怎样才能使即兴演讲的开场白更具有吸引力呢？明代谢榛说:"起句当如爆竹,骤响易彻。"即兴演讲的开场白,切忌套话、废话、虚话和陈词滥调,而应该采用直入式,如破空而出,直接跃入演讲的核心,迅速抓住听众的注意力。也只有如此,才能迅速搭起演讲者与听众之间的第一座桥梁,从而为整个演讲的成功奠定基础。

2. 充实的主体内容

即兴演讲的篇幅短小,而在短小的篇幅内要讲出充实的主体内容,实属不易。从方法上说,要抓住以下三点。

一是要注重交代演讲与听众之间的利害关系。心理学家多柏雷宁认为,引起人们注意的原因有三种:一是外界刺激;二是人内在的兴趣;三是人们已有的经验。听众听演讲,总是希望从中能听到和自己切身利益有关的内容,总希望从演讲者那儿得到某些启示。所以,在主体部分应该向听众说明听众与演讲内容的关系,点明和阐述演讲者发表这个演讲的理由和根据,对演讲与听众之间的利害关系阐述越明了,吸引力就越大。

二是运用生动形象的事例。为了使短时间内发表的即兴演讲内容充实、丰富,还需要尽快列举典型事例,使你的论点形象、简洁、生动地印入听众的脑海。事例往往能帮你从苦苦的思索中解脱出来,而且还能加深听众的记忆,激发兴趣,开拓主题。事例是抓住注意力的有效手段,是加强演讲说服力的有力证明。在生动形象的典型事例运用的同时,再加以精辟的分析,作出"点睛"的议论,演讲的主体部分也就有血有肉了。

三是要有感而发,情真意切。即兴演讲是即席而起,有感而发。没有感情的演讲是苍白无力的。古人云:"感人心者,莫先乎情。"而要做到情真意切,叙事时就要使听众如临其境,把"感情再生出来";说理时就必须情理相生;抒情时应当情理兼备。要把自己的所思、所感、所爱、所憎传达给听众。

3. 有力度的结尾

即兴演讲最困难的是结尾。因此,即兴演讲者在开始即兴演讲之前,就要考虑好结尾。即兴演讲,既要求有一个新颖巧妙、吸引人的开头,又要求有一个干净有力、响亮的结尾。这是即兴演讲与命题演讲的又一个区别。命题演讲的结尾讲究"留有余味""余音绕梁",而即兴演讲则要求有一个力度很大的响亮的结尾。演讲的结尾有许多种,但是在即兴演讲中用得较多的是号召式、希望式和展望式结尾。因为这几种结尾方式有气魄,气势浩大,鼓舞人心,令人振奋,能给人留下深刻的印象。

第六节　即兴演讲案例评析

【例一】

（美）迈克尔·乔丹：奥林匹克生涯已经结束

朋友们：我经常强调说,一旦我失去动力或不需要再证明什么了,我就应该退役。现在是我离开的时候了,这并不是我不爱这项运动,我只是觉得我已经达到了自己事业的顶峰,我没有什么可再证明的了。

我不知是否会复出,退役的意思就是从今天开始我想干什么,就可以干什么。如果这意味着今后要复出,我也许会的。我不把这扇门关死。如果公牛队还需要我,我也许会重归赛场。如果我日后复出,也不会效力于另一支球队,因为我的心已经属于它了。

我的奥林匹克生涯已经结束了。

我第一次得 NBA 总冠军后,我父亲就劝我退役。我们当时的看法有很多不同,因为我认为,作为球员我还有许多东西要去证明。第三次夺得总冠军后,我们又谈了一次,我被你们说服了。

我时刻在承受着新闻媒介所带来的压力,我不会因为他们而离开球场的,这是我自己的抉择。即使我父亲没有去世,我也会作出同样的决定。父亲的去世使我看到了自己的未来,但痛苦会一天天地淡漠下去的。是他的不幸提醒了我,人的一生是何等短暂,该如何珍惜。我不能太自私,要用更多的时间去陪我的亲人,包括我的妻子、孩子,我需要过一种正常的生活。

我退役以后,很多朋友对公牛队的实力表示怀疑,但我并不担心,这好像父亲送儿子上大学。当然,我不是他们的父亲,我告诉他们要相信自己。我认为我们有很多获胜的机会。我也坚信,肯定会有更多的球星诞生的。

我需要一件工作吗？我从来没有考虑过,现在也不想要,我现在要看一看小草是如何成长的,然后再把它们割掉,我当然要经常去看公牛队的比赛,可我不会告诉伙伴们我什么时候去看。我想,我不会完全过一种正常的生活,只不过公众的关注比以往少一些,我会怀念篮球比赛的,我会怀念夺取冠军辉煌的时刻,会怀念每年与队友们待在一起的八个月的美好时光。

【评析】

美国著名的篮球运动员迈克尔·乔丹在宣布退出篮球运动生涯时发表的即席电视告

别演说就是一篇典型的即兴演讲。这是迈克尔·乔丹所作的告别演说。

迈克尔·乔丹在即兴演讲之前并未拟草稿,也没有经过深思熟虑,只是急于把自己的主要意思和此时此刻的激动心情告诉给电视观众:应该退役—倘若公牛队需要也许会复出—退役的思考过程及退役的深层原因—坚信公牛队的实力—今后自己要好好生活,但仍关心公牛队,怀念篮球比赛。告别演说具有临场性的特点,迈克尔·乔丹语言流畅,饱含深情,深深地感染着每一位观众。

【例二】

白岩松:在哈工大的即兴演讲(节选)

有这么一对儿夫妇,吃完饭就坐那里看电视,看完了,就洗漱一下睡觉,日复一日、年复一年就这么过着。也许有的同学会说:太枯燥了吧,该离了吧?但真正的生活就是这样,就是这样平常,生活如此,创业如此,大学生们走入社会之后注定要花大部分时间做平平常常的事。那对夫妻在年老的那一天会彼此含着热泪感谢对方与自己携手相伴一生、彼此温暖一生,而同学们也会在平平常常的生活中等来生命中只占百分之五的激情与辉煌时刻!(掌声)因此,同学们要做好准备,毕业后准备好迎接平淡。

同学们在大学里一定要多做梦,甚至可以梦游,(笑声)比如现在一谈爱情我脑子里只会闪现我爱人的照片,而你们则可以设想一千位俊男靓女的样子……这就叫作虚位以待。我年少时看了三毛的书也想周游列国,没准还能碰上个女荷西。(笑声)但是所有这些梦想都属于你们这个年龄段,我现在没有资格做这样的梦了,我现在所处的是人生的舍弃阶段,而你们所处的是人生的选择阶段,不要放弃做梦!(长时间的掌声)更别忘了替这个社会、替这个国家做梦,能全身心地做这种梦,一个人一生中没有几次这样的机会,等你人到中年上有老下有小时,想做梦你也力不从心了,因此趁现在抓紧做梦!

有人说现在大学生找不到工作,怎么会呢?我有时候就想不通,真的如此,那我国岂不是比美国更发达了……因为我们的大学生都在待业呀!(如雷的掌声)其实大学生不是找不到工作,而是找不到一步到位的最满意的工作!实际上你就是一个骑手,毕业后你就应该先骑上一匹马,只要你优秀,你就能找到更棒的马!(长时间的掌声)

季羡林老先生的一席话给我印象很深,采访他时,他说:"我已经如此老了,但我的道路前方仍有百合花的影子,人生的前方要永远有希望、有温暖才行。"再举个例子,狗赛跑怎么比?怎么让狗跑起来、跑得快?每个狗嘴前边都吊着个骨头,我们每个人也要给自己放块骨头,(笑声)精神的骨头!(热烈的掌声)

【评析】

央视名嘴白岩松曾应邀到哈尔滨工业大学做了一场即兴演讲(本文为节选)。在台上白岩松即兴发挥,妙语连珠,赢得了大学生们的阵阵掌声。

作为央视名嘴的白岩松,在哈尔滨工业大学这个大学校园里,面对着莘莘学子一双双充满渴望的眼睛,并没有大谈特谈自己奋斗与成功的过程,而是从大学生们要树立正确的人生观与理想观这个角度入手,分别从"要学会过平淡的生活""要多做梦""要有正确的就业态度""人要有精神"这四个小题分而论之。这些小观点的提出,与学生们的实际生活息息相关,因此,引起了大学生们的关注与共鸣。

在演讲中,白岩松运用了其特有的幽默感,博得了同学们阵阵热烈的掌声,同时也表达了自己对青年问题的独到见解和言语中透着的强烈的责任感。针对青年学生不甘于平淡的普遍心理,白岩松并没有呆板地去说教,他先是从一对夫妻的平淡生活讲起,以家庭中普遍存在的现象为例,巧妙地过渡到青年学生的生活态度问题上,朴实的话语、简单的道理使人一听即明。

谈起青年人的理想问题,白岩松没有用艰深的术语予以阐述,而是实实在在地用"做梦"替代了"理想"这一主题,二者的置换反映出了白岩松对演讲主题的匠心。在选例时,他由己及人,用对比的手法突出了"青年人要有理想"这个主题。这种"做梦"的说法,比起课堂上的正面说教,更让学生们容易接受。

接下来,白岩松谈到广大学生最关心的话题——就业。他把找工作比喻为"找马",另辟蹊径。"骑马找马"具体地概括了大学生们应有的择业观念,易于学生理解,因此也更能起到说服的作用。

最后,白岩松引用了季羡林老先生的一段话,旨在告诉大学生们,虽然前路荆棘满地,但只要有一点点希望,就要不惜一切,勇往直前,直至理想的彼岸。人总是要有精神的,生命不息,奋斗不止。在阐述这一道理时,他用了一个极其生动的比喻——"狗赛跑",意在启发青年朋友要有精神,要有目标,如此生动而形象的比喻怎能不受学生们的欢迎呢?

在语言的运用上,白岩松时而张扬,时而含蓄,时而激越,时而温婉,真是收放自如,张弛有度。在篇幅不长的演讲中多次赢得了学生们的掌声。

白岩松的即兴演讲,真正达到了锦心绣口、妙语连珠的至善至美境界。他善于从现场中捕捉话题,取之有道而又用之有术,加上自身的幽默感,使现场始终洋溢着轻松、活泼的气氛。这场演讲展现了白岩松个人的语言及人格魅力,可称作是即兴演讲的典范。(郑蔚萍评析)

【例三】

马云:"英雄会"上秀口才

单看外表,马云貌不惊人。但就是这个看似弱不禁风的人,在"中国互联网最寒冷的冬天",以自己的智慧、激情和行动,创造了"阿里巴巴"的营销奇迹。身为阿里巴巴集团董事局主席兼首席执行官的他,频频在央视《赢在中国》《我们》《创业英雄会》等栏目亮相,指点创业,纵论英豪。这不,2008年3月16日,"我能创未来——中国青年创业行动"的第一场创业英雄会在北京开锣,马云应邀出场,又大"秀"了一把口才。

说心得：概括精当，要言不烦

在节目现场，作为创业精英，马云侃侃而谈，与大家分享自己的创业心得。他说——

梦想，是创业的起点。有梦想，就要有行动。很多人是"晚上想想千条路，早上起来走原路"，如果不给自己的梦想一个实践的机会，梦想永远只是梦想。此外，创业者还要想清楚一个问题：我想干多久，我能干多久？我想与所有创业者和准备创业的人分享一句话，就是我每天都跟自己讲的那句话：今天很残酷，明天更残酷，后天很美好，但绝大多数人都死在明天晚上，看不见后天的阳光。所以，我们还要努力坚持。

创业是个千头万绪的大话题，创业者的心得更是五味杂陈，岂是三言两语就能说个清楚，道个明白？但马云就是马云，你看他用简洁明了的话语，紧扣三个密切相关的创业关键词——"梦想、行动、坚持"，阐释创业成功之道，显得有条不紊，层次分明。

他把"梦想"比喻为创业的"起点"，十分贴切。接着谈行动的重要性，"晚上想想千条路，早上起来走原路"，化用西方谚语，讽刺辛辣，道出了很多人易"患"的"创业病"，从反面告诫创业者行动的重要性，否则"梦想永远是梦想"，知易行难的道理不言而喻。最后强调"坚持"的作用，"今天很残酷，明天更残酷，后天很美好"，运用递进句式，强调了"创业艰难百战多"的现实，也揭示了"总有希望在前头"的哲理。"死在明天晚上，看不见后天的阳光"的比喻，一语道破了绝大多数创业失败的原因，也说明了"我们还要努力坚持"的必要性。

马云诉说创业心得，可谓要言不烦。他一番概括精当的话语充满睿智，是真切的体验、深刻的感悟，更是无私的分享、坦诚的忠告，使人颇受启迪。

谈"忽悠"：辩证剖析，逻辑严密

在节目的互动环节，一名来自中央财经大学的学生问马云："您特能忽悠，忽悠得大家热血沸腾，我想知道，您的'马氏忽悠法'对创业到底能起多大作用？"马云笑了笑，回答说——

我不知道忽悠是贬义词还是褒义词，但是我想，如果你相信，就觉得这不是忽悠；如果你不相信，什么事情都是忽悠。创业靠的是坚定的信念，你可以忽悠别人两天三天，但是你要忽悠谁一年两年，甚至十年二十年，是很难的。所以我觉得，创业不能靠忽悠，得靠脚踏实地，想到、说到、做到才是关键。

"忽悠"一词本是东北方言，经赵本山在春晚舞台上传播后，成了口耳相传的流行语。"忽悠"含义比较宽泛，有"设套、欺骗"的意味，还有"鼓动、怂恿"的含义，近于贬义。因此，面对大学生貌似调侃实则犀利的提问，"久经沙场"的马云当然不会被"忽悠"进去。

你看他接过话茬，以话赶话，顺水推舟，应对有方。先是装傻充愣，摆脱圈套，说"不知道忽悠是贬义词还是褒义词"，淡化了提问者用词的感情色彩。再虚晃一枪，"就汤煮面"，以"但是我想"一转，用"如果你相信……如果你不相信……"两个并列假设句，表明了自己的看法：如果你自己对一切创业理念都持怀疑态度，当然什么金玉良言也听不进去，那么，病根就在自己了，巧妙地反"忽悠"了提问者一把。最后表明态度，亮出观点，用转折句"破"了"创业忽悠论"后，就势以因果句"立"了"脚踏实地观"：时间可以检验一切，单靠被忽悠出的短暂的热情,创业的动力并不能持久,强调创业的关键是"想到、说到、做到",同时也含蓄地说明了自己的创业理念经受住了检验。如此辩证剖析,有理有据,逻辑缜密,因而显得滴水不漏。

答老牛:反弹琵琶,别出心裁

担任客串主持的牛根生问了马云一个问题:"如果从唐僧的徒弟中选择一个创业合作伙伴,你选谁?"马云的回答是"猪八戒"。"为什么要选猪八戒?"牛根生追问道。马云笑着回答说——

> 创业是一个很痛苦的过程。创业者很孤独很寂寞,一个人要学会安慰自己,要用左手温暖右手,要不断寻找让自己快乐的事情。实际上像猪八戒这样的人,在很多的创业团队里都需要,他是一路幽默,一路开心。用欣赏的眼光看这样的同事,你就会很愉快,整个创业过程就会变得轻松许多。当然,猪八戒当领导是有点欠缺,但只要善于发现他的这些强项,就能让他在团队中发挥应有的积极作用。我觉得,创业途中有这样的人,是一种福气。我挺愿意跟猪八戒这样的人合作。

按常理,从唐僧的三个徒弟中挑选创业合作伙伴,大家一般都会选择意志坚定、本领高强的孙悟空,或者为人随和、任劳任怨的沙和尚,而好吃懒做、爱发牢骚的猪八戒则是优化组合、竞争上岗中首先要被淘汰的对象。马云却反其道而行之,别出心裁地选择了猪八戒。

"用左手温暖右手"的说法,十分形象,将创业者的孤独感渲染到了极致。而猪八戒"一路幽默,一路开心"的特质,正是创业团队所需要的。马云以一个优秀领导者的眼光,看到了猪八戒身上不为人知的"强项"——可以让痛苦的创业过程变得"轻松许多",得出结论——创业团队里有这样的人,"是一种福气"。马云运用逆向思维,反弹琵琶,对创业过程中要"人尽其才、物尽其用"的道理进行了新颖生动的诠释,彰显了自己超凡脱俗的"人才观",出人意料却又在情理之中,让人耳目一新。

心思如奔马,纵横驰骋;话语如流云,潇洒飘逸。马云不但是商业奇才,而且是说坛俊杰,他能说会道、能言善辩,口才堪称一流,真不愧为"口能言之、身能行之"的时代骄子!
(彭真平评析)

【例四】

俞敏洪的演讲风采

俞敏洪,新东方教育科技集团董事长兼总裁,曾被《亚洲周刊》评选为"21世纪影响中国社会的10位人物"之一。从大学到机关,从"赢在中国"节目现场到露天广场,俞敏洪在不同的地点,对不同的对象进行演讲,活力与激情共舞,掌声和笑声齐飞。那么,俞敏洪的演讲到底有什么样的独特魅力,让听众如痴如醉呢?

1. 话锋机敏,用智慧启迪人

在"赢在中国"36强进12强的最后一轮选拔赛现场,惨遭淘汰的选手符德坤在退场时,情绪激动地讲述起了自己的奋斗历程,以表示心中的不甘。听完符德坤的激情陈述后,作为评委的俞敏洪发表了这样一番即兴点评:

我从你的经历中看到你的挣扎、成长、变成精英,但是你太在意自己的个性和感受了。为什么要觉得别人会鄙视你呢?比如我当初被北大处分的时候,我也觉得每一个北大人都在鄙视我。其实,好多人都根本不知道我是谁!你内心有一些虚弱,所以才会建一个盔甲,就像你说的蜗牛的壳一样,(这)是你自己加上去的。如果你再多点勇气的话,就可以把这个壳去掉,长出一双翅膀,在天空中翱翔。我用了10年的时间,才把自己背上的壳去掉,既靠天,又靠地,还靠自己。我觉得你要有这样的大气!如果把刚才的气势拿出来,你一定能做成很大的事情,但前提是要把自己背上的壳去掉,一定要做到这一点!

　　"赢在中国"活动是一场淘汰赛,竞争激烈,参赛选手心里有压力,也有不平。因此,俞敏洪先是很客气地对这名选手表达了尊重,接着话锋一转,用一句反问:"为什么要觉得别人会鄙视你呢?"明确表达自己不同的看法,让听众心头一震,不禁反问自己。然后他用自己的经历现身说法,引出"你内心有一些虚弱,所以才会建一个盔甲"的看法,这句话既有力度,又形象可感。"盔甲"的比喻,生动地揭示了内心虚弱者的外在特点,真是"一语惊醒梦中人"。最后,他为对方开出了一剂去壳的良方:"既靠天,又靠地,还靠自己。"用一组并列关系的短句,强调了创业成功的客观和主观因素。

　　这段演讲,话锋中显示出机敏,言语中蕴含着智慧,俞敏洪用自身实例来增强说服力,用比喻来提高表现力,赢得了符德坤及现场听众的热烈掌声。

2. 以小见大,用感悟告诫人

　　说来你也许不信,俞敏洪成功的力量来源于小时候他看见父亲做的一件事情:那时,身为木工的父亲,常把别人废弃不要的碎砖乱瓦捡回来。久而久之,他家院子里就多出了一个乱七八糟的砖瓦堆。直到有一天,他父亲在院子一角的小空地上,用那堆碎砖乱瓦左拼右凑。没过多久,一间四四方方、干净漂亮的小房子居然拔地而起,和院子形成了一个和谐的整体。当谈到梦想和实践的关系时,俞敏洪回忆往事,深有感触地说:

　　从一块砖头、一片瓦片到一堆砖瓦,最后变成一间小房子,阐释了做成一件事情的全部奥秘。一块砖、一块瓦没有什么用,一堆砖瓦也没有什么用,如果你心中没有一个造房子的梦想,即使拥有天下所有的砖瓦也是一堆废物;但如果只有造房子的梦想,而没有砖瓦,梦想也没法实现。只要不放弃,日复一日捡碎砖乱瓦,总有一天,你会有足够的砖瓦来造心中的房子。

　　没有以成功人士自居,更没有高谈阔论的说教,俞敏洪把自己对生活的感悟,用正反对比的手法,向我们娓娓道来:"如果你心中没有一个造房子的梦想,即使拥有天下所有的砖瓦也是一堆废物;但如果只有造房子的梦想,而没有砖瓦,梦想也没法实现。"俞敏洪联系人们的生活,把积累砖瓦比作实践,把造房子比作人生的理想,得出只有把理想和实践结合起来,才能成就自己事业的道理。生活化的说理,小中见大,虚实结合,形象透彻。他将大道理蕴含在浅显易懂、形象可感的小事例之中。

3. 铺张扬厉,用激情感染人

　　俞敏洪总是在演讲中告诉人们,该在生命的每一段都留给自己希望和梦想,带给自己激情和创造性,成就一个独特的魅力四射的自己!且听俞敏洪在2008新年祝词中的一段话:

清点一下自己的日子,也许对我们未来的岁月会有好处。让我们一起来算一算,在2007年,我们多少次抬头看过蓝天白云;多少次注视过月亮的阴晴圆缺;多少次在黑夜里数过天上的星星;多少次听过雨点落在屋顶的声音。如果没有,美丽的大自然对于你是不存在的。

　　让我们再来算一算,在2007年,你有没有读过让自己感动的故事;有没有朗诵过让自己流泪的诗歌;有没有学会唱动人的歌曲,哪怕只对自己唱;有没有写过真情的文章,哪怕只让自己欣赏。如果没有,深刻的人类情感对于你是不存在的。

　　也许我们能够为自己找到借口:我们的工作太忙了,我们的应酬太多了,我们的处境太难了,我们的住处太吵了。但每个人的生命只有一次,生命不允许你找借口,它不会因为你有借口让你再活一次。我们要回答的问题是:生命只有一次机会,我们能够活得更好吗?

　　面对2008年,希望大家更加进步,希望大家更加健康,希望大家更加热爱生命,更希望大家活出人生的精彩来。

　　俞敏洪的新年祝词,摈弃格式化的语言,一扫陈腐之气,诗一样的语言,洋溢着他诗人一般的热情,给人一种全新的感受。"我们多少次抬头看过蓝天白云……"一个个疑问,都蕴含着一幅自然的美景;"你有没有读过让自己感动的故事……"一个个疑惑,都留有生活的印迹;"我们的工作太忙了……"一句句揣测,都是现实的写照。每一段中几个问句,形成排比,铺张扬厉,气势如虹,强化听众对心灵的追问,引领芸芸众生关注自然、关注情感、关注生命。"希望大家更加进步……"俞敏洪的最后一组祝词,如同新春的鼓点,不断地敲击出我们心底的活力,让平凡的生命迸发出不可遏制的激情。

　　俞敏洪用自己鼓动人心的演讲,滋补着千万年轻人的心灵,激励着他们走向成功,实现梦想!(张斗和评析)

思考与训练

1. 什么是即兴演讲?即兴演讲有哪些特点?

2. 即兴演讲可分几种类型?即兴演讲有何长处?即兴演讲的难点在哪里?

3. 即兴演讲的主要要求有哪些?我们在进行即兴演讲时应做好哪些准备?

4. 我们在进行即兴演讲时要掌握哪些方法与技巧?

5. 我们在即兴演讲之前,最好能进行必要的思维训练。即兴演讲思维训练的方法主要有哪些?

6. 湖南省邵阳市委书记郭光文是即兴演讲的高手,他常常脱稿演讲,即席讲话,赢得听众掌声阵阵,满堂喝彩,《演讲与口才》杂志多有刊载。《诚邀天下邵商,共建美丽邵阳》就是他在2012年邵商大会开幕式上的即席讲话。你读后获得哪些教益与启示?

各位邵商,同志们:

　　全市干部群众高度关注、广大邵商朋友深情期盼的邵商大会今天隆重开幕了!在此,我谨代表中共邵阳市委、市人大、市政府、市政协和邵阳军分区,向大会的召开表示衷心的祝贺!向莅临会议的各位领导和各位邵商表示热烈的欢迎!

据不完全统计，目前邵阳人在世界各地经商达到一定规模的有百万之众，总资产超过了4万亿元，接近我国去年国内生产总值的八分之一。他们中资产达到千百亿元者并不鲜见，资产达到数十亿元者为数不少，资产达到好几亿元者不计其数。在全国地级以上城市中，大多建有邵阳路和邵阳街。在越南、泰国和老挝等国家的湖南产业园中，邵阳商人占据了主体地位。在这里特别值得指出的是，许多邵阳商人致富不忘家乡：有的兴办企业，服务地方百姓；有的筑路修桥，造福子孙后代；有的开发房地产，美化古城宝庆；有的建校办学，培育祖国未来。他们为邵阳的经济社会发展作出了重要贡献。

我们可以毫不夸张地说：哪里有邵阳商人，哪里就有商贸市场；哪里有商贸市场，哪里就有邵阳商人。邵阳商人是邵阳资源禀赋的集中代表，邵阳商人是邵阳经济发展的希望所在，邵阳商人是邵阳对外形象的重要窗口，邵阳商人是邵阳传播文明的光荣使者，邵阳商人是邵阳全市人民的时代精英。我们从邵阳商人身上看到了千古名城宝庆的蓬勃生机，我们从邵阳商人身上看到了湘中重镇邵阳的美好未来。我们邵阳的各级党政领导和广大父老乡亲为拥有这样一个强势的经济群体而感到无比骄傲和十分自豪！

各位邵商，同志们，爱乡之情人皆有之，认祖归宗古今亦然。美国开国之君华盛顿晚年谢绝第三次连任总统，毅然回到家乡办起了威士忌酒厂，到他去世时酒厂已经成为美国的最大酿酒企业；法国为民族独立解放和伟大复兴事业作出历史性贡献的戴高乐总统，1964年辞职后，他立马回到家乡兴办慈善事业，关怀鳏寡独孤，把自己一生的全部积蓄献给了家乡人民。我国人民对乡情的敬重是世界上任何国家都无可比拟的。汉代由泗水亭长迈上皇帝宝座的刘邦，他登基后的第一件大事就是"光宗耀祖、衣锦还乡"，后人据此编成的《高祖还乡》的戏剧至今传唱不衰。明代寒门出身的朱元璋称帝后，便把自己的家乡安徽凤阳定为中都。民主革命先驱、国民党元老于右任1964年在台湾临终时，望着祖国大陆悲痛地喊道："葬我于高山之上兮，望我故乡；故乡不可见兮，永不能忘！"其思乡心之诚和情之切，真可谓是感人肺腑、催人泪下。以全心全意为人民服务作为自己唯一宗旨的中国共产党人，在乡情乡恋上的所作所为，更是感天地、泣鬼神。我们伟大领袖毛主席在新中国成立后50次回湖南调查研究、体察乡情，尤其是每逢身体不适甚至弥留之际，首先想到的是回家乡治病和疗养，仿佛只有家乡的山水和亲情才能养育生灵和起死回生。

回归故里，馈报桑梓，党国政要皆是这样，商界巨头更是如此。世界股神巴菲特富可敌国，但他一直居住在他的家乡内布拉斯加州的奥马哈。奥马哈的《世界先驱报》是美国最大和最有影响力的报纸之一。2011年当其因世界金融危机面临破产时，巴菲特毫不犹豫地以两亿美元重金买下了家乡的这份"艰难"。今年8月30日是巴菲特的82岁生日，这天他捐款31亿美元支持家乡的非营利组织和儿童早期教育，以此消除不平等的社会现象。爱国华侨领袖陈嘉庚少小跟随祖父南洋经商，当其稍有收成时就回乡倾囊办学。从清光绪年间到新中国成立，他在福建办起了厦门大学和集美学村等一系列学校，其办学育人时间之长、规模之大、捐资之多和毅力之坚实为中国乃至世界所罕见。

今天在座的各位邵商包括普天之下的所有邵商,无论你们身居何地,无论你们处在何时,无论你们从事何业,无论你们资产何数,但各位都有一个共同的名字,那就是"邵商"。本人在这里可以坦率地讲,由于财富的增多,你们完全有钱改变自己的生活和命运,然而你们绝对无法更换自己的故乡和祖先。因为,在我们大家思想上秉承的是"宝古佬"的文化,在我们大家胸膛里澎湃的是"宝古佬"的热血。我们既有着共同的地域性格、共同的地域乡情和共同的地域认知,更有着共同的地域呼唤、共同的地域责任和共同的地域使命。当前,邵阳正处在加快发展的关键时期,如期实现市委十届三次全会提出的把邵阳建设成为"世界著名的旅游胜地、享誉中外的文化名城、国家重要的交通枢纽、湘桂边陲的物流中心、我省西南的生态屏障、产业兴旺的经济强市、民主法治的和谐社会、全面小康的幸福家园"的目标,不仅已经成为810万邵阳人民的美好愿景和自觉行动,而且正在成为21000平方公里土地上的壮丽画卷和生活现实。奋进中的邵阳,彰显出史无前例的发展潜力和增长空间,蕴含着千载难逢的合作舞台和无限商机。因此,我们深情地希望广大邵商回家乡投资兴业,替宝庆增光添彩,为把我们的共同家园邵阳建设得更加美丽而努力奋斗!

谢谢大家!

[见《演讲与口才》杂志.2013(4).]

7. 我们见识过婚礼上的热烈场面,领略过婚礼上精彩的即兴演讲。这里转载的是来自解放军的李本钱的《在婚礼上的即兴演讲》,这篇即兴演讲有何特点?你亦可介绍一下你见到的婚礼上的精彩的即兴演讲。

各位首长、各位来宾:

寒霜已至枫叶红,铁树总有开花时。在伟大的人民空军成立57周年这个光辉的日子里,我终于光荣地结束了单身生活,在44岁的年龄,第一次勇敢地走向了婚姻的殿堂。请允许我和我的新娘陈素华,向各位首长、各位战友,向长期关心我的婚姻大事的地方领导和朋友们致以节日的问候,欢迎大家的光临!

此时此刻,我思绪万千,感慨多多。在通向婚姻的道路上,我苦苦追寻了20多年,20多年的平凡生活中,我的感情生活极不平静。有阳光下嫩草出土的快意,也有冷风中头撞南墙的失意;有赤膊上阵的莽撞,也有草草收场的悲凉。总之,有泪流,有伤心。但是,我始终抱着铁树总能开花的信念,发扬人民空军创建时期"马拉飞机"的伟大精神,乐观向上,顽强搏击,于是,今天终于站在了婚姻殿堂的门槛上。

没有父母的养育之恩,没有哥哥姐姐的精心呵护,没有在座的各位首长和朋友的鼎力扶持,关键是没有新娘的"献身精神",铁树开不了花,我也结不了婚。因此,请让我深情地说一句:感谢父母,感谢首长,感谢大家,感谢新娘!

生活美好,爱情甜蜜。婚后,我还要向已婚的兄弟姐妹们学习,争取把损失的时间补回来。争取从明天起,向朋友们发出"珍爱家庭,远离酒桌"的倡议,广泛深入开展"百日无滴酒"活动,争取在我制定的第一个五年计划内,与新娘一道加倍努力,勤奋工作,让祖国的百花园里也有属于我们的一朵。

各位嘉宾:爱情诚可贵,友谊价更高。各位对我们的厚爱,我将永远铭记。再一次感谢你们!

人说婚姻是围墙,我说墙内有花香。永别了,我的单身生活;永别了,我的铁树总不开花的日子。祝愿未婚的兄弟姐妹们早觅知音,共渡爱河;祝愿已婚的每个家庭花团锦簇,一路芬芳!

伟大的亲情、友情、爱情万岁!

伟大的铁树开花精神万岁!

谢谢大家。

[见《演讲与口才》杂志.2008(9).]

第六章　声情并茂的语言艺术
——演讲的表达技巧

演讲的表达过程，就是演讲内容通过演讲者传达给听众的过程。演讲者事先准备的内容是待传递的信息，演讲者的口语和体态语正是信息传递的载体。演讲者依赖口语和体态语将信息传递出去，听众也依赖演讲者的口语和体态语来接收信息。演讲，作为以口语为主体的信息传递过程，离开了演讲者的口语和体态语，就无存在可言。同时，演讲是一种具有较强审美价值的艺术化的宣传教育形式，它要求其表达既具有准确性，又具有艺术性。如果不重视演讲的表达艺术，即使内容再好，演讲也难以成功。

第一节　演讲的口语表达技巧

众所周知，演讲需要口才。所谓口才，就是口语表达能力，它是演讲的必要条件。演讲表达的主要特点是"讲"，对演讲者来说，写好了演讲词，不一定就讲得好，正如作曲家不一定是演唱家一样。有文才，善于写出好的演讲词的人，不一定有口才，不一定能讲得娓娓动听。真正的演讲家，既要善写，还要会讲，即既要有文才又要有口才。从某种意义上说，口才比文才更为重要。如果演讲者讲话哼哼哈哈，拖泥带水，"这个""那个"一大串，那么，即令有超凡脱俗的智慧，有深刻广博的思想内容，也无济于事。当今社会是开放的信息社会，新型人才不仅要有开拓进取精神，而且还要有出众的口才。

"冰冻三尺，非一日之寒。"良好的口才，往往是经过严格的口语训练培养出来的。许多著名的演说家，他们的口才都是经过刻苦磨炼培养出来的。例如，古希腊的演讲家德摩西尼，为了校正发音含糊不清的毛病，曾口含鹅卵石，对着大海练习朗诵。他的这种刻苦精神，将永载演讲史册，令人肃然起敬。

演讲口才的训练，不仅要勤练、苦练，而且要巧练。所谓巧练，就是要练习得法，摸清规律，掌握要领。例如，日本前首相田中角荣，小时严重口吃，说话困难，后来他分析了口吃的原因，常到深山练习大声说话和朗诵，并争取登台演戏。朗诵和演戏是口头语言和体态语言综合运用的最佳形式，它不仅要求准确、自然，而且要优美感人。通过这种高标准的训练，他不仅克服了口吃毛病，而且练出了口才，成为著名的演说家。

一、口语表达技巧的基本要求

演讲的语言从口语表述角度看，必须做到发音准确、清晰、优美，词句流利、准确、易懂，语调贴切、自然、动情。

（一）发音准确、清晰、优美

郭沫若说："语言除意义外，应该要追求它的色彩、声调、感触。同义的语言或字面有明暗、硬软、响亮与沉郁的区别。"（转引自郑颐寿《文艺修辞学》）

以声音为主要物质手段的演讲,对语音的要求就更高,既要能准确地表达出丰富多彩的思想感情,又要悦耳爽心,清亮优美。为此,演讲者必须认真对语音进行研究,努力使自己的声音达到最佳状态。

一般来讲,最佳语言应该是:①准确清晰,即吐字正确清楚,语气得当,节奏自然;②清亮圆润,即声音洪亮清越,铿锵有力,悦耳动听;③富于变化,即区分轻重缓急,随感情变化而变化;④有传达力和浸彻力,即声音有一定的响度和力度,使在场听众都能听真切,听明白。

演讲语言常见的毛病有:声音痉挛颤抖,飘忽不定;大声喊叫,音量过高;音节含糊,夹杂明显的气息声;声音忽高忽低,音响失度;朗诵腔调,生硬呆板等。所有这些,都会影响听众对演讲内容的理解。因为讲话是线性的,不间断进行的。话一出口,当即就应被人听懂,时间差不允许听众有反复斟酌思考的余地。听众只要稍微停顿,间断思维的序列就会跟不上演讲的速度。

要达到最佳语言效果,一般来讲,要做到如下几点。

1. 字正腔圆

字正,是演讲语言的基本要求,要读准字音,读音响亮,送音有力。读音要符合普通话声母、韵母、声调、音节、音变的标准,严格避免地方音和误读。例如将"鞋子"(xié zi)说成"孩子"(hái zi),将"干涸"(gān hé)说成"干固"(gàn gù),将"拙劣"(zhuō liè)说成"绌劣"(chù liè),将"栉风沐雨"(zhì fēng mù yǔ)说成"节风沐雨"(jié fēng mù yǔ)。这样读错、讲错字音,一方面直接影响听众对一个词、一个句子,甚至整篇内容的理解;另一方面也直接影响演讲者的声誉和威信,降低了听众对演讲者的信任感。在读准字音的同时,要尽量做到腔圆,即声音圆润清亮,婉转甜美,富有音乐美。

2. 分清词界

词分单音节和多音节词。单音节词不会割裂分读,而多音节的词则有可能割裂引起歧义。例如:"一米九个头的冯骥才伫立在空荡荡的山谷里。"这句话中的"一米九个头"本意是"一米九的个头",念时应为"一米九——个头",如果词界划分不当,很容易弄成为"一米——九个头",把"个头"(身材)一词割裂为"个"(量词)和"头"(名词)两个词,因而产生歧义。演讲者如出现这种错误,便会令人忍俊不禁。

3. 讲究音韵配搭

汉语讲究声调,声调能产生抑扬急缓的变化,本身就富有音乐美。"平仄以成句,抑扬已合调,扬多抑少则调匀,抑多扬少则调促。"(谢榛《四溟诗话》)好的演讲,平仄错落有致,抑扬顿挫,显得悦耳动听。汉语的音乐美和节奏感还与语气停顿和押韵有关。现代汉语中双音节词占优势,大大增强了语言的响度和节奏感。演讲中若能准确地交替使用单音节词和双音节词,语音音节便显得和谐自然。如果在适当的地方,有意押韵,更能产生一种声音的回环美与和谐美,讲起来上口,听起来悦耳,似有散文诗的风韵。此外,恰当地运用象声词和叠声词,进行渲染烘托,也能收到声情并茂的功效。

(二)词句流利、准确、易懂

听众通过演讲活动接受信息主要诉诸听觉作用。演讲者借助口语发出的信息,听众要立即能理解。口语与书面语之间有较明显的差距。有人说,书面语言是最后被理解,而口语则需立即被听懂。与书面语言相比,口语具有如下特点:首先,句式短小,演讲不宜使用过长的冗繁的句子;其次,使用通俗易懂的常用词语和一些较流行的口头词语,使语言富有生气和活力;最后,不过多地做某些精确的列举,特别是过大的数字,常用约数。此外,较多地使用那些表明个人倾向的词语,诸如"显而易见""依我看来"等等,并且常常运用"但是""除了"等连词,使讲话显得活泼、生动、有气势。如果我们硬性把"铁锹"说成"一种由个人操作的手握挖土器",把"草原"说成是"一个天然的平面",这样做,如果不是故意作难听众,有意不让听众理解,那就是特意和自己过不去,使自己的演讲归于失败。当然,讲究表意朴实的口语化,绝不能像平常随便讲话那样任意增减音节,拖泥带水,吭吭巴巴,这样便损害了口语的健康美,破坏了语言的完整性。

(三)语调贴切、自然、动情

语调是口语表达的重要手段,它能很好地辅助语言表情达意。语言若没有轻重缓急,就难以传情。同样一句话,由于语调的轻重、高低、长短、急缓等的不同变化,在不同语境里,可以表达出种种不同的思想感情。例如,"啊,多美啊!"用舒缓的语气可以表达出赞颂之情,如果用漫画化的怪腔怪调来念,则表现出讥讽嘲笑之意。因此,演讲者正确选择和运用语调对表达思想感情有着十分重要的意义。

一般来讲,表达坚定、果敢、豪迈、愤怒的思想感情,语气急骤,声音较重;表达幸福、温暖、体贴、欣慰的思想感情,语气舒缓,声音较轻;表达愉快、责备,语调先强后弱;表达不平、热烈,声音先弱后强;表达优雅、庄重、满足,语调前后弱中间强。只有这样,才能绘声绘色,传情达意。

语调的选择和运用,必须切合思想内容,符合语言环境,考虑现场效果。语调贴切、自然正是演讲者思想感情在语言上的自然流露。所以,演讲者恰当地运用语调,事先必须准确地掌握演讲内容和感情。著名电影演员李默然在吉林演讲讲习班上说:"我主张以情托声,就是用情感把你的声音托出来。"他以朗诵艾青的诗《我爱这块土地》为例,朗诵最后两句:"为什么我的两眼含着泪水?因为我对这土地爱得深沉。"如果以声带情,用大音量读,可以震动人,但感情不深沉;如果以情托声,前面读的是高昂的,到这两句突然有一种凝固的感觉,一个小小的停顿,接着小音量地读,便能把这种"爱得深沉"的感情表达出来。这段经验之谈,正说明了要情动于衷,才能声形于外。只有当演讲者对所讲的内容理解至深,有真情实感,语调才能用得贴切、自然、动情。

二、口语表达技巧的训练

(一)语音训练

演讲者要想取得良好的发音效果,必须加强语音训练。"声乃气之源",发音的基础之一是呼吸。响亮、动听的声音与科学的呼吸训练是分不开的。演讲者要善于掌握自己的发音器官,自觉地控制气息。一般来讲,采用胸膛式呼吸较好,这种呼吸是通过横膈膜的收缩和放松来进行的,气量大,能为发音提供充足的动力。平日可结合生活实际进行练习,为正确吐字发声打好基础。

吐字发音要做到音节正确、准确,完全符合普通话的发音标准。戏曲艺术所谓的"吐字归音"训练,其目的就在于美化音色,使字音纯正、清晰、响亮、圆润,富有表现力。它要求发音时咬准字头（即读准声母），吐清字腹（即读清韵头、韵腹）和收准字尾（即读准韵尾）。"吐字"时，发音力量集中于"字头"上，"归音"时要读准每个音节的韵尾，即要求"到位"。总之，发音时要正确把握住每个音节的发音部位和发音方法。演讲者平日要经常进行这方面的训练。同时，为了做到语句流畅，干净利落，出口成章，可根据自己的发音难点，选择一些绕口令和有一定难度的语言片断，进行快口训练，力求做到吐字准确、快速、流畅，快而不乱，语气连贯，不增减词句。

音量大小变化有利于准确地表达思想感情。演讲者要学会准确地控制和把握音量大小的变化。在情感激荡的地方，意思重要之处，音量要大些，反之则要小些。音量大小变化要自然、流畅，要是感情的自然流露。同时，音量大小变化也要恰当、适度，不能大到声嘶力竭，也不能小得无法听清。此外，演讲者平日还要学会准确地把握高音、中音、低音的运用规律，以便恰如其分地表达自己的思想感情。高音具有高亢、明亮的特点，多用来表示惊疑、欢乐、赞叹等情感；中音比较丰富充实，多用来表示平和舒缓的感情；低音则比较低沉、宽厚，多用来表示沉郁、压抑、悲哀之情。这些训练最好是通过朗诵进行。

（二）语调训练

语调包括停顿、重音、升降、快慢等要素。语调训练是口语表达训练的重点和难点。演讲者应在这方面加强训练。

1. 顿挫

在口语表达中，停顿既是一种语言标志，也是一种修辞手段。同样一组音节，因停顿不同，意思完全不一样。例如，"我赞成他也赞成你怎么样？"可以说成："我赞成他，也赞成你，怎么样？"也可说成："我赞成，他也赞成，你怎么样？"两种停顿，表达了两种完全不同的意思。可见，停顿不只是演讲者在生理上正常换气的需要，也是表情达意的需要。停顿得当，不仅可以清晰地显示语意，而且可以调节语言节奏，给听众留下回味的余地。

停顿不当，往往影响语意的表达。例如："南郑县大胆｜更新用人制度。"在"大胆"后停顿就会令人莫名其妙。按原意应在"县"字后停顿才妥。又如"班禅大师、赵朴初、×××等参加了座谈会。"这一句中"班禅大师""赵朴初"与"×××"系并列关系，用顿号隔开，念时需要停顿。如果在"班禅大师"后不停顿，念成"班禅大师赵朴初"就是大错特错，把并列关系变成了同位关系了。可见，当停则停，不当停则不停，不可滥用。此外，在演讲中，停顿太少、太短，或过多、过长，也都会影响思想感情的正确表达。

停顿一般分为语法停顿（又称逻辑停顿）、感情停顿（又称心理停顿）和特殊停顿。语法停顿既能满足演讲者自然换气润嗓的需要，也能使演讲的语句、段落层次分明。语法停顿一般用标点符号表示出来，按标点停顿，但有时在较长的主语和谓语之间、动词和较长的宾语之间、较长的附加成分和中心词之间、较长的联合成分之间，虽然没有标点符号，也可作适当停顿。这种停顿往往是为了强调某一观点或突出某一事物。例如，"本来可能成为发明家的人无声地卷起了设计图纸。"根据不同的理解和不同的语速，可以有几种不同的停顿方法。试作比较（"｜"表示无标点的停顿）：

"本来可能成为发明家的人｜无声地卷起了设计图纸。"（语速较快）

"本来可能成为发明家的人｜无声地卷起了｜设计图纸。"（中速）

"本来可能成为｜发明家的人｜无声地｜卷起了｜设计图纸。"（慢速）

感情停顿是为了表达复杂或微妙的心理感情。感情停顿常常以拖长音节发音,欲停不停或适当延长时间来表现,并且常常辅之以体态语言,使感情表达得更加自然清楚。例如:"把挫折的苦果│——变成人生的补药。"这句话在"苦果"后拖音,似停非停,为后面的"变成"昂起而蓄势,便自然地表达出坚韧果断之情。演讲稿《把挫折的苦果变成人生的补药》中有这样几句:

现在,我尚不能写出│"笼天地于形内,摄万物于笔端"的文章,亦不能讲出│恢宏豪壮的语言,(注析:这两句在"出"字后的停顿,既有突出后面做宾语的较长的偏正词组的作用,又表达出有自知之明的恳切态度。)可我│正满怀信心,矢志不渝地朝着理想之地奋进。(注析:在"我"字后作稍长停顿,便能表达出坚定的信心。)

有时,为了加强某些特殊效果或应付演讲现场的某些特殊需要,演讲者常常采用特殊停顿。最有名的例子,莫过于前面所提到的英国政治家赖白斯在伦敦一次参事会上就劳动问题演讲时,中途突然停顿72秒的事例。这种根据表意需要而设计的特殊停顿,可谓匠心独具,高人一等,收到了出奇制胜的效果。仿效这种做法的还有一例:有次演讲比赛,一位女士走上讲台,在黑板上写出一道醒目的标题——"论坚守岗位",便走下讲台,扬长而去。这时,全场听众哗然,焦急、气恼、猜测、议论,大家莫名究竟。大约过了三分钟光景,演讲者再次登台,诚挚而郑重地说:"同志们,如果我在演讲时离开是不能容忍的话,那么工作时间纪律松弛,玩忽职守,擅离生产岗位,难道不应该受到谴责吗?"这时,听众恍然大悟。评比结果,她以超常的演讲表演和精巧的构思赢得了一等奖。

这种特殊停顿不能落俗套,滥用可能产生捉弄听众之嫌。

一般来讲,在列举事例之前,略作停顿,能引起听众独立思考;在作出妙语惊人的回答之后,稍作停顿,可使人咀嚼回味;在讲述奇闻轶事和精彩见解之后,在听众赞叹之余,特意停顿,可加深听众印象,引起联想;在话题转移之际或会场气氛热烈之时,稍稍停顿,可加深听众记忆,给听众以领会抒情之机。同时,恰当的特殊停顿,也可以使演讲者本身赢得调整情绪的时机。

2. 轻重

说话的声音有强有弱。用力大,气流强,声音就大,就重;用力小,气流弱,声音就小,就轻。每个句子都是由词语构成,每个词语在句中的表意作用各不相同。在演讲时,人们常常把某些词语讲得比一般词语重些或轻些,这样便能起到强调突出的作用。利用声音的强弱对比、重读或轻读某些表现重点内容的词语,从而起到强调突出作用,这种口语表达技巧就是重音。若按声音强弱划分,重音可分为轻读型重音和重读型重音,凡读音比一般词语读音轻些的叫轻读型重音,凡读音比一般词语读音重些的叫重读型重音。例如:"如果世界上真有不知疲倦的人,我们敬爱的周总理呵,一生休息得最少最少。""不知疲倦""敬爱""周总理"应采用重读型重音来读,读得重而深厚,而"最少最少"宜采用轻读型重音来读,读得轻而深沉。

若按表现思想感情、内容重点或句子语法结构来划分,重音可分为感情重音、逻辑重音和语法重音。例如:

我深知:自己没有当官的本领,更没有"争官"的嗜好。

我只想:要老老实实地干好本职工作,自己的一举一动要对得起良心,对得起群众。

"深知"和"只想"宜采用轻读型重音,表达出诚挚恳切的感情;"没有""更没有"宜采用重读型重音,表示强调,突出清廉正直品德;"老老实实""干好"用重读型重音,突出全心全意、踏踏实实工作的精神;"一举一动"宜用一字一顿的重读,与后面接连两个重读"对得起"相配合,显示出襟怀坦白的胸怀。这些词语的重读,既突出了语句的轮廓,也显示了语言的感情层次和内在的逻辑关系。一般来讲,表示复句的关联词语和具有修辞特征的词语要重读。

3. 抑扬

语调有高低抑扬的变化。同一句话,往往因为语调不同,表达的意思也大不一样。同样一句"今天是星期天",用平直调子念,表示直陈其事;若用高升调来念,则表示出疑问惊讶之情。演讲者要熟悉各种语调的特点,掌握语调变化的规律。一般来讲,汉语语调变化显示在句末。大体可分为四种语调,即平直调、高升调、降抑调和曲折调,其特征见表 6-1。

表 6-1 语调变化特征

语调名称	表示符号	语调特征	应用句型	表达心理感情	例 句
平直调	→	平稳舒缓,无明显高低变化	陈述说明性语句	庄重、严肃、闲适、冷淡	菊花品种很多→
高升调	↗	语势由低向高	疑问句、反诘句、某些感叹句	疑问、惊讶、反诘、激昂、愤怒、呼唤、号召	何愁无知己↗
降抑调	↘	语势由高到低	祈使句、感叹句、某些陈述性语言	祈求、命令、肯定、自信、沉重、悲痛	他的理想一定能实现↘
曲折调	W	语势曲折,升降起伏多变	双关语句	夸张、幽默、讽刺	他十分可爱,连头上的癞痢都非常传神W

事实上,在实际运用中,语调升降变化情况十分复杂,演讲者要充分把握演讲时自身的潜意识,把握演讲内在思想和感情脉络,这样才不会错用语调,导致言不及义,语不合情。请读《血染的木棉花》中的一段:

谁不想分享↗
家庭温馨和
欢乐?

谁愿意在↗
刑场上举
行婚礼?

谁不爱↗
生活?

谁不爱自己↗
的生命?

可是↘
　　　　我们的先烈！→为了我们
　　　　　　抛头颅，
　　　　　　洒热血，↘
　　　　　　　　奉献出自
　　　　　　　　己的一切！↘

这段话前四句是排比疑问句，都要用高升调，整个语势一浪高过一浪，表达出激昂慷慨的感情；接着"可是"一转，使用降抑调，语势走势由高而低，表达出对先烈的缅怀之情。这样前呼后应，抑扬起伏，具有较强的说服力和感染力。

4. 缓急

语速的变化也是表情达意的重要手段。正常谈话，每分钟讲120～150个字。演讲的速率不能太快。太快，一则听众难听懂，二则也使人产生怀疑，认为演讲者怯场。因为人们胆怯时往往语速较快。当然讲话也不能太慢。太慢就显得拉腔拖调，给人以愚笨、迟钝、缺少教养的感觉。但演讲的速率不能总是"一崭齐"，要做到急缓有致。语调的快慢，往往与表达内容、环境、气氛、心理情绪、修辞手法以及句段重要与否有关。根据内容的要求和感情表达的需要，演讲的语速一般可分为快速、中速、慢速三种，其具体特征见表6-2。

表6-2　语速变化特征

语速	适合的内容	适合的环境	适合的心理情绪	适合的句段	适合的修辞手法
快速	叙述事情的急剧变化；质问斥责，雄辩表态；刻画人物机智、活泼、热情的性格	欢快，紧急命令，行动迅速，热烈争执	急促，紧张，激动，惊惧，愤恨，欢畅，兴奋	不太重要的句段	排比，反问，反语，叠声
中速	一般性说明和叙述感情变化不大	感情平静	平静，客观	一般句段	一般陈述
慢速	抒情，议论，叙述平静、庄重的事	幽静，庄重	安闲，宁静，沉重，沮丧，悲痛，哀悼	重要句段	比喻，引语，双关，对偶，粘连

请读下面这段演讲词，注意语调快慢的变化。（波浪线表慢速，直线表快速，其余为中速。）

　　是啊，雕塑家奉献美，有了大卫，维纳斯；音乐家奉献美，有了《英雄交响曲》《国际歌》；科学家奉献美，有了卫星，导弹，宇宙飞船；工人奉献美，有美的产品；农民奉献美，有美的食粮；教师奉献美，有造福于人类的满园桃李……而军人，军人也在奉献美，奉献美的生活，美的社会。

　　军人更奉献个人的利益、生命和家庭。于是，军人的美便在牺牲中崇高无上，便在奉献中灿烂夺目！

　　军人与大山为伍、与蓝天做伴、与碧海相随；军人整齐、和谐、刚毅、威严；军人勇于牺牲和奉献。作为军人，我们可以自豪地说：美在军营，美是军人！

这段话,以诗化的语言,热情洋溢地展示出军人的美,整个基调是抒情,语气舒缓。前边一串排比铺垫,语速较慢,逐层蓄势。讲到军人的美的本质时,语速逐渐加快,以满腔热情赞美军人的崇高品质。这样慢中有快、快慢相间,增强了语言的气势和节奏,富有鼓动性和感召力。

演讲语速要做到快慢得体,缓急适度,快而不乱,慢而不拖,快中有慢,慢中有快,张弛自然,错落有致。这样,便能显示出语言的清晰度和节奏感,使演讲具有音乐美。

5. 节奏

对艺术来说,节奏是各种不同要素的有秩序、有规律、有节拍的变化。朱光潜在《谈美书简》一书中指出,节奏是主观与客观的统一,也是心理与生理的统一。它是内心生活(思想感情)的传达媒介。据此分析,演讲者思想感情起伏变化结构的疏密松散,语调抑扬顿挫、轻重缓急以及演讲者的举止等要素,有秩序、有规律、有节拍的组合,便形成了演讲的节奏。常见的演讲节奏有轻快型、持重型、平缓型、急促型、低抑型等,其特点见表6-3。

表6-3 节奏变化特征

节奏类型	主要特点	适应范围
轻快型	轻松,欢快,活泼,语速较快	欢迎词,祝酒词,贺词
持重型	庄重,镇定,沉稳,凝重,语速较慢	理论报告,工作报告,开幕词,闭幕词
平缓型	平稳自如,有张有弛,语速一般	学术演讲,座谈讨论
急促型	语势急骤,激昂慷慨,语速快	紧急动员,反诘辩论
低抑型	声音低沉,感情压抑,语速迟缓	悼词,纪念性演讲

总之,语调的抑扬顿挫、轻重缓急,并非彼此孤立,而是密切联系、互相渗透。例如,演讲者情绪激动,语调自然高昂,语速较快,停顿减少,重音增强,语势急骤,形成急促型节奏。

第二节 演讲的体态表达技巧

体态语言也是人类社会交际的信息载体,是演讲语言的组成部分。演讲者不仅要有较强的口语表达能力,而且要善于用动作、表情来辅助说话,也就是要善于用体态语言来表情达意。教育家陶行知曾说:"演讲如能使聋子看得懂,则演讲之技精矣。"这正说明体态语言在传神达意方面具有极其重要的作用。

演讲者登上讲台,首先给听众的是视觉形象。仪表,姿态,神情,动作,全都呈现在听众面前,演讲者灵活自如、优美协调的体态动作,能很好地辅助口语,弥补有声语言表达的不足,使有声语言表达的内容更准确、更生动、更完整。特别是有些"可以意会难以言传"的信息,往往通过一道眼神、一个手势,便能使听众心领神会。因此,在表达情感、情绪和态度方面,体态语言甚至比口头语言更明确、更具体、更富有感染力。演讲者将体态语言和有声语言有机地融为一体,便能够充分地表达内容,感染听众。同时,由于体态语言以具体的形象诉诸听众的视觉,优美传神的体态动作不仅具有显著的表意功能,而且它也能形成现实的艺术美,给人以美的艺术享受,是演讲者文化素养和美学观念的直接反映。

如果忽视体态语言的表达,用传经布道式的木然表情或哑语般的滑稽动作,就会使听众降低听讲兴趣,影响信息的传播,甚至切断和堵塞信息通道。演讲者应尽力掌握体态语言的表达艺术,使深刻的语言、得体的表情和灵活适当的手势融为一体。

体态语言是信息的载体。所以它不仅是演讲者传递信息的手段,也是演讲者了解听众思想动态,获得反馈信息的重要依据。事实上,人的体态语言最能表达人的个性。不少人把安静看成是听众认真听讲的标志,殊不知听众心不在焉,心猿意马者大有人在。听众虽然没讲话,熟悉人体语言的演讲者都可以通过观察听众的体态语言,了解听众对演讲的反应。如听众东张西望,显然是心不在焉;如果听众往后一靠,双手交叉在胸前,可能是对演讲不甚欣赏。遇到这类情况演讲者就应采取措施,重新提起听众的兴趣。

一、体态表达技巧的基本要求

作为人类交际信息载体的体态语言,既要求准确、鲜明、生动,又要求端庄、高雅、大方,符合生活美学的标准。具体而言,要求如下。

(一) 准确、适时

所谓准确,是指体态语言的表达与口语表达协调默契,符合演讲者的思想情感,能正确地表达出演讲的内容。准确、适时正是体态语言的价值所在。

每一个体态动作都具有一定的词汇含义和表意功能。我们一定要准确地把握,恰当地运用。在现实生活中,某一动作所表示的某种词汇含义和感情色彩,都是人们约定俗成的结果。例如:在我国,摇头表示否定,表示反对;点头表示肯定,表示赞同;挥手表示再见;招手表示呼唤;竖起拇指表示赞赏;翘起小拇指表示藐视……正因为有这种相对稳定的词汇含义,因此,体态语言常常能替代口语。但是,它毕竟不像口头词语那样意义明确,而是具有象征性和虚拟性的特点。况且,在表示具体概念和事物的时候,体态语言和其表达的含义也并非一一对应,所以体态语言必然要为口语表达所制约,而不能像聋哑人那样单纯使用动作。只有当体态语言动作与口头表达紧密配合、协调默契时,才能真正显示出其准确的表意功能。

正因为体态语言的词汇含义和感情色彩是人们约定俗成的,所以它的使用有一定的时空范围。同样一个体态动作在不同的民族、不同的国度、不同的时代,有着不同的含义。例如,同样是点头摇头,我国是"摇头不是点头是",摇头表否定,点头表肯定;而有的民族就恰恰相反,"点头不是摇头是",点头表示否定,而摇头却表示肯定。又如,当我们伸开食指和中指时,一般是表示数目二。自从英国首相丘吉尔首创用这个手势表示"victory"(胜利)后,几乎全世界都用这个手势表示"胜利"及"和平"。所以,准确地运用体态语言,就必须既根据内容表达的需要,又注意时代特征和一定的社会习惯。

由于体态语言具有象征性和虚拟性的特点,所以演讲者运用它时,常常是发挥着"模糊语言"的效用。所谓准确运用体态语言,从某种意义上讲,它所追求的正是与口头语言相和谐的意境,而不可能过多过细、过于繁琐地去具体模拟。例如,我们可以用一只手托在胸前表示"我"或"我们",其实同样的动作,也可以用来表示"由衷感谢"和"心领神会",又何尝不可以用这个动作表示"心有余悸"和"心情激动"呢?如果我们在演讲时硬要把

"我们""由衷感谢"和"我们""心情激动"设计成几个不同的体态动作来做"准确""具体"的表示,那就是欲"精"不达,适得其反了。

受口语所制约的体态语言,应该与口语表达配合协调默契,也就是说应该适时。如果体态语言的表达与口语表达相互错位,出示得太早或太迟,那将会是滑稽可笑的。例如,我们呼口号时,常常同时用举拳的动作相配合。但如果我们把口语表达与体态语言的表达割裂开来,或者先呼喊后举拳,或者先举拳后呼喊,中间形成一个较大的时间空隙,那显然会"漫画化"成为笑柄。同样,在演讲时,每一个体态动作都必须密切与口语表达相配合,而要达到这种境界,主要靠感情投入。只有当演讲者把全身的热情和精神都投入思想的表现中去时,才能打破拘束和生硬,动作与口语便自然协调默契,浑然一体。

（二）优美、适度

运用体态语言、动作要做到端正、高雅,符合生活美学的要求。人们听演讲,除了获得信息、受到启迪之外,也需要获得美的享受。演讲者的体态动作,不可能像戏剧舞台动作那样一招一式地要求,那样会过分夸张,喧宾夺主,与演讲的风格很不协调;也不应该畏首畏尾,动作生硬呆板。演讲的体态动作要做到姿态优美,恰如其分,符合人们的审美习惯。

优美自然的体态语言,符合演讲的内容特点和人们的审美习惯,是道理、感情和体态三者的和谐统一。优美自然的体态语言也必然要符合演讲者的性别、年龄、经历、职业及性格等特征。因性别的不同而形成体态语言风格上的差异是显而易见的。例如,男性演讲,两手叉腰,双腿分开,昂首挺立,凝视前方,显得威武雄壮,刚毅有力；如果女同志也摆出这个架势,人们不说她是"母夜叉"才怪哩！女性演讲,步态轻盈,手势轻柔,动作轻巧,两目含情,显得温柔妩媚；如果男性这样,那就成了阴阳怪气的"么姨妈"了。同样,年龄不同,也在体态语言方面得到反映。青年血气方刚,朝气蓬勃,情感外露；老年人老成持重,沉着镇静,感情含蓄。不同性格、不同职业的人,言行举止差别很大,表现在体态语言方面,有的灵活轻快,有的庄重稳健,有的缓慢斯文,有的刚毅有力。总之,由于各自的思想修养和个性特征不同,各自的体态语言便自然有差异。演讲者在演讲时,一定要使自己的一举一动,一招一式,都与自己演讲内容相符,与自己的性别、年龄、职业以及个性特征相吻合。当然也要顾及特定的演讲环境、听众的接受能力和审美情趣。例如,表示自己时,宜用手掌指自己前胸,而不可用拇指或食指指自己的鼻尖,前者显得谦虚端庄,而后者则有点盛气凌人,不太符合我国听众的审美心理。

凡事"过犹不及",优美的举止总是自然适度的。超过一定限度,就会发生质变,优美也就变成丑陋了。体态语言一定要恰如其分。所谓适度,即身体姿态、动作幅度、眼神流动、面部表情等,一般都要控制在一定的范围之内,以辅佐口语达到充分表情达意为度,不宜过分夸大,甚至"放肆"。否则就会当众失态,有伤大雅,有失身份。手势动作,不可过大或过小。过大,显得"张牙舞爪"；过小,又显得"缩手缩脚"。

（三）精练、适宜

体态语言毕竟是口语的辅助手段,使用时切忌过多过滥,喧宾夺主,而应尽量做到少而精。动作、手势、眼神都必须经过严格选择,有内在的依据,能准确、优美地充分表达出演讲内容。对于那些词语意义不强的习惯性动作和毫无意义的下意识动作应尽量剔除。

正如演讲者必须剔除口语中的"那个、那个"之类的口语渣滓一样。

手势频繁,动作重复单调,令人眼花缭乱,无形中分散了听众的注意力,引起听众反感。例如,演讲者在台上盲目地反复走动,手拿报纸卷个不停,或者不停地舞拳挥手,不断地抓耳挠腮,抠鼻揉眼等,都是演讲的"败相"。这些机械乏味的动作,不仅不能发挥体态语言的作用,反而会破坏演讲的整体效果。

精练适宜的体态语言,把理性、情感和言词有机地结合在一起,做到生动形象,简洁明快,疏密有致,宛如演奏乐曲时的鼓点那样,准确而醒目,给人美感,引人回味。

二、仪表与风度

仪表是指人的身材、容貌、服饰、姿态等外在因素,以及由这些因素综合体现出来的气质和风度。而风度就是人们对美的仪表的一种衡量尺度,是人们在长期的社会生活与交往中逐渐形成的具有个人特色的举止和姿态。这些举止和姿态正是人的思想、品德、性格、气质等内在素质的外在反映。事实上,仪表与风度就是一种无声的体态语言,它在一定程度上反映了人的内心世界。演讲者一上台,听众首先就是通过视觉观察着演讲者的形象。尽管演讲者还未开口,听众已经根据演讲者的仪表和风度,产生了一连串的心理活动,形成"第一印象",直接影响听讲效果。

良好的仪表和风度,能产生很强的吸引力,牢牢地吸引听众的注意力。演讲者不仅应该是真理的宣传者,是知识的传播者,而且应该是美的体现者。在演讲现场,演讲者事实上是听众的审美对象,听众不仅通过演讲者生动活泼、含义深刻的演讲获得美感享受,而且也是通过对演讲者的仪表、风度的欣赏,受到美的熏陶。

演讲者的仪表和风度,也能在一定程度上体现出民族特点和时代精神。这是因为:一则仪表和风度在一定程度上反映人的内心世界,而人的内心活动与精神面貌、时代特色紧密相关;二则人的服饰、发型以及举止总是带有一定的民族特色和时代印记。演讲者应该自觉地意识到这点,尽量使自己的仪表和举止符合民族特点,反映时代精神。

演讲者注意仪表的修饰,讲究风度,以美的姿态出现在听众面前,这种行为本身就显示出对听众的尊重。这种无声的信息传递,很自然地缩短了演讲者与听众的心理距离,可以赢得听众的关注和尊重,形成融洽和谐的气氛。如果演讲者蓬头乱发,衣着随便,皮鞋肮脏,举止粗鲁,以一副邋遢相出现在听众面前,势必造成隔膜,使听众反感。

(一)仪表、服饰

毋庸讳言,身材魁梧伟岸,容貌端庄英俊,五官匀称,体魄健康,令人肃然起敬。这些光彩照人的先天因素,能为演讲者带来极为有利的条件。然而,不是每个演讲者都具备这些条件的。容貌身体是先天固有的,一般难以改变。但即使身体或容貌欠佳,甚至有某些生理缺陷,仍然可以采取积极的弥补措施,以内在美去弥补外在的缺陷。即以美的心灵、高尚的道德情操,以及对真理的孜孜不倦的追求,去吸引听众,感染听众。例如,美国前总统林肯,他的雄辩、幽默举世公认,然而他的外貌很丑。有次在森林里,他为一位骑马的陌生妇女让路,那妇女竟停下来目不转睛地盯着他的面孔,然后说"我现在才知道你是我见到过的最丑的人了",并且建议他最好闭门不出。然而林肯并没有接受那位妇女的"忠告",以豁达大度的胸怀和博大精深的知识弥补了相貌上的不足。他的每次演讲几乎都轰动全国。再如,高位截瘫的张海迪,必须坐着轮椅上讲台,但是时代精神赋予她特有的内在美,使听众深受震动,无不对她肃然起敬!

当然,对身材容貌方面的某些缺陷,可以采取一些积极的补救措施。例如,高跟皮鞋能稍微弥补身材矮小的缺陷。演讲者应根据自身的具体情况,创造条件,适当地进行个人美容。诸如脸部作自然淡雅的化妆,遮掩缺陷,以突出脸部最美的部分;根据自己的头形、肤色、体态、年龄、职业等因素,选择适当的发型,也能给人增添风采。当今,眼镜的装饰作用越来越明显,它可调节人的脸形,使人增添魅力。特别是男性,镜架的梗直而有棱角的造型,能衬托出男性刚强、坚毅的气质。演讲者戴上适合自己脸形的眼镜,也能有效地美化仪表。

俗话说:"人要衣装马要鞍。"服装对人体有"扬美"与"遮丑"的功能,它可以反映人的精神气质、文化素质和审美观念。演讲者的衣着应该整洁合身,庄重大方,色彩和谐,轻便协调。具体而言,"整洁合身"要求做到外表整齐、干净、美观,与自己的身材相协调。"庄重大方"要求做到风格高雅、稳健,与自己的性别、年龄、职业等协调,充分体现出自己的特点与神韵。"色彩和谐"要求做到服饰与特定的环境和内容相协调。不同颜色所表达的不同寓意和象征作用,已经在人们思维中形成了较为牢固的定式,深色给人以深沉、庄重之感;浅色使人感到清爽舒适。演讲者的服饰款式与色彩应力求与现场气氛相谐。"轻便协调"要求做到装束合时,感觉良好,行动方便,与季节相符,与广大听众的装束协调,不可过于华丽时髦,那样会分散听众注意力,引起非议,破坏演讲气氛。总之,演讲者的服饰要合体、合度、合时,格调高雅,给人以美感。例如,有位女青年四次演讲,根据演讲主题不同,分别选择了不同服饰。她讲"社会主义好",穿西装,显得庄重严肃;讲战斗英雄事迹,穿军干服,表示稳重肃穆;在参加题为"青春、理想"的演讲比赛时,穿T恤衫,显得活泼爽朗;而参加小说分角色演讲,她却穿上白衬衫,并结上领带,显得潇洒而又大方。她的这种做法,很值得借鉴。

(二) 风度、礼仪

风度并不是指人的某一动作,而是指人们在长期的社会生活与交往中逐渐形成的具有特色的举止和姿态。这种举止和姿态是由反映人的思想、品德、性格、气质等内在因素的动作构成,而身姿正是听众评判演讲整体效果的重要指标。优美的身姿能成为表达内容、情感,调动听众情绪的有力手段,最能表现出人的风度。

身姿是人的自然形体在空间的形象显现。它由头部、身躯及双腿三部分动作构成。头部的倾斜度及活动状态,身躯的前倾后仰及移动情况,双脚的摆设姿势等均可以表示出各种感情的变化。优美的身姿给人以稳健、庄重、朝气蓬勃的印象,而不美的身姿给人以轻浮、怠倦、颓唐疏懒之感,影响演讲者在听众心目中的主体形象。

走上讲台时,演讲者应迈步适度,步伐均匀,头正,眼睛平视,口微闭,双臂自然摆动,步态和表情应体现出庄重大方、从容自信、亲切热情,整个体形端庄有力;切忌低头弯腰,忸怩局促或将手插在衣袋中,左摇右晃。

一般来讲,演讲宜站着讲,这样既是对听众一种礼貌的表现,也能给听众一个完整的形象,充分展示出演讲者的神情、仪表、姿态。站的位置宜在台前中间,既便于纵观全场,也利于听众从各自的角度看到演讲者的姿态。站姿要自然和谐、端正、庄重,不可忸怩做作;要挺胸收腹,给人一种稳定感,切不可斜肩、偏头、曲颈。脚的站法可一脚在前,一脚稍后成45°角,重心在前,体微前倾,给人以昂扬向上的感觉。亦可两脚自然平立,显得精神抖擞。必要时,可稍稍走动,不仅可使身姿显得生动活泼,而且能表达出不同的思想感情。向前表肯定、进取、希望等;后退表否定、犹豫、退让等;左右走动,能活跃气氛。但走动不可频繁,否则会喧宾夺主,破坏演讲者的整体形象。

风度与气质的关系也非常密切。所谓气质,是指人所固有的比较稳定的个性特征。它也是在人的情感、认识活动和言语行动中表现出来的比较稳定的动态特征。气质影响活动进行的速度,影响活动的性质。不同气质具有不同的动力特征。多血质的人热情豪放,灵活敏捷,但易于精力分散,朝三暮四;胆汁质的人急功好义,勇敢顽强,但容易粗野暴躁,盲目冒险。这两种气质的人在演讲过程中,常常给人炽热、激昂、刚强、愉悦、开朗的印象,语言明快,铿锵有力,举止活泼,表情丰富,身姿手势灵活。这两种气质的人主动性、攻击性和感染力较强,适合于轻快型、高扬型和急促型的演讲会。但他们往往急躁、粗暴,甚至傲慢无礼,易于轻举妄动,失去理智。有这类气质的人,应加强自我涵养修炼,努力使自己做到稳健、庄重,从容不迫,内柔外刚。黏液质的人严谨细微,坚韧不拔,但常常瞻前顾后,虚伪晦暗;抑郁质的人情感深刻,细致敏锐,但常常多愁善感,神经过敏。这两种气质的人,在演讲时,感情活动比较沉稳、质朴,语言严谨、委婉、徐缓,神情严肃、坚毅,但比较迟钝,缺少灵活性,适用于持重型、低抑型演讲。在演讲中应该尽量做到精神焕发,不卑不亢,以柔克刚,举止潇洒。上述气质特征是就一般而言的,具体到个人又不尽相同。总之,演讲者要善于分析自己的气质特征,发扬优点,克服缺点,掌握和支配自己的气质,使自己的举止风度具有热情、大方、稳重、谦和、诚恳的特点。

风度和礼仪的关系十分密切,优美动人的举止常常是符合礼仪要求的。演讲者英姿焕发,举止潇洒,热情谦和,便显得彬彬有礼。如果敞胸露怀,一步三晃,放荡不羁,不仅没有风度,也是不懂礼仪的表现,往往令人反感。

礼仪是人类社会生活中逐渐形成、并为大家共同承认和遵守的表示友情的方式或仪式。它是历史发展的产物,具有一定程度的阶级性。不同时代,不同阶级,不同国度,表示礼节的方式和对礼节的具体要求都不一样。例如,以鞠躬代替跪拜,以握手取代作揖打拱,都体现了现代文明的特点。演讲者从步入会场、登台演讲,到演讲结束离开会场,都应该注意体态风度,讲究礼仪。

步入会场时,演讲者要态度谦和,步子稳健,潇洒自如,面带微笑。切忌左顾右盼或装腔作势,否则会有轻佻和傲慢之嫌;也不宜忸怩畏缩,以免失身份。在就座之前,应与陪同者稍事相让,方可落座。但不宜过多推让,入座时声音要轻,要坐正坐稳,身体不宜后倾或斜躺,不宜前探后望,也不宜玩弄手指、衣角等。当主持人介绍演讲者时,演讲者应自然起立,向听众鼓掌或点头表示感激之意,切不可稳坐不动或仅仅欠一下身子。正式登台演讲时,先向主持人点头致谢,然后从容稳健走上讲台,郑重、恭敬、诚恳地向听众敬礼,并且目光环视全场,表示光顾和招呼,然后开始演讲。

演讲开始要注意选择恰当的称呼。得体而充满感情的称呼,能迅速沟通演讲者与听众的思想感情,激发听众情绪。演讲时要热情开朗,切不可摆出目中无人、冷若冰霜的面孔;要尽量以良好的姿态、稳重的举止来传神达意;要谦逊,有礼貌,当现场听众出现烦躁不安时,切不可随意讽刺训斥,而应体现出自身的涵养。演讲结束时,应面带微笑,向听众致礼之后,从容下台,切不可过于匆忙,显出羞怯失意的神态,也不可摆出洋洋得意满不在乎的样子。总之,要给人一种谦虚谨慎、彬彬有礼的印象,这样才不致因缺乏风度和礼仪而影响演讲效果。

三、表情与手势

在体态语言中,面部表情和手势是最能传情达意的。人的面部表情丰富多彩。"面部表情是多少世纪培养成功的语言,比嘴里讲得更复杂到千百倍的语言。"(罗曼·罗兰语)它是人的内在思想感情在外貌上的显示,特别是作为脸部的重要组成之一的眼睛,更是"心灵的窗户",能准确、生动表达人们复杂微妙的思想感情。手是人体敏锐、丰富的表情器官之一,它能以多变的态势造型,传递潜在心声,交流内心情感。富有经验的演讲者,总是充分地利用面部表情和手势,表达出丰富的思想感情,影响听众,感染听众。

(一) 眼神的运用

眼神与语言之间有一种同步效应,人们的思想感情常常通过眼神自然流露出来。眼神配合口语,能表达出丰富多彩的思想感情。这是因为人的眼睛上有上百条神经联结大脑,它们是大脑获得信息的重要渠道,同时又受到大脑中枢神经的控制。所以,眼睛能自如地传递心灵的信息,反映人的喜怒哀乐之情。演讲者在运用口语传递信息的同时,也自然要通过自己的眼神,把内心的激情、学识、品德、情操、审美情趣等传递给听众。

不同的眼神,给人以不同的印象。眼神坚定明澈,使人感到坦荡、善良、天真;眼神阴暗狡黠,给人以虚伪、狭隘、刁奸之感;左顾右盼,显得心慌意乱;翘首仰视,露出凝思高傲;低头俯视,露出胆怯、害羞。眼神会透露人的内心真意和隐秘。演讲者的眼神变化要与演讲内容的发展和自己情绪的变化相协调,要注意眼神运用的多样性,准确地表情达意,给人以胸怀坦荡的感觉。

眼神不仅可辅助口头语言表达思想感情,而且有时还能直接代替语言。例如,在演讲过程中,现场出现局部骚乱等情况,演讲者可以不开口,而采取盯视法,投出一道目光,使听众领会其意,注意听讲。这样,眼神便代替了语言呼唤,起到了控场作用。眼睛在演讲过程中,既能输出信息,又能接受信息。演讲者在运用目光传递信息的同时,也通过目光察言观色,接受听众的信息反馈,使眼睛发挥组织演讲和收集演讲效果的作用。正因为如此,演讲者既要保持视线的目标在正前方,炯炯有神地面对听众,又要不断地兼顾全场,了解听众的反应。也就是要把目光注视前方与多方位观察巧妙地结合起来,全方位地观察听众。

要做到全方位地观察听众,演讲者要自如地学会运用眼神的三种技法:点视法、环视法和虚视法。

1. 点视法

即有目的有针对性地重点注视某一局部听众。运用这种方法可对专心致志的热心听众表示赞许和感谢;对有疑问和感到困难的听众进行引导和启发;对想询问的听众给予支持鼓励;对影响现场秩序的听众进行制止,使其收敛,达到控场的目的。运用这种方法针对性较强,目光含义要明确,同时要适可而止,避免与听众目光长时间直接接触,以免被注视的听众局促不安和其他听众受冷落。

2. 环视法

即目光有节奏或周期性地环视全场。其目的主要在于掌握整个演讲现场动态,照顾全场,统帅全局。运用这种方法,可使全场听众产生亲近感。但必须注意:一定要照顾全局,不可忽视任何角落的听众;同时,头部摆动幅度不宜过大,眼珠不可肆意乱转。

3. 虚视法

即目光似盯未盯地望着观众。运用这种方法可显示出演讲者端庄大方的神态,可引导听众进入描述的意境之中,还可烘托气氛。但应注意使用不可频繁,以免给人以傲慢的感觉。

总之,无论使用哪种眼神,都是为了表达一定的思想内容和感情,绝不可漫无目的地故弄玄虚。眼神的运用要和有声语言和其他体态动作密切结合,协调一致。同时,在运用眼神时,应当表现出信心和活力,显出风度。

(二)面部表情

面部表情与眼神是密切相关的。其实,眼睛的传神常常是与面部其他部分的活动相配合进行的。眼神离开了面部其他部分的活动,其表情达意作用就必然受到影响。面部表情非常丰富,许多细微复杂的情感,都能通过面部种种表现来传情,并且能对口语表达起解释和强化作用。脸面的颜色、光泽,脸部肌肉的收缩与舒展,以及脸部纹路的不同组合,都能构成喜怒哀乐等各种复杂的表情。眉飞色舞是喜,切齿圆睁是怒,蹙额锁眉是哀,笑逐颜开是乐。口角向上表愉快,口角向下表忧烦;冷漠轻蔑时嘴紧闭;诧异惊讶时口大张。同样是笑,微笑、憨笑、苦笑、奸笑,在嘴、唇、眉、眼和脸部肌肉等方面都表现出许多细微而复杂的差别。演讲者要善于观察面部表情的各种细微差别,并且要善于灵活地驾驭自己的面部表情,使面部表情能更好地辅助和强化口语表达。

运用面部表情,要求自然真实,喜怒哀乐都要随着演讲内容和思想感情的发展需要而自然流露,切不可"逢场作戏",过分夸张,矫揉造作,那样会令人感到虚伪滑稽。也不可毫无表情,冷若冰霜,使人感到枯燥压抑。演讲者的面部表情与口语表达要协调一致,要能准确鲜明地反映自己内在的思想感情。面部表情和有声语言的表情达意应同步进行。如果演讲者的颦、笑、蹙、展游离于演讲内容之外,与内心感情变化脱节,那便会使人感到莫名其妙,无法理解。同时,演讲者为了有效地传递信息,交流感情,要尽量避免傲慢的表情、讥讽的表情、油滑的表情和沮丧的表情。这些表情都会在听众中产生不良影响,形成离心效应。

(三)手势技巧

手是人体敏锐的表情器官之一。手势是体态语言的主要形式,使用频率最高。由于双手活动幅度较大,活动最方便、最灵巧,形态变化也最多,因而,表现力、吸引力和感染力也最强,最能表达出丰富多彩的思想感情。寓意深刻、优美得体的手势动作,能产生极大的魅力,激发听众的热情,加深听众对演讲内容的理解,使演讲获得成功。

从手势活动的区域来看,大体有三种情况:一种在胸部以上,常常用以表达激昂慷慨、积极向上的内容和感情;一种在胸腹之间,常用以表示一般性叙事说理和较平静的情绪;

还有一种在腹部以下,常用以表示否定、鄙视、憎恨等内容和情感。

根据手的不同形状和活动部位,手势动作可分为手指动作、手掌动作和握拳动作。这些手势语言具有多种复杂的含义,应该细心辨识和掌握。例如,常用拇指和小拇指,分别表示赞扬与鄙夷;单手手掌向前推出,显出信心和力量;双手由分而合表示亲密、团结、联合;握拳显示情感异常激烈,等等。总之,手势的部位、幅度、方向、急缓、形状、角度等的不同变化,所表达的思想含义和感情色彩就有很大差别。演讲者不可拘泥于某种固定的模式,而要根据演讲内容的不同需要,灵活运用不同的手势。

从手势表达思想内容来看,手势动作可分为情意手势、指示手势、象形手势与象征手势。

情意手势用以表达感情,使抽象的感情具体化、形象化,使听众易于领悟演讲者的思想情感。如挥拳表义愤,推掌表拒绝等。

指示手势用以指明演讲中涉及的人或事物及其所在位置,从而增强真实感和亲切感。指示有实指、虚指之分。实指涉及的对象是在场听众视线所能达到的;虚指涉及的对象远离会场,是听众无法看到的。

象形手势用以模拟人或物的形状、体积、高度等,给听众以具体、明确的印象。这种手势常略带夸张,只求神似,不可过分机械模仿。

象征手势用以表现某些抽象概念,以生动具体的手势和有声语言构成一种易于理解的意境。例如,讲"一颗红心献人民"时,双手做捧物上举的姿势,自然构成一种虔诚奉献的意境,给听众留下鲜明具体的印象。

手势动作只有在与口语表达密切相配合时,其含义才最为生动具体。演讲者的手势必须随演讲的内容、自己的情感和现场气氛自然地表现出来,手势的部位、幅度、方向、力度都应与演讲的有声语言、面部表情、身体姿态密切配合,协调一致,切不可生搬硬套勉强去凑手势。如果手势泛滥,着意表演,会使人感到眼花缭乱,显得轻佻作态,哗众取宠。当然,也不可完全不用手势,那样会显得局促不安,失去活力。

思考与训练

1. 为什么成功的演讲离不开良好的表达技巧?怎样理解"演讲者的口语和体态语是信息的载体"这一论断?

2. 口语表达技巧的基本要求是什么?语音训练和语调训练应把握哪些要领?

3. 体态表达技巧的基本要求是什么?在仪表与风度、表情与手势方面应注意哪些问题?

4. 下面是张海迪在演讲中的两段话:①的内容比较明快,②的内容比较凝重。试问:在演讲节奏的处理上应把握哪些要点?请具体分析。

① 有一位朋友对我说:玲玲,我有时觉得心里很空虚。我就请他和我一起学习。我说:我们要是学了知识,就会感到生活充实了。从此,这位朋友就一直坚持学习。1979年他参了军,参加了边境自卫反击战。在战场上他写来这样一封信,说:玲玲,我现在在战场上给你写信,这儿硝烟弥漫,战友们都冲上去了,有的

战友倒下了。玲玲,我现在想得很多很多,我想我自己要是牺牲了没什么,可是要被打残废了怎么办呢?他说:你知道吗?这个时候我想起你。我觉得你虽然腿残废了,但是你还是坚持工作和学习,我要像你那样生活下去。结果,他在战场上勇猛作战,入了党,并且和他的战友们一起荣立了集体三等功,胜利地返回了内地。

②有一次,我趁爸爸、妈妈上班的时候,收捡好东西,给爸爸妈妈写了一封遗书。我在遗书中说:"亲爱的爸爸、妈妈,女儿就要离开你们了。当我就要离开你们的时候,我心里是多么的难过。我是一个热爱生活的姑娘,活着是多么的好。可是疾病使我失去了创造美好生活的权利。虽然我有病,但是,我不愿做这沸腾生活的旁观者。我愿像别人一样,做一个社会主义建设者,爸爸、妈妈,请你们原谅我,原谅我。我永远也不会忘记跟你们生活的那些岁月。我吞服了大量的安眠药,并且还给自己打了冬眠灵。我躺在床上,静静地等待离开这个世界。"

5. 古人云:"言之不足手之舞之足之蹈之。"试就此论断来说明有声语言与体态语之间的关系。

第七章 演讲内涵的逻辑联系
——演讲与逻辑

第一节 演讲与逻辑的关系

思维是演讲的根本。思维方式恰当,语言准确,是演讲成功的重要因素。如果思维混乱,语言暧昧,即令口若悬河,滔滔不绝,听众也会不知所云,不明其意。演讲者必须做到思路通畅,推理合乎情理,语言准确、鲜明、生动,而这一切与思维的逻辑性有密切关系。

思维逻辑对演讲具有特殊意义。演讲的语言表达是思维的外露和物化,演讲者的思维过程,必须服从于严格的逻辑规律和规则。

逻辑学是研究思维的科学,它研究的基本内容是概念、判断、推理、论证等思维形式,以及从这些思维形式中总结、概括出来的一系列的规律和规则。掌握好逻辑知识,有助于正确认识客观世界,有助于准确地表达思想。人们要正确地进行思维,准确地表情达意,就必须严格遵守这些规律和规则。优秀的演讲者,不仅要有广博的学识、精辟的见解、良好的道德修养以及娴熟运用语言的能力,而且必须具有较高的逻辑修养。优秀的演讲之所以能够成功,其重要原因就在于演讲者能把演讲的逻辑因素与演讲的信息内容有机地融为一体,产生极强的说服力和吸引力。

一、逻辑是构筑演讲内容的框架

任何思维都是由内容和结构两个方面构成的。思维内容就是反映在意识中的客观现实,而思维结构则是思维内容各部分间联系的方式。演讲的思维也是这样。演讲的内容就是演讲者所阐述的事理,即深刻的主题、深厚的情感以及为表达这个主题和情感所运用的丰富材料。这些材料绝不是随意地散乱地堆积的,而是按一定的内在逻辑规律组合成一个有机整体。内在逻辑便是演讲内容的构筑框架,是联系演讲内容的纽带,是构成演讲整体美的主要因素。如果演讲仅仅是一堆互不相干、互相脱节的散乱的信息内容,前后不照应,首尾不连贯,那么,整个演讲就难以表达出深刻的主题和丰富的情感,就不可能具有说服力和感染力。演讲者要想使演讲获得成功,就必须根据表情达意的内在逻辑要求,考虑材料的安排、格局的设置,以及语言的衔接等。事实上,演讲的结构形式正是由逻辑结构和篇章结构这两方面的内容辩证统一而组成的。逻辑结构和篇章结构虽然是两个不同的概念,两者各有侧重,但在演讲中却是浑然一体的。通常,演讲的开头总是提出问题,中间针对问题进行分析,结尾解决问题。这些正是由逻辑结构所决定的。逻辑结构要求先提出论题,中间用论据证明论点,最后归结论题或引申、深化论题。离开了逻辑结构,演讲内容的篇章结构便失去了依据。所以,逻辑是内容的构筑框架,是构成演讲整体美的主要因素。

例如,人们生活中经常会遇到乘客情态各异地挤车坐车场景,也通过不同传播媒介熟悉张海迪身残志不残、奋发图强的事例。这些材料似乎并不相干,如果简单地堆砌在一起,并无多大意义。然而,《强者之歌》的演讲者,却运用比喻法,把它们联系在一起,显示出它们的内在逻辑关系。演讲者首先以车厢内不同位置的乘客比喻不同类型的大学生,接着话锋一转,从"汽车"谈到张海迪的"轮椅车",引出一个发人深省的论题:怎样才算强者?谁是强者?接着演讲者用"海迪靠那辆只用人力启动的轮子,走到了时代最前列"的事实,阐明了强者的动力、强者的道路,并且热情地赞扬了为时代无私奉献的教师职业是强者的职业。显然,如果离开了提出论题、具体分析论证和最后归结的逻辑框架,这些内容就失去了依托。

所以,掌握演讲中的逻辑,有助于运用适当的逻辑形式,合乎逻辑地表述和论证思想,使演讲中心明确,结构严谨,具有说服力。

二、逻辑能提高演讲者识别与批驳谬论的能力

掌握逻辑知识,不仅有助于表述和论证思想,也能提高演讲者识别和批驳谬论的能力,提供揭露和驳斥诡辩的武器。诡辩者行骗,总是故意违反逻辑规则,用貌似正确的推论来进行辩护。如果缺乏逻辑能力,就很容易上当;如果懂得逻辑规律,就能迅速发现诡辩者的花招,从而在演讲中有力地进行揭露和批驳。

例如,古希腊学者克拉底鲁宣称:"我们对任何事物所作的肯定或否定都是假的。"亚里士多德反驳道:"克拉底鲁的话等于说'一切命题都是假的',而如果一切命题都是假的,那么这个'一切命题都是假的'命题也是假的。"显然,克拉底鲁的话十分武断,亚里士多德运用归谬法,从原命题中推出与其相矛盾的命题,从而驳倒了对方。

又如,在抗美援朝期间,一次,周恩来总理接受一位美国记者采访,那位记者瞥见桌上的笔是一支美国派克钢笔,便心怀叵测地说:"请问总理阁下,你们堂堂的中国人为什么还要用我们美国生产的钢笔呢?"显然,美国记者的话里暗藏杀机,言外之意是:"中国人用美国生产的钢笔,说明中国不如美国。"他企图以这个潜在的判断来奚落、讥笑中国落后。周总理听后笑了笑,朗声答道:"提起这支笔呵,那可说来话长了。这不是一支普通的笔,是一个朝鲜朋友抗美的战利品,作礼物送给我的。我无功不受禄,就想谢绝。哪知那朋友说,留下做个纪念吧!我觉得有意义,就收下了这支贵国的钢笔。"在这里,周总理针对美国记者的挑衅,含蓄婉转地用"战利品""做个纪念""觉得有意义"暗示了丰富的内容,给予了有力的回击,使那记者面红耳赤、无话可答。周总理的话虽婉转,但针锋相对,作出了与美国记者完全相反的判断:"中国人使用美国生产的钢笔,正是中国胜利的标志。"

三、掌握逻辑知识能增强语言的表现力

语言与思维有着紧密的联系,思维离不开语言材料,依存于语言材料。思维必须在语言材料的基础上才能产生和存在。语言是思维的产物,是思维成果的载体,语言能促进思维的抽象度和思维的灵活度。使用语言的过程实际上就是变信息为思想、变思想为信息的中间变换过程。可以说,掌握语言,实际上就是最早的思维和思维方式的训练。

演讲靠语言来表达思想,而表达思想总离不开运用概念、判断、推理。形式逻辑所探讨的正是怎样准确地运用概念、判断、推理。概念、判断、推理要靠词、句、句群和篇章来表

达。所谓语言准确,实质上就是做到概念明确,判断恰当,推理合乎逻辑。优美的演讲语言总是包含着无懈可击的逻辑性。所以,演讲者掌握逻辑知识,有助于准确地表达思想,增强语言的表现力。

例如,陈月昇的演讲词《新时代的流行色》中是这样描写某些人的思维模式的:"他们的思维模式是封闭的太极图式的:一元二体,互相转化,周而复始,蕴动于静。它把人的思想锋芒和创造力往内里压缩,然后再在外围加上一个框框,这便是所谓的含而不露,谦逊自守。"这段话首先明确地指出"含而不露,谦逊自守"的思维模式是"封闭的太极图式的",并且从不同方面生动形象地揭示了它的内涵,指出它的危害,语言表现力极强。

总之,逻辑对演讲的实践有十分重要的多方面的作用。演讲者学习和掌握演讲的逻辑知识,能更自觉地运用逻辑规律正确认识客观世界,形成演讲结构框架,合乎逻辑,准确、巧妙、形象地表述和论证思想。

第二节　演讲与概念

一、演讲要求概念明确

概念是反映思维对象的特有属性的思维形式。由于事物本身总是发展变化的,人们的认识也总是由浅入深不断前进的,因而概念本身是灵活性与确定性的辩证统一。概念是发展变化的,而在一定阶段上其内容又是确定的。使用概念必须保持其确定性,如果违反,必然导致混乱。概念可以由语词来表达,由于概念和语词并非一一对应,生活中一词多义、多词同义的情况很多,所以运用语词来表达概念时,必须细心区别,特别注意准确性。语词是交流信息的基础,语词表达概念是否明确,直接关系到整个演讲的表达效果。

演讲中使用的概念要明确。概念是构筑思维的基石,是组成判断和推理的基本要素。所谓概念明确,是指概念的内涵和外延清楚确切。演讲者只有十分清楚自己所使用的概念的含义和适用范围,才能在演讲中运用概念作出恰当的判断,进行合乎逻辑的推理,才能准确地表达自己的思想,否则就可能出现概念含混不清的逻辑错误。例如,有这样一段话:

大妈对我说,这是她孙子,是个孤儿。他原来和父亲一起住在工厂里,后来儿子参加革命牺牲了,媳妇在地主家做工也被折磨死了。

这段话中,由于说话时立足点不固定,造成"同物异名"引起混乱。这里的"父亲"是从"孤儿"的角度来讲的,指"孤儿"的"父亲";这里的"儿子"却又是从"大妈"的角度来讲的,是指"大妈"的"儿子"。事实上,大妈的儿子就是大妈的孙子的父亲,是指的同一个人,而这里却用了"父亲"和"儿子"两个语词来表达,引起了混乱。

又如,不学无术的山东军阀韩复榘曾在某大学发表过一次笑话百出的演讲。他说:"今天到会的人十分茂盛,敝人实在很感冒,你们都是大学生,懂得七八国的英语,我不懂这些,今天是鹤立鸡群了。"这里他把描写植物生长繁茂的词语"茂盛"用来形容人"多";把疾病术语"感冒"用来代替表示情绪的概念"感动";把语种之一的英语说成"七八国的英语",并把表示超凡出众的"鹤立鸡群"用来表示谦虚,真让人忍俊不禁。韩复榘之所以闹出这些笑话,从语言的角度来看,是用词不当,而从逻辑上分析,则是由于他根本不清楚"茂盛""感冒""英语""鹤立鸡群"这些概念的真正内涵和外延。

二、概念在演讲中的作用

演讲语言要求准确、鲜明、生动。掌握概念的基本知识,了解概念与词的关系,不仅有助于准确地表达思想,而且能使思想表达得更加生动活泼。词语表达概念有三种情况:其一是一个词或一组词表示一个概念,如"人""美丽的花";其二是相同的词表示不同的概念,如"光明",既可表"光亮",又可表"美好的前景",还可表"胸怀坦荡";其三是不同的词表示同一概念,如"自行车""脚踏车"与"单车"。运用概念与词语的这些关系,在表达思想时,可以避免单调重复、枯燥无味的毛病,增强语言的感染力。以多词同义为例,多词同义是概念的全同关系。而具有全同关系的概念,外延完全相同,但它们所突出表明的内涵却不尽相同,这是因为它们是对同一对象从不同方面反映的缘故。演讲时,如果利用这些同义词互相替代,交换使用,不仅能使语言显得生动活泼,而且能表达出细致微妙的感情色彩。例如恩格斯《在马克思墓前的讲话》中,对马克思的称谓就分别用了"当代最伟大的思想家""这位伟人""这位科学巨匠"等词语,从不同方面突出了马克思的伟大一生。而对于马克思的溘然长逝,恩格斯使用的是"停止思想了""静静地睡着了——永远睡着了""逝世"等词语,这样既取得了良好的修辞效果,又表达了对马克思的崇敬景仰之情。

在演讲中,运用概念限制的方法,可以表述对事物从一般过渡到特殊的认识。即这种方法可缩小外延,增加内涵,使认识具体化。例如演讲词《同龄人的使命》中有这样一段:

……当我看到一位被炸弹炸掉下肢的小战士时,我哭了:"这太不公平了!"那位战士却拉着我的手说:"姐姐,别这么说。将来,你们的贡献要大得多!因为你们是大学生啊。"我是大学生,是战士用生命保卫的大学生,是国家花了很高的代价培养的大学生,是人民寄予无限希望的大学生。然而,扪心自问,我们中的一些人又都做了些什么呢?……

演讲者从小战士的话语中引发出"大学生"的概念,紧接着从不同角度,限制为"战士用生命保卫的大学生""国家花了很高的代价培养的大学生""人民寄予无限希望的大学生"。这种限制修饰,突出了"大学生"的特殊内涵,与小战士形成对照,意味深长,发人深省。

在演讲中,也可以运用概念概括的方法,表述对事物由特殊过渡到一般的认识。即这种方法可扩大外延,减少内涵,以表达事物的共同本质。例如:

在社会主义社会里,工人阶级自己培养的脑力劳动者……他们与体力劳动者的区别,只是社会分工的不同。从事体力劳动的,从事脑力劳动的,都是社会主义社会的劳动者。

显然,这里把"体力劳动者"与"脑力劳动者"概括为"劳动者",显示出了"体力劳动者"与"脑力劳动者"的共同本质。

概念在演讲中的作用除上述几方面外,还可以用来创造演讲的气氛,巧喻演讲主题,以及表达某些特定的目的等。

三、演讲中如何做到概念明确

演讲者的语言，最重要的是要准确清晰，其次才是优美。而准确清晰，首先要求概念明确，即演讲者必须清楚理解自己选用的词语所表示的概念的内涵和外延。只有在这个前提之下，才谈得上优美生动。如何做到概念明确呢？经常使用的方法是下定义、词语解释、比喻和举例等。

（一）运用定义，揭示概念的含义

定义是指出概念对象的特有属性，从而使该概念对象与其他类似对象区别开的一种揭露概念内涵的逻辑方法。在演讲中，凡所使用的言词和术语超出了一定的范围，就必须加以解释，讲清它所反映的对象的特有属性。例如，李燕杰在《爱情与美》的演讲中有这样一段：

> 什么叫爱情？不同的人有着不同的回答。有人把它比作蜜汁，从中可以获得无限的幸福；有人把它比作苦酒，给人以痛苦和忧愁。这些无疑都是片面的。爱情是一种复杂、圣洁、崇高的感情活动，它关系到事业、理想和人生。它是由两颗心灵弹拨出来的和弦，而不是单独一方面发出的独奏曲。……

这里把"爱情"明确地定义为"一种复杂、圣洁、崇高的感情活动，它关系到事业、理想和人生"，反映出"爱情"的特有属性。

有些演讲，把全篇内容统摄于一个普遍概念之中，主旨十分明确。例如，郭沫若《在萧红墓前的5分钟演讲》，匠心独运地借某先生的演讲，引申出"年轻精神"这一概念，然后从"真理的追求""博爱的实践""勇敢的战士"三个方面揭示这个概念的内涵，最后以"使自己年轻，使中国年轻"作结，主题鲜明，言简意赅。这种借给概念下定义来构思全局的做法经常被采用，它的最大特点在于能全面揭示事物的内涵。

运用下定义方式揭示内涵，第一，应做到定义相应相称，即定义概念的外延与被定义概念的外延必须完全相等。第二，定义不能循环，即定义项中不能直接或间接包括被定义项。第三，定义一般不能采用否定形式。第四，定义不能含糊不清，不能运用比喻。演讲者在演讲中给概念下定义时，必须深入到事物的内部，对事物作具体研究，遵守上述规则，使所下定义形式正确且深刻反映事物本质。

（二）比喻与举例

给概念下定义虽然不能使用比喻，但为了形象地说明比较陌生、深奥的概念，人们常常运用打比方的办法，通过事物形象来揭示概念含义。例如《演讲与口才》1991年第5期所载就职演说《一只碗·一张纸·一颗心》，就是巧用比喻，讲清重要的原则问题。演讲者讲解施政目标和原则，不从抽象理论说起，而用形象比喻。他说：

> 我带来一只碗，平时碗口总是向上，什么意见都能装，一定广采众议，悉心听取；形成了决议，碗口即朝下，包括我在内，谁也不能轻易再翻动。同时还要用它装满水，举起来，大家看端得平不平。

这里以一只碗的三种状态，分别阐明了民主集中制以及办事公开、公正等原则。接着，演讲者还借用一张纸的两种用途来昭示廉政与勤政。他说："这张纸，绝不用它打收条、打欠条，我要用血汗写下今后的历史，交上合格的答卷。"这样讲，使重大原则问题变得简明、形象,使听众对其内涵有较深刻的理解。

有些时候,为了使听众易于理解概念的含义,人们也常常借助生动活泼的典型事例来间接揭示概念的含义,这便是举例法。它的好处在于能使人通过事实材料了解事物的本质。例如,《在金钱和知识之间我选择知识》的演讲中有这样一段:

> 赶潮流似乎是某些人的一种嗜好,社会上流行什么,他们就一窝蜂地去赶什么。去年春节联欢晚会上唱出了一首《跟着感觉走》,这一下子就"走"遍了全中国。我认为凡事不能都跟着"感觉"走,因为感觉中有正确的还有错误的。比如,现在有些同学看到社会上经商赚钱,知识贬值,便"感觉"到知识无用,这种"感觉"就是错误的。有人编了歌谣说:"手术刀不如杀猪刀,笔杆子不如秤杆子,研究员不如服务员,搞导弹不如卖茶蛋。"由于社会上这种"流行感冒"的污染,很多同学厌学情绪日益滋长……

在这段话中,对于"赶潮流"的含义就运用了举例的方法,使听众通过对具体事例的了解从而加深了对"赶潮流"的理解。

(三)运用划分法,明确概念的范围

在演讲中,有时为了说明一个概念的外延反映的是什么对象,适用多大范围,就需要运用划分法。例如在演讲中,把到会的代表分成不同的类型,然后分别提出不同要求,这就必须运用划分法明确对象。只有这样,才能有的放矢。所谓划分,就是把一个概念的全部对象,按照一定标准区分为若干小群的一种揭露概念外延的逻辑方法。例如演讲词《默默无闻也英雄》最后是这样说的:

> 同志们,我们的时代是一个充满希望的时代!这个时代,需要顶天立地的"将军"来引路、领航,更需要默默无闻的"士兵"来奠基、铺路!"将军们"是我们党的智慧,"士兵们"是我们共和国的脊梁。惊天动地鬼神泣,默默无闻也英雄!让我们都来做这样的英雄吧,祖国需要我们!

这里将革命队伍划分为"将军"和"士兵",两相比较,运用诗化的语言,分别揭示出"将军"和"士兵"的作用,给人印象深刻。

此外,为使概念的范围明确,常常使用概括和限制的逻辑方法。概括和限制并不是任意增加或减少一些对象就能达到的,而是以减少或增加内涵来完成的。它在语言形式上表现为减少定语或增加定语。运用概念概括和限制的逻辑方法要防止出现"概括不当"和"限制不当"的逻辑错误。

第三节 演讲与判断

一、演讲要求判断恰当

判断是演讲中表达思想或情感的基本形式之一。人们在表达思想感情时,常常要对某种事物或思想观点表示肯定或否定,这种对思维对象有所断定的思维形式就是判断。

判断是概念的有机联系,是概念的发展。概念只反映单个思维对象,而判断则能沟通概念间的联系,确定不同思维对象间的关系。例如,"群众""真正的"和"英雄"是三个概

念,分别表示不同的思维对象。而"群众是真正的英雄"这一判断,则确定了这三者的联系,它断定"群众"具有"真正的英雄"这样一种性质。

判断有两个基本特征:其一是判断都有所肯定或有所否定,其二是判断或真或假。概念是以词或词组来表达的,而判断则依存于语句。判断是语句的思想内容,语句是判断的语言形式。判断只有通过语句才能表达,但并非任何语句都表达判断。判定一个语句是否表达判断,首先看它是不是有所肯定或有所否定,其次看它是不是有真或有假。有肯定或否定,有真或有假的语句才表达判断,否则不表达判断。例如,"群众是真正的英雄"这个句子,它有所肯定,其断定符合对象的实际,是真的,因此,它是判断。"群众不是真正的英雄"这个句子,它有所否定,其断定不符合客观实际,是假的,因此,它也是判断。"群众是什么?"这个句子既无肯定也无否定,既不真也不假,因而它不是判断。

演讲离不开判断,因为判断是组成推理的基本要素。没有判断也就没有推理。在演讲中,随时都会遇到需要作出判断的情况,随时都要运用判断。演讲者必须正确了解和掌握各种判断形式,在演讲中根据实际需要作出恰当的判断。

所谓判断恰当,必须根据演讲的具体内容作具体分析,不能笼统地认为真实而准确的判断就是恰当的判断。有时候,恰当的判断是真实而准确的,有时候,恰当的判断是真实而不准确的,甚至有的时候,判断明显不真实,但很恰当。这一切都要以演讲的内容和时空环境为依据。凡用来反映认识客观现实的判断,其恰当性要求真实而准确。例如:"任何事物都是发展变化的",这个判断真实准确,而且恰当。如果针对具体目的,为解决具体任务而运用的判断,其恰当性就不一定要求真实,更不一定要求准确。例如,郭沫若的演讲《科学的春天》的结尾:"'日出江花红胜火,春来江水绿如蓝',这是革命的春天,这是人民的春天,这是科学的春天!让我们张开双臂,热烈地拥抱这个春天吧!"这短短的几句话,感情炽烈,表达了丰富的思想内容。演讲者先引用诗句描绘春天美景,进而连用三个判断,指出这个春天的特有内涵,最后用一句虽然是祈使但实际是有所断定的句子,显得十分恰当有力。如果我们硬要追问"春天何以能拥抱"时,那就未免过于迂腐了。可见,演讲者用来表达判断的语句,必须与演讲的主题和语境相吻合。

事实上,同一判断可以用不同语句来表达,各种不同类型的判断又都有与之相应的语言表达形式。演讲者要善于根据判断的内容和思维形式来作出恰当的断定,选择恰当的语句。比如,运用全称或特称判断,可准确地断定事物的范围,在汉语里通常用"所有……都是……""凡……都是……"来表达。运用关系判断,可准确地表达事物的关系,在汉语里通常用"大于""长于""相等"……来表示。运用假言判断,可以正确地表达事物之间的条件关系,在汉语中常用"如果……就……""只有……才……"等来表达。运用同一素材的性质判断其间的真假对错关系,可以判断某种思想的真假对错,并借以驳斥错误,如此等等。总之,要根据演讲的实际需要作出恰当的断定。如果断定的思维形式错误,不符合判断对象的实际,就必然损害演讲的表情达意。例如:演讲词《美是军人》中有这样一段:

> 展开漫长的历史画卷,不难发现,其中最不可缺少、最引人注目的便是那些为了阶级、民族的利益而驰骋疆场、马革裹尸的军人。倘若把历史比作艳丽的天空,他们便是点缀天空光芒四射的繁星;倘若把历史比作美丽的大地,他们便是

大地上巍巍高耸的群峰。

这段演讲中,包含了两个假言判断:"倘若把历史比作艳丽的天空,他们便是点缀天空光芒四射的繁星";"倘若把历史比作美丽的大地,他们便是大地上巍巍高耸的群峰"。演讲者以天空的繁星和大地的群峰作比,正确运用了充分条件的假言判断形式,恰当地表达了对革命军人的热情赞美。只要有前件"把历史比作艳丽的天空""把历史比作美丽的大地"出现,就必然导致后件"他们便是点缀天空光芒四射的繁星""便是大地上巍巍高耸的群峰"的结果。如果把这两个充分条件的假言判断,换成必要条件的假言判断或其他判断形式,显然就不恰当了。

二、判断在演讲中的作用

演讲应富有感染力、说服力和鼓动性。演讲者要表达深刻的内容和丰富的感情,就要掌握判断的各种逻辑形式在演讲中的具体作用。判断在演讲中的作用表现为以下两个方面。

第一,恰当地运用判断,可以渲染演讲气氛,吸引听众注意力,增强语言的感情色彩。例如,"人民战士值得赞美"这句肯定判断,表达了对战士的赞美之情。如果用双重否定句"我们不得不赞美人民战士",语气显然变得更加肯定,具有总结、收束和启发听众的作用,强调了"令人信服"的意思。如果改用反问句"人民战士难道不值得我们赞美吗?"感情就显得更加强烈,具有迫使听众思考的作用。这三种不同的语言形式表达了同一判断,但在语气、语调、感情色彩方面有所不同,在演讲过程中,恰当地选择使用,便能准确生动地表达思想感情。

第二,恰当地运用判断,可以使语言具有力度,增强演讲的说服力和鼓动性。例如,美国黑人民权运动的著名领袖马丁·路德·金《在华盛顿示威游行集会上的演说》中有一段,连用了五个必要条件的假言判断,形成条件关系的排比,指出只要种族歧视存在,就必然有反种族歧视的斗争,显得气势磅礴。他说:

有人问民权爱好者:"你们何时才会满意?"只要黑人还是凶残的警察暴行的牺牲品,我们就永远不会满意;只要我们因旅行的劳累而变得沉重的身体在公路旁的汽车游客旅馆和城市旅馆里得不到住宿,我们就永远不会满意;只要黑人还是从一个较小的黑人区流动到另一个较大的黑人区,我们就永远不会满意;只要我们的孩子被"黑人免进"的招牌剥夺了人格和尊严,我们就永远不会满意。

只要密西西比河流域的黑人无权投票,只要纽约州的黑人认为他没有什么可值得投票赞成的,我们就永远不会满意。不,不,我们永远不会满意,除非正义像水,公平像激流滚滚而下。

类似这种连用假言判断的例子很多,因为正确使用假言判断能揭示事物间的条件关系,说服力强,富有鼓动性。在演讲中,为了表达希望与号召,也常常使用联言判断和选言判断,使人们对各种情况有较全面的了解,以激发听众思考、选择。

三、演讲中如何做到判断恰当

在演讲中,演讲者要使判断恰如其分,主要是要使判断符合演讲的内容和时空环境,具体而言,必须符合下列要求。

1. 把准判断的质

在演讲中,对某一事物作判断时,应该把准判断的质,即是肯定还是否定。表示肯定的方式,除了一般使用系词"是"之外,还可以用反问或双重否定来表示。但在使用反问或双重否定时,要特别注意正确使用否定词,否则会把意思说反。例如:"这次会议开得很成功"是一般肯定判断。如果改成反问句就成了"难道这次会议开得不成功?"这里虽然用了否定形式,但实际上仍然是肯定的,并且语气比前一句更强。如果把这个反问句误说成"难道这次会议开得很成功?"那么便与原来的意思完全相反了。倘若把"这次会议开得很成功"变成"谁也不能否认这次会议开得很成功",就是双重否定了。它同时使用了"不能"和"否认",意思仍然是肯定,表达了原来的意思。使用双重否定稍不注意,就可能说成"谁也不能否认这次会议开得不成功",这样就变成了"三重否定",在"不能"和"否认"之后又一次用"不"进行否定,便和原意完全相反,大错特错。可见,演讲者在演讲中对于判断的质——肯定与否定一定要把握准,不可马虎。

在生活中,除了"不""没有""否认"等词表示否定外,还常常使用"防止""拒绝""禁止""避免"之类的词。这些词本身含有否定之意,使用不当,就会适得其反,使用时要特别注意。例如,"安全第一,应尽量防止发生事故",如果稍不注意,就可能说成"安全第一,应尽量防止不发生事故",这就与原意恰恰相反了。

2. 把准判断的量项

量项是表示判断对象数量的概念。在演讲中,用来反映事物的数量和规定事物范围的量项要符合客观实际。对某类的全部对象有所断定的判断是全称判断;对某类对象中的一部分有所断定的判断是特称判断;对某一个对象有所断定的判断是单称判断。就判断来说,数量概念必有,但就语言形式看,表示量项的词有时可以省略,其原则是全称量项可以省,特称量项不能省。表示全称量项常用的词语有"所有""凡""一切""每一",等等;表示特称量项常用的词语有"有些""有的""个别的""少数的""多数的",等等。

值得注意的是,特称量项"有些"的意义不那么确定。在日常用语中,习惯把"有些"看作是排他性的。例如我们断定"厂里有些工人爱唱歌"时,同时还表示了"厂里有些工人不爱唱歌"。这种习惯性的认识,是对"有些"的误解。"有些"所能表达的、所能传出来的信息,只是"部分"的意思。特称判断仅是对"有些"范围内的断定,对"有些"范围之外,它没有断定,也不能断定。所以在演讲中,使用"有些""有的"时,要特别慎重,要避免听众产生误解。"有些""有的"如果仅从真实性、从一般逻辑的角度讲,并无错误,但从精确的角度来讲,最好按照客观对象的实际情况,选用更恰当的词语,使量项精确化。

3. 把准复合判断的连接词

要使判断恰当,必须准确运用连接词,特别是复合判断,尤其要注意。各种不同类型的复合判断,均有与之相应的连接词。在演讲中,用来表现事物情况之间逻辑关系的关联词语,要与判断的内容相吻合,如果"张冠李戴",就会造成混乱。下面是演讲词《默默无闻也英雄》中的一段。

……当时代呼唤你做一名将军去叱咤风云的时候,退缩了,你就是庸人;当事业需要你做一名战士去坚守岗位的时候,躺倒了,你就是废人!是的,想当将军并不错,当上将军是成功。但是,那许许多多当不上将军而依然奋勇杀敌的战士,能够说没有价值,没有成功吗?如果用升官发财的尺度来评价,他们的确最憨、最傻、最窝囊。但是,如果用热爱党、热爱祖国、热爱社会主义这个尺度来评判,他们最光荣、最伟大、最高尚!

这段话中,有联言判断,也有假言判断。有的使用了连接词,有的省略了连接词。由于演讲者准确地把握了事物之间的逻辑关系,当用即用,当省即省,给人的印象十分清晰。如果将这些连结词换上其他的连接词,就无法达到这样的清晰度。

要使判断恰当,最重要的在于判断要符合逻辑规律;判断中包含的概念要明确,要遵守同一律、矛盾律和排中律,不能自相矛盾,也不能模棱两可。有关这方面的内容,将在后面阐述。

▶ 第四节 演讲与推理 ◀

一、演讲要求推理正确

推理是根据一个或几个已知判断,推出一个新的判断的思维形式。演讲不能是概念的堆砌,也不能是一些简单的判断的罗列。不论是叙事性的、抒情性的还是说理性的演讲,都离不开根据某些已知判断合乎逻辑地推出新的判断。特别是议论性的演讲,可以说整篇都是论证过程。

论证和推理有密切联系。推理是论证的工具,而论证是推理的应用。任何论证都要借助于推理进行。论证由论题、论据和论证方式三个要素构成。论据相当于推理的前提,论题相当于推理的结论,论证方式相当于推理的形式。论证是先有论题后找论据,再用论据对论题进行论述证明,而推理则是先有前提后有结论。因此,要使演讲获得成功,必须学会推理,做到推理正确。

推理一般可分为演绎推理、归纳推理和类比推理。要做到推理正确,推理的前提必须真实,推理形式符合逻辑学的有关规律和规则。例如:"自然科学不属于社会意识形态,因为,只有那些为特定经济制度和政治制度服务的思想上层建筑,才属于社会意识形态。而自然科学直接同社会生产力相联系,它不属于上层建筑,它可以为任何社会制度服务。"这段议论就是一个演绎论证,论证了"自然科学不属于社会意识形态"这一议题的真实性。其推理过程是:

只有为特定经济制度和政治制度服务的思想上层建筑,才属于社会意识形态。(大前提)

自然科学不属于上层建筑,它可以为任何社会制度服务。(它不是为特定经济制度和政治制度服务的思想上层建筑。)(小前提)

所以,自然科学不属于社会意识形态。(结论)

这是一个必要条件假言推理的否定前件式,它的大前提是一个必要条件假言判断,小前提否定前件,因此,结论否定了它的后件。这个推理两个前提都是真实的,推理形式也符合逻辑学的有关规律。因为必要条件假言推理规则之一是:否定前件就要否定后件,肯定后件就要肯定前件。所以,结论是真实的。

事实上,在平常的语言交谈中,人们常常运用推理的省略形式。在演讲过程中,为了使听众获得较大的信息量,为了最大限度吸引听众,演讲者也常常运用推理的省略式,使语言显得简洁、生动、活泼,富有感染力。

归纳推理在演讲中也是经常运用的。例如,陶铸根据自己的演讲整理成文的《松树的风格》中有这样一段:

> 你看,松树的干是用途极广的木材,并且是很好的造纸原料;松树的叶子可以提制挥发油;松树的脂液可以制松香、松节油,是很重要的工业原料;松树的根和枝又是很好的燃料。更不用说在夏天,它用自己的枝叶挡住炎炎烈日,叫人们在如盖的绿阴下休憩;在黑夜,它可以劈成碎片做成火把,照亮人们前进的路。
> 总之一句话,为了人类,它的确是做到了"粉身碎骨"的地步了。

这是一个正确的归纳推理。在这个归纳推理中,作者分别从松树的干、叶、脂液、根和枝叶等个别性的特点,归纳出一般性的结论:"为了人类,它的确是做到了'粉身碎骨'的地步了。"这虽然是运用不完全归纳法,但很有说服力。

在演讲中也经常运用类比推理。类比推理是根据两个或两类对象有部分属性相同,从而推出它们的其他属性也相同的推理。运用类比推理能起到启发思路、提供线索、触类旁通的作用。演讲者常常借助类比推理来论证某种看法。

例如,著名科学家钱伟长在新疆讲学,谈到我国新疆发展远景时,作了如下的类比,他说:

> 19世纪初,加利福尼亚州是美国最落后的地方,后来人们利用淘金和工业积累了资金,继而建设了大型的水利工程,开辟了农业区,最后使加利福尼亚成了美国最富裕的地区之一。新疆不但有金矿,还有铂族金属矿和宝石矿,也可以用这个办法积累资金,建设水利、电力工业,开辟荒原,发展农牧业,这样新疆完全能够建设得比美国的加利福尼亚州更美。

这段话从新疆与加利福尼亚两地区各种条件的相同中,推出"新疆完全能够建设得比美国的加利福尼亚州更美"的结论。

类比推理的思维过程不像演绎推理思维过程那样从一般到个别,也不像归纳推理思维过程那样从个别、特殊过渡到一般,而是由已知的相同点推出未知的可能的相同点,其思维过程是从特殊过渡到特殊。它是或然性推理,它的前提并不必然地制约它的结论。在类比推理中,共同情况越多,结论就越可靠。演讲者进行类比推理时,应尽可能从本质方面多找一些对象间的共同点,否则,结论就不可靠,不能使听众信服。

与类比相近的还有喻证法。喻证法的论证过程相当于类比论证过程,只不过它的论据是比喻,论据与论点之间是比喻与被比喻的关系。例如,有这样一段演讲:

> 在一个很大很大的瓜田里,有无数的西瓜。它们有很多很多,有的很大,而且很好。有一个西瓜恰好生在路边,于是,它很容易被人发现了。与瓜田里的其他西瓜比起来,这个生长在路边的西瓜或许并不算大,并不算好。但是,由于它被人发现了,所以受到了一连串的称赞:"好瓜!好瓜!"

那么,这个西瓜应该怎么想呢?如果它在赞扬声中飘飘然起来,真以为是"老子天下第一",那么,它便是一个大傻瓜;如果它以为自己的成长完全是凭自己,而忘记了园丁们的培养、浇水、施肥,那么它也是个大傻瓜;如果它在赞扬声中保持清醒,继续生长,力追同伴,那么,它才真正是一个"好瓜"。

我,就是这个生长在路边的,已被人发现的,很大的瓜田中的瓜。

这段生动的喻证,先用拟人的手法,说明路边的西瓜必须保持清醒的头脑,继续生长,才算好瓜;然后以自身进行类比,说"我,就是这个生长在路边的,已被人发现的,很大的瓜田中的瓜",结论不言而喻:我必须保持清醒的头脑,谦虚谨慎,戒骄戒躁。这段形象的演讲,生动活泼,富有说服力。

显然,类比论证用作类比的依据是真实的事件,而喻证法所用的比喻则可能是夸张或虚拟的。尽管这样,但它所揭示的道理应是正确的。只有这样,才能起到推理论证的作用。

二、论证必须遵守论证规则

在演讲中,要做到论证有说服力,必须遵守下列论证规则。

1. 论题应清楚明白

论题应清楚明白,即论题(包括其中所使用的概念)所表达的含义清楚、确切,不含糊其辞,也没有歧义。演讲时,论题清楚明确,论证才可能有的放矢。如果论题模糊,即使旁征博引,洋洋万言,也不能达到论证的目的。演讲者在演讲时,应以明确的语言把论题表述清楚,对关键性的概念,必要时还应扼要说明,以免产生歧义。例如:

当前人工智能的研究大体有两方面的内容。一种是应用研究,目的在于扩大计算机的应用,这可以称为应用人工智能学。另一种是理论研究,目的在于发现智能活动的规律,可以称为理论人工智能学。前者受到技术工作者的重视,后者受到理论工作者如哲学家、心理学家、语言学家的重视。

这段学术演讲一开头就开宗明义地指出:"当前人工智能的研究大体有两方面的内容。"紧接着围绕这个中心,就"两方面的内容"分别叙述。语言十分明确,对其中使用的关键性的概念"应用人工智能学"和"理论人工智能学"加以界说,确切易懂,避免产生歧义。

2. 论题应保持同一

论题应保持同一,即在一个论证中只能有一个论题,并且应始终围绕该论题进行论证;否则就会犯"转移论题"的错误。例如:

时间不多了,简单讲几句吧,专讲安全生产问题,分下面几点:一、关于精神文明;二、关于物质文明;三、关于形势和任务;四、关于计划生育;五、关于引进新技术。……

显然,这段话违反了同一律,犯了"转移论题"的错误。既然是"专讲安全生产问题",怎么不围绕安全生产问题展开,而去讲那些不属于安全生产的问题呢?

3. 论据必须是已知为真的判断

论据是确立论题的根据,论证的过程就是从论据的真实性推出论题的真实性的过程。

如果论据虚假,或者论据的真实性尚未得到证明,那么就不能从论据推出论题的真实性。如果这样,就会犯"论据虚假"或"预期理由"的错误。这种情况在省略了某些前提时最容易迷惑人。例如,有人说:"嘴上无毛,做事不牢。年轻人一无领导经验,二无威信,让他们掌权靠不住。"这里省去了大前提"凡无领导经验和无威信的人当领导都靠不住"。显然这个大前提是个虚假判断,论证犯了"论据虚假"错误,因而缺乏说服力。

4. 论据的真实性不应靠论题的真实性来论证

在论证中,论据是用以推出论题真实性的根据。如果论据的真实性要靠论题来论证,就犯了"循环论证"的逻辑错误。鲁迅先生在《论辩的魂灵》一文中曾揭露诡辩者的循环论证:

……卖国贼是说谎的,所以你是卖国贼。我骂卖国贼,所以我是爱国者。爱国者的话是最有价值的,所以我的话是不错的,我的话既然不错,你就是卖国贼无疑了。

这是典型的循环论证,"你是卖国贼"既是论点,又是最终的论据,讲来讲去,"你是卖国贼"就因为"你是卖国贼"。

5. 论据应能推出论题

论据和论题之间必须具有逻辑联系,否则,就会犯"推不出"的错误。这种情况常常表现为论据与论题不相干、论据不足、以人为据或违反推理规则等。例如下面这段话,就是违反了充足理由律的逻辑要求,犯了"推不出"的逻辑错误。

有个同志变了!资产阶级生活方式的毒菌侵入了他的肌体!一个国家机关的工作人员,不到机关食堂进餐,而总是到街上饭馆吃早点,这是什么问题?一到星期天,不是见他发愤学习,而是常见他去商店买东西,这不是追求享乐是什么?……

显然,这段话中论据与结论之间并无必然的内在逻辑联系,因而不能说服人。

总之,在演讲中,要做到论证有说服力,必须遵守论证规则。

思考与训练

1. 为什么说"逻辑是构筑演讲内容的框架"?为什么说"逻辑能提高演讲者识别与批驳谬论的能力"?
2. 概念在演讲中的作用是什么?怎样在演讲中做到概念明确?
3. 判断在演讲中的作用是什么?怎样在演讲中做到判断恰当?
4. 为什么论证必须遵守论证规则?
5. 下面是演说家李燕杰关于爱情的一段演讲,请具体分析李燕杰在演讲中是怎样做到概念明确的。

什么叫爱情?不同的人有着不同的回答。有人把它比作蜜汁,从中可以获得无限的幸福;有人把它比作苦酒,给人以痛苦和忧愁。这些无疑都是片面的。爱情是一种复杂、圣洁、崇高的感情活动,它关系到事业、理想和人生。它是两颗心灵弹拨出来的和弦,而不是单独一方面发出的独奏曲。因此恩格斯说过,爱情要"以爱为前提"。

6. 下面是演讲《世界也有我们的一半》的结尾,其中的判断是否恰当?有何特色?

　　我相信,女性是伟大的!

　　我也相信,男性是伟大的!

　　我更希望我们都相信,伟大的男性和伟大的女性加起来才是伟大的人民!他们的自信、自尊、自爱焕发出来的巨大搏力才是伟大的文明!

第八章　令人愉悦的美感享受
——演讲与美

第一节　演讲美的构成与特征

演讲是一种既具有科学性又具有艺术性的社会实践活动。优秀的演讲不仅能给人以理性的启迪，而且能使人精神愉悦，给人以美感享受，因而，它具有审美性质和审美价值，受审美规律的制约。

一、演讲美的构成

作为人们现实性社会实践活动的演讲，它的美有别于其他事物的美。它是在特定的时空环境中，通过语言传播显现出来的动态的形象美。演讲活动的全过程是由信源、演讲者、口语和体态语言传播、听众以及演讲效果等组成。因此，构成演讲的各种要素及其相互联系，决定着演讲美的功能的产生。从审美的角度来看，听众是审美的主体，信源、演讲者以及传播媒介等则是审美对象。但是，在整个演讲活动过程中，演讲者自身也能从中产生美感享受。当演讲者自身作为审美主体时，这种自我欣赏主要是来自于听众的反馈和对效果的满意。因此，演讲活动的主体（演讲者）以及演讲活动的受体（听众）他们在不同程度上既是审美主体，又是审美客体。这与一朵鲜花或一尊雕像等艺术品不一样，鲜花和雕像永远无法自我欣赏，它们只能是审美客体，而不能成为任何程度上的审美主体。这样，在研究演讲美时，对演讲者和听众，既要从审美的主体又要从审美的客体加以考虑。

既然显示演讲美的功能取决于演讲的各要素及其相互联系，那么，要做到演讲美，必须具备以下条件。

首先，演讲各要素本身必须是美的。演讲的内容具体、真实，符合社会发展要求，具有强烈的时代感和感染力；演讲者内在品德高尚，外在服饰得体，仪表端庄，风度优美；演讲的传播媒介——有声语言与体态语言生动活泼，富有表现力；演讲的场景宜人，气氛热烈；听众配合默契，效果明显。

其次，演讲中各要素相互联系得当，形成有机整体。演讲美并非各个美的要素的简单相加，而必须是各要素紧密结合，相映生辉。有些要素单独看，也许很美，符合审美要求，但是与整体并不协调，这就对演讲的整体美不仅无益，反而有害。例如，过于华丽的服饰有可能形成"噪音"干扰，破坏整体美。只有当各要素在相互作用中充分发挥出本身的美，并且配合和谐默契，才能形成演讲的整体美。

二、演讲美的特征

美是客观事物所具有的足以唤起人们美感的具体形象。这种具体的个性的事物的感性形象从不同的角度、以不同的方式,不同程度地显现着人类社会某种理想的精神生活。演讲美也是这样,以具体的、个性的、感性的演讲形象显现着某种理想的精神生活。演讲活动是一种带有艺术性的社会实践活动,演讲美除了具有美的共同本质之外,还必然具有自己独特的个性特征。这种特征主要表现在以下两个方面。

1. 动态性与虚体性的统一

演讲活动富于动态特征,这在演讲的各个环节都得到体现。首先,从演讲的主体看,演讲者始终以直觉的动态形象出现在演讲现场,借生动的有声语言和体态语言,传达着信息,这些都处在动态之中;其次,从演讲的受体看,听众在演讲活动中虽然处于被动地位,但其思想活动反馈到演讲者,对演讲的内容、方式产生影响,便使演讲具备动态特征;再次,演讲的其他环节也都相互作用,彼此制约,一个环节发生变动,另一环节必然受到影响,因而,它们也常处于波动和转化之中,呈现出随机性和即兴性。正是这些原因,使演讲的美具有明显的动态特征。

作为富有动态特征的演讲活动,尽管受着各种物质条件的制约,但就其本质而言,仍属于社会精神生活范畴。演讲的美是一种精神的美。这种美是虚体的,它只能在演讲活动的动态过程中让人心领神会地感觉到,只能意会,而无实体。虽然在演讲活动中,有物质实体(如演讲者、口头语言的声音、讲台、会标等)的存在,但这些只是构成演讲美的各种要素,而不是演讲美的本身。一旦演讲结束,演讲的诸要素解体,作为整体结构的演讲美也就消逝,而只能留给听众一种回味。所以说,演讲美是在演讲的动态过程中形成的一种虚体美。

2. 实践性与整体性的统一

演讲是一种带有艺术性的实践活动,演讲美在实践活动中展现出来。演讲的主体在进行演讲时,给听众以具体的视觉和听觉刺激,使听众通过视觉和听觉,理解演讲传播的信息,并综合演讲现场的各种因素,逐步产生审美感受。这种感受只有当演讲实践活动全过程完成后才最终完成。而同时随着这一实践活动的结束,演讲美也随之消逝。当人们谈及某次演讲美时,实际上是人们通过美感转化,使其进入了联想和记忆之中,然后在头脑中再现演讲活动形象。可见,没有演讲的实践活动,就没有演讲美;没有演讲活动的整体结构,也无法最终完成演讲美。所以,演讲美是实践性与整体性的统一。

第二节 演讲内容与美

演讲美的功能的产生,是由构成演讲的各种要素及其相互联系所决定的。演讲的内容如何,对演讲美的构成有着极为重要的作用。从审美的角度来讲,演讲内容只有具备下面的特点,才能构成内容的美。

一、"真"——演讲的生命所在

"真"是各个物种自身具备的客观规律性。凡是美的东西,首先都应当是真的,是蕴含着客观规律性的。演讲的生命在于真实。演讲的内容必须是真实的,绝不能弄虚作假。具体而言,演讲中所谈的理,所述的事,所抒的情,都必须是真实的。只有真理、真事和真情,才最具有说服力和鼓动性。

宣传真理、捍卫真理，是演讲的价值所在。演讲者应该忠实地按客观事物发展的规律去反映现实。当然，人们的认识过程总是由浅入深、由表及里逐渐深化的，加之，由于时代、环境和演讲者个人的认识水平的局限，人们的认识也就很难绝对正确，但只要演讲者按生活的本来面目反映生活，其基本思想符合客观规律性，就能得到信赖和支持。

常言道："事实胜于雄辩。"演讲内容所涉及的事例，必须真实可信，切不可任意杜撰。一般来讲，叙事时应力求讲清来龙去脉，适当介绍重要细节，特别是引用古今中外事例时，要注意材料来源的可靠性。在演讲中，如果选取自己的亲身经历和体会来讲述，最容易吸引听众。这其中的原因也就在于它使人感到真实可信。

演讲者在叙事论理时，必须倾注自己的真挚感情，以真情感染听众。表达真情是以口头语言和体态语言为媒介的，喜怒哀乐都必须发自内心，出于自然，与演讲内容协调一致。如果刻意做作，就不能使人产生美感。

"美"不能离开"真"，不能违背"真"，但美有其自身特有的质的规定性，美并不等于真。因此，演讲的内容具备真理、真事、真情，并不一定都美；只有以具体感性形态呈现出来时，"真"才具有"美"的属性和价值。"真"是"美"的必要条件，如果缺乏"真"，那就无"美"可谈了。所以，要使演讲内容美，必须内容"真"。

二、"善"——演讲的力量所在

"善"是演讲美的又一本质特征，善和功利直接相联系，它以社会功利作为客观标准。人类改造世界的实践活动，其出发点和最终目的都是为了实现和满足一定社会集团或一定阶级的利益。显然，在阶级社会中，"善"带有鲜明的阶级倾向。凡是反映先进阶级的利益和要求，有利于社会发展和民族生存繁衍的事情和行为，都被认作是"善"的。优秀的演讲，其内容总是反映人民的利益和需求，表现社会发展趋势，歌颂光明和先进，批判腐朽和落后。弘善抑恶，正是演讲的力量之所在。

不同历史阶段，不同阶级，人们对于"善"有着不同要求。今天，在我们的社会，坚定不移地宣传人类伟大理想，热情讴歌为国为民为坚持真理而勇于牺牲的精神，赞美不怕艰苦、不畏困难、勇往直前的创造激情，表彰大公无私、助人为乐的思想品德，颂扬纯洁、正直、善良、忠诚的情操，倡导实事求是的工作作风，鞭挞谬误，伸张正义……所有这些，都是演讲所要求表现的"善"。

"美"不能离开"善"，也不能违背"善"。美以善为前提，但善不等于美，"善"只有以"罕见的、令人注目的情景"表现出来时，才具有审美价值。演讲内容要求体现善，但演讲内容体现了善并不一定显示出演讲内容美。善同真一样，也是美的必要条件，如果缺乏善，也就无美可谈了。所以，要使演讲内容美，必须内容"善"。

三、形象性、典型性与情绪感染

美离不开真，也离不开善。真和善是美的前提，那么，当演讲的内容既具备了真，又具备了善时，怎样才能使它美呢？美学原理认为："只有当人们掌握了客观世界的规律，也就是掌握了真的时候，并把它运用到实践中去，达到了改造客观世界的目的，实现了善，并且表现为生动的形象才可能有美存在。"也就是说，使"真"和"善"表现为"生动的形象"才有美存在。对于演讲的内容来讲,要使其具有审美感染力和吸引力,就应该具有形象性、典型性和情绪感染力。

美的事物和现象是形象的,通过形象才能使欣赏者直接感受到美。即使是心灵美也不例外,美好的心灵也要见诸行动,即通过具体的形象表现出来,否则,就无法鉴别。至于艺术美就更不用说,越是优秀的作品,其艺术形象越鲜明,越生动。同样,演讲的内容只有具有具体生动的形象性特征,才能使听众产生美感。

演讲内容的形象性是指演讲者在现实生活中摄取的人生画面。演讲者正是通过这些具体、生动、鲜明的人生画面来阐述道理、体现内容的"真"和"善"的。如果缺乏形象性,那么,演讲的"真"和"善"就成了抽象的解说和空洞的说教,演讲便失去了魅力。

例如,《我从玫瑰色的梦境中醒悟》运用了五幅湘西土家苗寨生活的快速剪影,生动逼真地勾勒出了土家苗寨老少的形象:

我在湘西已经生活了二十个春秋,我熟悉苗山中的伐木者,成年累月地砍呀砍,一根根参天大树沿着陡峭的山坡放下来,运往祖国的四面八方,建立一座座高楼,而他们仍居住在简陋的木屋……

我熟悉在马路边锤石渣的老大娘,一辈子敲呀敲,偌大的山变小了,偌大的石头变成了碎块,变成了细砂,铺就一条条宽阔平坦的柏油路。每晚,她都爬回坡上的住所,进入甜蜜的梦乡。

我熟悉在昏暗的桐油灯下织布的土家姑娘,她低着头,一声不响地踏着织布机,挥着木梭,织呀,织呀,织得月亮东升又西沉,那鲜艳的西兰卡普(土家花布)中织进了少女美好的追求和爱情的向往。

我熟悉山道上嬉戏的小孩,他们追逐着,嬉闹着,时而爬上树梢,掏回几个鸟蛋,时而攀上岩坎,摘下一串山葡萄,那蓬勃的生命中,洋溢着一股野性的活力。

我熟悉山前月下隐隐约约的山歌,风吹树梢,月笼轻纱,一对对恋人隔着河壑,用歌声倾吐自己的心音,扣动被爱者的心弦。

演讲者精于摄取。这里勾勒出来的生动形象,展示了湘西土家苗寨人民执著顽强、勤劳勇敢而又淳朴善良的民族性格,表达出演讲者对故土的眷恋和热爱之情。而这一切都是紧紧地围绕着演讲的主题——献身故土而说的。这一组组生动活泼的画面,表现了现实生活的"真",又体现了催人奋进的"善",因而显现出"美"。如果把这段话换成"故乡的生活是美的,故乡的人民多么可爱,我爱故乡,决心为建设家乡而英勇奋斗",就索然寡味了。

美是具有形象性的事物。但形象并非千篇一律的机械雷同,而是个性鲜明、异态纷呈的。演讲中塑造的形象应该具有鲜明独特的个性,能够反映一定的社会本质。就是说,这种形象要具有典型性。这就要求演讲者选择材料时,必须多角度、多途径、多层次、多方位地寻找和发掘符合听众兴趣,能产生强烈情绪感染的内容。这样,演讲不仅具有形象性、典型性,而且具有情绪感染力。所以,演讲者以爱憎分明的感情,描绘出典型形象,体现出"真"和"善",便能产生演讲的内容美。

第三节 演讲主体与美

演讲主体的美对演讲整体美的影响是显而易见的。演讲的内容靠演讲的主体——演讲者运用有声语言和体态语言来表达。言为心声,演讲者应当是真善美的代言人。在演讲中,演讲者的内在品德必然会自然地流露出来。演讲者的人品、风度、仪表、服饰以及演讲的技能技巧,无疑都将直接影响着演讲的整体美。

一、演讲者的人品与风度

道德具有强大的威力。人们的审美判断同道德判断总是有机地联系在一起的。演讲者敦品励德,正道直行,具有高尚的道德情操时,他的形象、语言以及神采,都会使人感到美。

风度美是社会生活美的一项十分重要的具体内容,是文明与开化的表现。风度是人们对于美的人体形态、言谈举止、衣饰打扮的一种肯定的审美尺度。风度美形式多种多样,它与人们的职业、性格、情趣、气质、民族、性别、年龄等密切相连。风度美是人们内在品格美的自然流露。内秀与外美的统一、共性与个性的统一、自然与修饰的统一,是评判风度美的基本标准。演讲者应正确认识并把握这些要点,显示出自己独特的演讲风度。

仪容服饰是组成风度美的重要方面。服饰与时代、地域、阶级、职业、文化修养等关系十分密切。它给听众的印象非常直接,往往给听众留下第一印象。服饰不仅能直接显示和衬托人的形体美,而且能体现和折射人的内在心灵美。因此,服饰美有助于演讲者树立自己的良好形象。演讲者的服饰应做到"得体""入时"和"随俗",即与自己的年龄、职业、身材相称,与演讲内容、会场气氛和时令协调,符合听众的审美情趣和民族心理。一般来讲,演讲者的服饰应给人以简洁、庄重、严整的印象,不宜太鲜艳、太华丽。

总之,演讲者在演讲过程中,随时都应给人以美的形象,而这并非一朝一夕之功,平日必须加强思想品德修养,扩大知识领域,增长才干,不断积累社交经验,注意仪表修饰。

二、演讲方式的选择与语言表达

演讲者要想使演讲获得成功,必须选择恰当的演讲方式。常见的演讲方式有宣读式、脱稿式和即兴式。不管选用哪种方式,都要使人感到自然协调,切不可令人觉得生硬做作。

演讲方式的选择与演讲内容、现场气氛以及演讲者的风度气质有关。一般来讲,在隆重的礼仪场合,宜用宣读式,它能造成威严、庄重、稳定的美感。在轻松愉快的场合,宜采用脱稿式演讲,它能给人以活泼、流畅的美感。才思敏捷、幽默风趣的人,宜采用即兴式,它能给人以亲切、坦率、诙谐的美感。如果演讲者采用的方式与现场气氛以及演讲者气质不协调,演讲者就很难发挥自己的优势。

语言是思维的外壳,是表情达意的交际工具,离开了语言,就无演讲可言。所以,演讲者的语言美,是构成演讲美的重要方面。各种不同的语种均有各自不同的特色,现代汉语尤其具有独特的审美表现力。汉语语音富有韵律,节奏鲜明,优美动听;配合得当,容易形成抑扬顿挫、跌宕多姿的音乐美感。汉语词汇丰富,表意功能强,能表达各种细腻微妙的情感。演讲者要善于驾驭语言,使语言准确、鲜明、生动,说起来上口,听起来悦耳。

演讲者的语言美不仅表现在语音和修辞方面,而且还表现在人际交往的礼仪方面。优美的语言要给人一种真切、自然、热情、礼貌、忠诚、友好、爱憎分明的感觉。不美的语言让人产生粗俗、鲁莽、盛气凌人、缺乏教养的印象。在演讲中,应尽可能剔除矫揉造作的假话、言不由衷的套话、粗俗难听的脏话、不伦不类的洋话以及哗众取宠的大话,力求做到准确简洁、高雅优美。

演讲者的体态语言必须和有声语言保持和谐一致。体态语言是对有声语言的补充和解说。姿态、手势、眼神和脸部表情,都应和演讲内容配合默契;动作幅度应恰当,使"动"与"静"达到完美的统一。总之,体态动作一定要服从于准确地表情达意的需要,这样才能形成演讲者的体态语言美。

综上所述,作为演讲活动主体的演讲者,是构成演讲美的关键所在,他的人品、仪表、服饰、语言、体态都必须给人以美感,这样,演讲才可望获得成功。

第四节 演讲的协调美

演讲活动中,各要素的协调配合是构成演讲美的重要方面。听众、主持者和演讲时空环境,都对演讲美的构成有着明显的影响。

一、听众的积极配合

在演讲活动中,从信息传递角度看,听众是受体,但从审美角度来讲,听众却是最重要的审美主体。由于听众思想修养、文化水平以及审美情趣的不同,因而对同一演讲的审美感受也千差万别。这种千差万别的审美感受通过不同的形式反馈到演讲者,从而对演讲产生影响。因此,听众既是演讲的审美主体,又是构成演讲美的参与者,是某种程度上的演讲审美客体。

听众参与演讲活动,成为演讲美的组成部分,主要体现在以下两方面。

第一,合格听众讲文明、懂礼貌、守纪律、着装整洁,显示出行为美。他们参与听讲,一般都有较明确的心理指向,情绪集中,行为举止与演讲的环境配合协调,使演讲现场气氛活跃和谐。

第二,合格听众能以饱满的热情认真听讲,与演讲者积极配合,及时反馈信息。他们的情绪与演讲内容的进展相吻合,使演讲者受到鼓舞,形成演讲者与听众心理默契,使演讲气氛更显得和谐协调,演讲者和听众都得到心理满足,产生美感。

二、主持者与演讲场景的协调

演讲场景的美丑,能直接或间接给人们的心理造成影响。美的场景,使人愉悦,情绪高昂,它是构成演讲美的重要一环。

演讲主持者是演讲场景的重要构成因素,他既要有高超的主持艺术,又要讲究风度、仪表之美。主持者应使自己的主持艺术与整个演讲气氛和谐协调;着装打扮也要与整个演讲场合的气氛相融洽;在主持过程中,情绪要始终保持稳定,使演讲者和听众同时受到鼓舞,都感到心里踏实,有依托。

场景美主要体现在现场空间、现场气氛的恰当配合上。演讲者、听众与主持者处在同一的时空条件下,各自受同一时空的支配和影响,又都各自对这同一时空条件施加影响。可以说,离开了现场人物活动,场景气氛便失去了活力。所以场景美应服务于演讲内容。

除人物影响外,要达到场景美,必须考虑现场的布置。要做到会场大小适宜,通风良好,采光和色彩和谐。在颜色搭配上,应有意识地造成视觉对比,形成优美和谐的场景基调及层次感。要科学地安排灯光照明和音响效果,防止光线过暗或过强,防止各种噪音的干扰。场内物品摆设要井然有序,有层次感,主次分明,错落有致。所有这些与人物活动共同形成舒适、优美、协调的气氛。

思考与训练

1. 演讲美是怎样构成的?演讲美的特征是什么?
2. 为什么说"真"是演讲的生命所在,"善"是演讲的力量所在?
3. 为什么说"演讲者的人品与风度直接影响着演讲的整体美"?
4. 为什么说"听众、主持人与演讲时空环境,都对演讲美的构成有着明显的影响"?
5. 下面是青年战士相国栋《以身许国,何得又酬》中的一段演讲。演讲者是用什么艺术手法来表现演讲美的?

记得两年前,我们队的联欢会上,一位同志朗诵了这样一首诗:《自豪吧,士兵》。诗中有这么一段。

我是世代农民的子孙,

不因体魄健壮才渴求厮拼,

不因脚板爬惯了山路才热衷于跋涉、长途行军;

不为当将军而改门庭,

不为几枚勋章而炫耀终身。

为婴唇的娇甜我才愿流血,

因初恋的红晕我才愿忍痛。

为鲜花笑得可爱,

为秀竹绿得动人;

为橄榄林的恬静,

为和平鸽的笛音;

为炊烟自由地升腾,

为列车呼啸地飞奔;

我宽厚的肩膀才愿扛起所有的不幸!

能不自豪吗?我们的军队有董存瑞、黄继光、邱少云等大批优秀士兵!

能不自豪吗?我们的军队有雷锋、王杰、张华等优秀共产主义战士!

能不自豪吗?在茫茫戈壁,在高山峻岭,在辽阔的蓝天,在浩瀚的大海,哪里最苦,哪里最累,哪里最需要,哪里就有我们自豪的士兵!这是民族的精英,这是祖国的脊梁,这也就是中华民族之所以能以东方巨人的雄姿立于世界之林的重要原因!

6. 下面是教师熊立胜《愿我们都成为竹子》中的一段演讲。请具体分析这段话的语言魅力。

竹子不会因贫瘠而焦黄枯萎,也不会因为富庶而臃肿肥大。不管在破岩之中,还是在荒山瘠岭之上,只要春风一来,春雨一来,只要大自然的春天一到来,新一代的竹子总是争先恐后,奋力冲开头顶上那些沉重岩石,破土而出,勃勃向上!这就是竹子!这就是不择环境、不讲条件的竹子!这就是洁身自爱、高风亮节的竹子!这就是坚韧不拔、奋发向上的竹子!郧阳漫山遍野都生长着这样的竹子,愿我们每个人都成为一棵竹子——

咬定青山不放松,

立根原在破岩中;

千磨万击还坚强,

任尔东西南北风!

第九章 镇定自如的临场表现
——演讲者的控场艺术

第一节 演讲者应有的心理品质

写好了演讲稿,试讲顺利,自己也较为满意,是不是一定能在演讲现场讲好呢？不一定。充分的准备是演讲成功的必要条件,没有不行;有了也未必一定能行。要临场讲好,还必须具有良好的心理品质:热情、果断、自信、镇定;要有适应演讲特殊时空环境的能力。

演讲的时空环境较为复杂特殊,它不同于平日一般的社会活动。演讲者面临的对象往往是生疏的、频繁变换着的听众。演讲现场情况也千差万别;加之,演讲者往往是肩负特殊使命,为强烈的责任心所驱使,因而,必然要承受一定的心理负担;平日习惯性的常规方法往往不能适应,必然产生心理不平衡。演讲者只有具备良好的心理素质,才能排除不良环境的影响,充分发挥自己的演讲才智。

一、心理定式与成功欲

这里所说的定式指心向,即指对活动的一种准备状态。演讲者置身于演讲环境时的心理准备,就是演讲行为的心理定式。心理定式使人以比较固定的方式去进行认知或作出行为反应。当环境不变时,人们能够应用已掌握的方法迅速解决问题;而当情境发生变化时,它就会妨碍人们采取新的方法去解决问题。因此,演讲者在演讲时,首先形成一种与时空环境相适应的心理定式是非常必要的。

生理学和心理学认为:凡发育正常,有一定文化知识的人,当心理状态达到最佳程度时,就会思想开阔,思维敏捷,精力集中,记忆清晰,感情丰富,动作协调。心理状态达到最佳状态,情绪随之高涨,有利于增强自信心,驱逐恐惧感;有利于集中注意力,排除杂念;有利于驱除紧张感、荣辱感、孤独感、畏怯感、烦恼感等影响演讲的特殊心理,使演讲者演说时不致瞻前顾后,放不开嗓门,放不开手脚。

要形成演讲行为的心理定式,既要有演讲的需要,又要进入一定的演讲环境。试想,如果一个人本身没有演讲的需要,即使进入演讲现场,也不会产生演讲行为的定式;同样,一个人即使有强烈的迫切的演讲需要,若没有一定的环境和一定的听众,也是徒然。只有当演讲需要和演讲环境都具备时,演讲行为的心理定式才能形成。可见,演讲者要增强自己的行为定式,一方面要增强内在的激励因素,另一方面要善于利用外在的时空环境,使之发挥最大的激励作用。

从时空环境方面来看,演讲中存在着一系列具有各种不同价值、能增强或削弱心理定式的情景。凡能使人产生昂扬情绪、提高自我价值感的时空环境,便能增强演讲者的良好的心理定式。凡使人产生焦躁不安、心灰意懒情绪的时空环境,对演讲者良好的心理定式的形成便会起削弱和阻滞的作用。演讲者进入演讲的时空环境,要善于识别时空环境中那些起积极作用和消极作用的成分,自觉地把注意力集中到积极因素上,强化演讲优势;要努力剔除消极因素对自己心理定式的影响。

此外,演讲者还要掌握一些行之有效的调动情绪的方法,诸如临场前逗乐引笑、朗诵名人诗词、观花赏画、欣赏音乐或作愉快的回忆等。总之,要使精神振奋,情绪高涨,以轻松兴奋的坚定的心情进入演讲角色。

演讲的需要是演讲者的内在激励因素。根据马斯洛的需要等级理论,演讲的需要是较高层次的需要,它既是人们的"社交需要",也蕴含着"尊重需要"和"自我实现需要"。对不同的演讲者来说,各种需要的比例各不相同,因而所产生的内在激励的大小也就不一样。要增强演讲者内在激励能量,显然,强烈的成功欲和对目标价值的认知起着十分重要的作用。

马斯洛所说的需要,从某种意义上讲,其实就是欲望。人所共有的欲望是人们一切实践活动的内驱力。欲望越强,动力越大。人们的演讲活动,都是为了达到某种预期的目的,获得某种具体效果。演讲者对这种预期目标价值的认知愈深刻,成功的欲望就愈强。概括地讲,演讲的成功欲主要表现为对社会效益和思想疏导的欲望的满足。

成功欲是促进事业成功的主观因素,能极大地促进人们的主观能动性的发挥。在演讲活动中,强烈的成功欲是演讲成功的重要条件,是演讲者形成较强的良好的心理定式的重要因素。演讲者如果对成功缺乏强烈的欲望和追求,内驱力必然不足,在行动上就会表现为消极冷漠,影响演讲的效果。

当然,成功欲有着质的区别。有的高尚健康,也有的低级庸俗甚至反动。各种不同质的强烈的成功欲都能形成较强的心理定式,但是它们所产生的演讲效果是截然不同的。

二、观察力与分析力

观察是直接认识客观事物的表现,是一切智力活动的基础。观察力是指通过感官全面正确地认识客观事物的能力,是演讲者必备的基本功。从演讲动机的萌发、演讲主题的确定到演讲材料的获取,几乎每一个环节,都渗透着观察的结果。临场演讲时,尤其需要有敏锐的观察力,要能洞察在场听众的心理,也就是及时发现和了解听众的反馈信息,以便随时调整自己的演讲内容和形式。

观察力与心理定式有密切的关系。观察的目的在于期待演讲的成功。成功欲是调动观察的积极性、集中注意力或分配注意力的原动力。一个有着强烈成功欲,形成了良好的心理定式的演讲者,便能随时留心,抓住任何有用的外部信息,借以调整和丰富自己的演讲内容。例如,有位演讲者给听众谈《美的欣赏与追求》,当他步入现场,忽然发现墙上闪过一道白光,原来有位听众在偷偷照镜整容,镜子的反光在墙上形成一个光点。细心的演讲者立即捕捉到了这个瞬息即逝的现象,调整了自己的演讲内容。触景生情,从这道白光谈起,说明爱美之心人皆有之,然后切入正题,使演讲在一种和谐融洽的气氛中顺利进行。试想,如果演讲者没有强烈的成功欲,他能够这样时时处处做"有心人",激发起思维的创造性吗?

高超的控场艺术与特有的观察广度是分不开的。观察的广度是指同一时间内观察所能把握对象的数量范围。观察广度大，就能在同样时间输入更多的信息。演讲者只有具有足够的观察广度，才能迅速全面地观察到台下众多的情况。同时，要做到随机控场，还要掌握观察的分配，即在同一时间内进行多种活动时，把观察指向不同的对象。

演讲者的观察应力求做到敏捷迅速，反应符合客观实际，面向整体，贯穿始终。演讲的现场，情况复杂，听众的反应总是随演讲的进行而随时变化的：有时凝神深思，有时喜形于色，有时悲愤激昂，有时探询议论，有时左顾右盼，有时烦躁不安。观察力强的演讲者一进入现场，就要充分利用自己的感官，从听众的眼神、表情、身姿及其有意无意的各种声响中，体察出听众的情绪反应、情感趋向，了解听众的理论修养、文化教养和专业学识水平等，迅速推断出反馈信息的真实内涵，将反馈信息与自身演说行为结合起来分析，从而及时地捕捉住有利时机，机智地进行内容和形式的调整，牢牢地掌握住演讲的控制权，紧紧地控制住听众的情绪。

心理学认为，要适当地分配注意，就必须在同时进行的几种活动中，至少使其中一项活动达到完全熟练的程度，形成"动力定型"。否则，仅凭主观意识调节是靠不住的。所以，演讲者要达到观察准确、全面，首先必须对演讲内容"烂熟于心"，形成自动化的"动力定型"，此外，别无良策。

观察力与分析力是紧密相连的，人们的一切智力活动，都是在观察的基础上进行的，而观察认知过程，总是自觉或不自觉地伴随有比较和鉴别。比如，感知火的光亮，是因为有其他不发光物的存在。光亮是相对黑暗而言，伟大是相对平凡和渺小而言。比较和鉴别离不开分析。分析就是"把一件事物、一种现象、一个概念分成较简单的组成部分，找出这些部分的本质属性和彼此之间的关系"。我们对任何一个事物进行观察，作出判断的过程，事实上都经历了一次分析综合的过程。可见，敏锐的观察力正是较强的分析综合思维能力的表现。在临场演讲时，要"耳听六路，眼观八方"，要在眼、耳、口、手和脑的协调配合中，感知、理解、正确判断。这种分析综合思维在瞬间完成，要熟巧到几乎是随意运动。然而这种分析综合思维往往被人忽视。演讲者要提高自己的观察力，必须培养较强的分析综合思维能力。

分析是以事物的矛盾为对象和内容的。分析可以"由表及里"，即从现象分析本质；可以"由此及彼"，即分析一事物与另一事物的关联与关系；可以是"由果及因"，即剖析事物的直接间接的原因或历史根源；可以由"由正及反"，即分析事物的变化和转化。事实上，从动机萌发到现场演讲的全过程，都离不开分析，特别是内容的构思、论证过程，尤其需要分析。在临场演讲时，听众的反馈信息表现繁多，对一颦一笑，要知其情绪所在，没有很强的观察分析能力是不行的。

三、自信心与自制力

自信心是一种推断性的心理过程，具有明显的理性思维色彩。人们在实践活动中，不仅有成功的欲望，而且对成功与否常常会进行有意无意的预测。这种预测的结论无非是三种情况：一是必然成功；二是必然失败；三是可能成功也可能失败。这种自己对实现目标有无成功把握的断定及其心理准备，就是人的自信心状况的具体反映。所谓有自信，就是对现实目标、圆满完成任务抱有成功的把握；否则，就是没有自信或信心不足。

自信心与成功欲密切相关。强烈的成功欲是人们实践活动的内驱力,是促进事业成功的主观因素。对演讲者来说,它的主要作用是触发心理动机,使演讲者对现实演讲目标高度关切。然而,希望成功并非自信成功。自信则表现为对实现目标的理性推断,它是通过对客观情况和自我能力进行比较衡量后产生的,是对自我素质和能力的信任。演讲者充分的自信表现为对实现演讲目标持肯定性推断,坚信演讲成功。成功欲和自信心都是形成良好的心理定式的重要因素,是演讲者重要的心理支柱。

　　充分的自信,是演讲成功的另一秘诀。自信可以发挥意志的调节作用,坚定意志;可以促使智力呈现开放状态,更有效地发挥演讲者的创造性。演讲者坚信演讲能获得成功,在良好的心理定式作用下,能以满腔热情对付演讲现场可能出现的各种复杂情况,并且始终保持清醒的头脑,砥砺意志,克服障碍。自信心强,很少心理负担,精力充沛,思维活跃,易于触发创造性思维,左右逢源,能随机应变和临场发挥。自信心强,对自己的力量、气质、风度和技能能恰当地控制。相反,缺乏自信心的人,意志薄弱,时时产生一种消极的自我暗示。越怕失败,越怕人取笑,就越加分心,越加忧心忡忡,无形中束缚实际能力的发挥,导致演讲失去光彩。

　　演讲者要有意识地培养和树立坚强的自信心。自信心应建立在对自我素质和能力的正确认识上,建立在对演讲基本规律的娴熟掌握上,建立在对演讲内容的深刻理解上。只有在对主观条件和客观情况进行辩证分析,知己知彼,了如指掌的基础上产生的自信,才是真正自信。否则,就是不切实际的盲目自信。盲目自信是一种非理性的预测和判断,它所产生的支持力是短暂的,经不起实践的检验。

　　演讲不仅要有充分的自信心,也要有坚强的自制力。所谓自制,就是根据需要,对自我情绪和情感进行调节和控制。这种自控能力,既是演讲者重要的心理能力,也是演讲者意志力的表现。

　　演讲活动情况复杂,很多因素能引起演讲者的情绪波动和情感激动,或欢愉,或兴奋,或恐惧,或忧虑。演讲者的各种情绪波动和情感激动对演讲产生不同的影响,有的积极有益,有的消极有害。一般来说,责任心、使命感、成功欲以及自信和欢愉是推动演讲顺利发展的积极因素;而忧虑、恐惧、自卑、颓唐等情绪则是阻碍演讲成功的消极因素。如何对这些有利和不利因素进行质的鉴别和量的控制,正是自制力的作用所在。演讲者要善于分辨掌握,该激发的充分激发,该排斥的努力排斥,该调节的适当调节,始终保持自己的情绪与演讲时空环境和谐协调;不能无节制地听任感情的驱使,也不能任凭自我情绪的放纵;要主动地理智地根据实现演讲目的的需要,抑制消极情绪和冲动行为,正确地支配自己的语言和举止。只有这样,才能成功地驾驭演讲进程,在受挫折时,不致泄气和意志崩溃;在顺利时保持头脑清醒,不失常态。否则,就会阻碍演讲的顺利进行。例如,欢愉兴奋,使人精神抖擞,语调高昂,能推进演讲顺畅发展;但如果兴奋过度,忘乎所以,就往往会失去常态,有损演讲效果。赫鲁晓夫在联合国大会上,用皮靴敲击讲坛,言辞放纵粗鲁;里根在一次答新闻记者问之后,道出了"狗娘养的"的粗话,这些都是因为情绪失控而造成的在国际社会上广泛流传的笑柄。

　　演讲者要有效地运用和发挥自制力的作用,必须坚定目标指向。目标专注,能凝神集思。当情绪过分激动时,立即以实现演讲目标的坚强信心激励自己,排除自我情绪中消极因素的干扰。演讲者要提高和强化自己的自制力,必须吃透演讲内容,掌握演讲规律。成竹在胸,就不会乱章失控,就能应对自如。演讲者要进行恰当的自我克服和调节,还必须保持头脑清醒。冷静能帮助人保持智慧,再生智慧。快速、准确的判断和分析,只有在沉稳冷静的情况下才能作出。

自信心和自制力关系十分密切,它们同是演讲者应有的良好的心理品质。自信心强可以坚定演讲者的意志,而自制力的强弱正是为意志力的强弱所决定的。所以,演讲者应不断培养和提高自己的自信心和自制力。

第二节 主动控制演讲现场

在演讲现场,由于种种原因影响,现场气氛、现场秩序以及听众的情绪、注意力等随时都可能发生变化。演讲者为使演讲活动取得预期的效果,要采取得力措施,有效地驾驭现场气氛,使听众始终保持饱满的热情,始终高度集中注意力,使演讲活动始终朝着有利方向发展。演讲者这种对演讲现场进行有效控制的技能技巧,就是控场艺术。

控场有主动与被动之分。主动控场是指演讲者始终高屋建瓴,牢牢掌握住现场气氛的控制权,使听众的注意力达到出神入化的地步。被动控场则是指窥视到现场出现种种异常情况,当机立断,控制住现场气氛和秩序,使演讲活动得以顺利开展。有经验的演讲者,既注意主动控场(在演讲的准备阶段就认真考虑了控场的需要),又重视被动控场(从登台开始,在现场演讲过程的每一环节,都密切注意现场动态,及时采取措施)。

一、权威效应与第一印象

演讲活动来自演讲者与听众的相互作用。一方面,演讲者处于主导地位,听众随着反应;另一方面,听众的反应程度又是演讲者调节自己表达方式的依据。演说的期待与听众需要的满足,是演说者与听众心理相融的基本因素,而沟通两者的心理桥梁,正是信任与依赖。因此,演讲者享有声望和信誉,能使听众产生良好的心理定式,是听众自发兴趣和高涨热情的巨大诱因。它直接影响到听众的理解效果,直接影响着听众情绪和演讲现场的气氛。显然,权威效应具有积极的控场作用。

然而,威信的形成并非一朝一夕之功,它取决于许多因素,如社会舆论的重视、演讲者的社会地位和外部形象等,同时也与听众的文化修养、欣赏水平有关。威信是演讲者德、才、学、识的综合体现。演讲者不一定都是权威,况且,人们也不可能等当了权威再去演讲。那么,演讲者应如何达到这种功效呢?

从某种意义上讲,演讲者的"第一印象"常常具有权威效应。演讲者一上台,首先给观众的第一印象是视觉形象,而视觉形象的刺激,常常能够强化人们注意的意向性。生活经验表明,"第一印象"往往能决定听众注意力集中的程度。因此,演讲者走上讲台时,要特别注意自己的仪表、举止;应以稳健、大方、镇定自若的姿态出场"亮相","镇住"听众,给听众留下美好的印象,使听众油然产生"一见钟情"的感情,造成先入为主的心理定式,从而使听众对演讲者的演讲能力作出较高的判断,并随之给以高层次的注意。所以,把握住"第一印象",能赢得听众高层次的注意,赢得听众的信任,而这正是积极控场的表现,是演讲成功的秘诀之一。

如何把握住"第一印象"呢？一般来说，这与演讲者的性格、态度、能力、学识等有关。就性格而言，稳重、活泼、谦和、自信和幽默，能够赢得听众的热情；从态度来讲，热情、真挚、公正、认真易于博得听众的好感；而聪慧、机敏、见多识广、通今达古、博闻强记，更能使听众倾倒。因此，当演讲者走近麦克风的瞬间，切不可忸怩作态，招来听众哄笑；而应该衣着大方适宜，挺胸迈步，头微微侧向听众，脸露甜美的微笑，显露出心中充满着诚恳和激情，以坚实的步伐传递出自信、成熟和热情。走到讲桌和麦克风前时，应从容转身，恭敬地向听众鞠躬致意，显示出文雅庄重，切不可贸然急速转身，急忙点头、哈腰，给人以轻率可笑之感。在讲台上，不宜前后摇摆，也不应左右晃荡，不要随便用手撑住讲桌，也不要懒散地靠在桌边；要挺直腰板，以温和的目光扫视全场，略等几秒，待场内寂静无声，便抓住最佳时机，提高声音，从容开讲。

"开场白"也具有"第一印象"的特点，对整篇演讲的基调和成效具有关键性的意义。它是演讲者与听众之间架起的第一座桥梁。精彩的开场白能如磁石般吸引住听众，赢得听众的高度注意和信任。精彩的开场白也是积极控场的手段之一。

二、"角色整合"与高潮设置

"进入角色"也是一种积极的控场艺术。富有经验的演讲者都有一种体会，头一二分钟要吸引听众较为容易，而要维持五分钟，那就比较困难了，如果一旦失去听众注意，要重新恢复，那就更困难了。因此，必须尽可能地把听众"拉住"。这就要求演讲者在展开主题时，尽快"入戏"，尽快"进入角色"。

所谓"入戏""进入角色"，就是指演讲者把自己的思想感情融之于演讲内容之中，如同演员担任某种角色一样，自然地、如实地把自己对角色的理解、感受、爱憎等表达出来，既以雄辩的逻辑力量，又以真挚的感情力量，使听众折服倾倒。

"进入角色"，体现真情实感并非轻而易举之事。初学演讲，上台时往往感情不真切，表露不恰当：要么表现不足，与演讲内容不合拍，显得心不在焉；要么过头失控，滥用感情，甚至造成失态。

要迅速准确地进入角色，演讲者在上台之前，最好先酝酿一下感情，进行角色调整。平时人们生活举止比较随便，一般相处相互间都处于无拘无束状态。演讲者登台演讲则与平时不同，他一登台就成了演讲活动的主体，所处的地位发生了变化，角色发生了变化。然而平日生活角色的惯性效应，经常会导致新任角色失当。这种情况，不仅初学演讲者容易产生，就是经常演讲的人，也不时出现。演讲者必须及时预防、纠正角色失当现象，尽快实现角色转换，达到"角色平衡"。

从角色失当到角色平衡是一个极为复杂的"角色整合"过程。要实现角色转换，首先要有强烈的角色意识，对自己有正确的科学的自我评价；其次要克服旧有心理定式的负作用，要意识到在演讲中主体是影响演讲成效的至关重要的角色；再次，要认识到只有对演讲内容娴熟掌握，才能把自己的思想感情融于其中。可见，这是一点也不可马虎的。

娴熟地掌握演讲内容，是积极控场的重要方面。演讲要求内容丰富、生动、全面、准确，在表达过程中要显得波澜起伏，跌宕多姿，逐渐形成全场激动的场面，使听众心驰神往,惊叹不已。要达到这种境地,显然不是照本宣科式的念讲稿所能奏效的。照稿念,演讲者往往顾此失彼。顾了讲稿,顾不了听众,更谈不上用丰富的表情和形象的动作与演讲内容协调配合,演讲当然无法生动形象。这样,听众会无形中降低对演讲者的信任感,减少对演讲的注意力和重视度,形成冷场现象,甚至骚动轰场。演讲者要尽量熟悉讲稿,而又不拘泥于讲稿,真正"入戏";要能在演讲中自然地组织几次高潮,像磁石般牢牢地吸引住听众。

演讲者感情最激昂、气势最雄劲,演讲者与听众感情交流最融合的时刻,正是演讲的高潮所在。如果演讲中能做到高潮迭起,演讲者便自然控制了整个现场。那么怎么组织高潮呢?情是人性的天然表现,演讲者要善于在情的领域耕耘。李燕杰在《演讲美学》中写道:"一次演讲怎样达到高潮,这需要演讲者在感情上一步一步地抓住听众,在理论上一步一步地说服听众,在内容上一步一步地吸引听众,使听众的内心激情逐渐地燃烧起来,演讲将自然地推向高潮。"说穿了,就是以情激情,以心换心。具体而言,深邃的思想能启迪深思,激起听众的积极响应;风趣幽默的语言,能引起听众的兴趣和热情;生动感人的奇闻轶事,可以醒目提神,活跃气氛;新颖广博的知识传授,可以使人耳目一新,精神振奋;精辟的论证,能以其严密的逻辑征服听众;设置悬念与适当提问,则能引起听众积极思维和兴趣;而真挚热烈的激情迸发,贴切自然的动作,尤能扣人心弦,感人肺腑。

总之,演讲者声情并茂地把演讲由一个高潮推向另一个高潮,场上气氛也就会完全由演讲者主动控制着。

三、完善形象与巧妙结束

主动控场,还应特别注意演讲临近尾声时演讲者的自我形象对听众的影响,这也是很重要的。有些演讲者往往因为前面一直顺利,临近尾声时,自认为胜利在握,洋洋自得,显出高傲轻慢的样子;有的则自认为演讲不尽如人意,产生浮躁情绪,表现出匆匆忙忙、草率收兵的样子;有的放纵感情,任凭意气,话已讲完却又添枝加叶,画蛇添足,拖拖拉拉;有的则认为听众注意力不集中,借机旁敲侧击,发泄不满;有的则虎头蛇尾,露出疲倦神态,话没说完,就收拾讲稿……这些失误,往往造成听众情绪松弛,会场秩序混乱,使演讲失去光彩。

临近尾声时,演讲者要保持饱满的情绪,尽量地完善自我形象,从容镇静,善始善终,结尾处设法异峰突起,显示出一定的高度,形成强烈的慑服力,使听众感到余味无穷,得到思想的启迪和美的享受。

如何在结尾处以巨大的感染力使听众情绪激动感奋呢?关键在于巧妙结尾。对此前面在演讲稿的撰写一章中已作介绍,这里不再赘述。总之,演讲者临近结尾时,要保持高昂的情绪,不可虎头蛇尾,不必画蛇添足,不要陈言俗套,也不可高傲轻慢,更不可盛气凌人。演讲者要庄重、镇静,既显示出分量,又显示出有修养。

第三节 临场应变技能

演讲者不仅要善于主动控制演讲现场,而且要具有临场应变的技能技巧。所谓临场应变,就是指演讲者在演讲进行中观察到演讲现场出现某种异常情况时,当机立断,采取有效措施,控制住现场气氛和秩序。这实际上是指面对干扰的被动控场。在演讲过程中,由于种种原因,演讲现场可能出现听众情绪浮躁、起哄喧闹、吹口哨、喝倒彩等情况;也可能听众反应冷淡、昏昏欲睡;甚至还可能出现听众随意走动、局部骚动等现象。这类情况严重影响演讲的顺利进行,必须及时采取措施,临场应变,排除干扰。

如前所述,演讲者要有敏锐的洞察力,对现场出现的非常情况,要能透过现象看到本质,迅速判断出干扰产生的原因,当机立断,有的放矢,妥善处理现场出现的各种意外与事变;切不可被表象迷惑,头痛医头,脚痛医脚,或者丧失信心,听之任之。遇到意外情况,不能只埋头讲,而要综合运用眼、脑、耳、鼻、嘴迅速"摄取"现场信息,以便为控场确定对策。同时,要有迎难而上的勇气和信心,要临危不惊,沉着镇定,因势利导,化消极因素为积极因素,从不同的角度以不同的方式作出大家易于接受的全新的解释,切不可吞吞吐吐,优柔寡断。此外,还要豁达大度,有良好的自制修养,做到有理、有利、有节,不意气用事,不固执己见,不故作谦卑,不放弃原则,不伤害听众感情,不摆出盛气凌人、高傲轻慢的架势。

一、引起兴奋,提神醒目

这是对付冷场的策略。

在演讲过程中,如遇听众注意力分散,如织毛衣、看书报、打瞌睡、交头接耳、坐立不安等冷场现象,演讲者切不可丧失信心,也不可任其发展,更不可呵斥训人,而应该认真分析演讲中存在的问题,针对具体情况,采取相应措施,扭转局面。

冷场常常由以下原因造成:演讲的内容太长或太抽象空泛;表达过程拘谨呆板;演讲速度太快或太慢;演讲语言含混,吐字不清等。面对冷场现象,通常采取的措施是提神醒目,引起兴奋。

引起兴奋,吸引注意的办法很多,可采用在适当的地方骤然提高音量或骤然停顿的办法,引起听众惊奇注意;也可像说唱演员使用惊堂木的方式一样,以突然的奇异举动引起听众的兴趣;可以设置悬念和有意提问,激发听众积极思考;也可以穿插一个笑话或幽默故事提神醒目,活跃现场气氛。例如,伟大的先行者孙中山在广东大学(今中山大学)讲民族主义时,会场小,听众多,天气闷热,听众昏昏欲睡。孙中山便巧妙地穿插了一个故事,他说:"那年我在香港读书时,看见许多苦力工人聚在一起谈得很起劲,有人哈哈大笑;觉得奇怪,便上前问一下,有个苦力说:'后生哥'!读书好了,知道我们的事与你无益。又一个告诉我:'我们当中有一个行家,辛辛苦苦地积蓄了五块钱,买了一条马票,牢牢记住那上面的号码,把它藏在日常用来挑东西的竹杠里了。等到开奖竟真的中头奖,他欢喜万分,以为领奖后可以买洋房,做生意,这一生再也不用这根挑东西的杠子讨生活,就把竹杠狠狠地扔到大海里。不消说,连那条马票也一齐丢了。因为钱没有到手先丢了竹杠,结果是空欢喜一场,有人笑他,也有人为他惋惜。后来这位行家受刺激过甚,神经有些错乱,很长时间还不能上工呢。'"这个寓意深刻的有趣故事,使会场听众大笑起来,打瞌睡的没有了。孙中山于是不失时机地"言归正传",归到本题:"对于我们大家,民族主义就是这根竹杠,千万不能丢啊!"孙中山这种旁引故事、杂以谐语的手法,取得了很好的控场效果。又如，李燕杰有一次作关于爱国主义的演讲，他察觉有位身穿白大褂的大夫正戴着老花镜在看医书，便灵机一动，说："每当我回忆重病缠身的时光，白衣战士就引起我深情的遐想。是他，人格的诗，心灵的美，圣洁的光，赋予我第二次生命；是他，给了我去参加拯救那灾难深重的中华民族的权利和力量。"一番话，终于引起了老大夫的兴趣，吸引了他的注意，他放下医书，整整三四个小时都在聚精会神地听讲。

二、缓解矛盾，迂回取胜

这是对待轰场的措施。

一般来讲，产生轰场现象的原因不外乎紧张"卡壳"，讲漏嘴，说错话，啰嗦重复，拖延时间，或者演讲现场布置太差，音响有故障，以及演讲观点与听众想法相悖，听众产生逆反心理，或者听众本身素质太差、社会公德意识薄弱等。概括而言，无非是听众的期望值与演讲内容、演讲现场等发生矛盾冲突，或者是演讲者的期望值与听众心理及演讲现场产生矛盾冲突。

对吹口哨，喝倒彩，喧闹捣乱，造成现场秩序混乱的情况，演讲者不可大动肝火，而要不露声色地迅速判明产生轰场现象的原因。

对待轰场，最好先缓解矛盾，然后迂回取胜。例如，因紧张"卡壳"而造成轰场，可采用"跛子拜年，就地一歪"的手法，忘掉的内容就让它忘掉，大胆讲后面的内容，不要因忘却而中断演讲，破坏听众情绪。即使是忘记了非常重要的话，也要随方就圆，歪打正着，跳过这道难关，把后面的话提前说，待到临近结尾时，再进行补充，这样既可保持演讲内容准确、完整，也不致使人有零乱不连贯的感觉。遇到卡壳，还可以就地调换话题，就上段的内容进行发挥；或者趁机向听众提个问题，暂时转移听众的注意力以赢得时间回忆讲稿。当然，调换话题和趁机提问一定要与演讲中心联系紧密，切不可东拉西扯。

假若因为说漏了嘴，讲错了话引起轰场，缓解矛盾的办法可采取"当即纠正"或"借错为靶"的手法加以补救。所谓"当即纠正"即将错话搁置一旁，将正确内容再讲一遍。这样做虽然纠正了错误，也没有正面认错，但毕竟露出破绽，且内容会明显重复。采用"借错为靶"就是将错话当作反面论题，树立靶子，然后进行批驳，自然而然地将话题引到正确的内容上来。这种补救方法，不露痕迹，甚至还能收到意想不到的活跃气氛的效果。例如，有位演讲者不慎说了一句错误的话，他当即意识到了，便灵机一动，故意将错话重复一遍，然后机智地说："显然，听到刚才这句话，大家都笑了。大家想想，这句话究竟错在什么地方呢？"接着便对错误逐条逐款进行批驳，使人感觉到演讲者是有意树立靶子，从反面进行论证。这种控场技巧实在令人叫绝！

倘若听众观点与演讲者观点相悖，听众产生逆反心理，引起轰场，演讲者尤其要注意迂回取胜，切不可当众强硬批驳，以免形成僵持局面；应以温和的态度，运用诱导的手法，缓解矛盾，给持不同观点的听众一个撤退的台阶。比如主动地说："这些看法，有的同志不一定乐意接受，对同一问题，有不同看法，是很自然的，从某种意义上讲，你们所讲的也不无道理，不过……"用这样的模糊语言委婉地讲解，采用欲抑先扬之法，可使观点相悖的听众体面地撤退，然后讲演者再用一个"可是""不过"将话锋一转，很快地把论题再扳回来。

事实上，大会演说，人多且杂，所持观点不同，是很自然的事，但若因"出言不慎"，座中报以怪声,却是于演讲很不利的。登台演讲,就应先"眼观四座,看看有什么人,然后发言"。对所讲内容也尽量做到"使赞成者理解清晰,异常欣慰;反对者据理折服,亦暗中点头"。而要达到此种境界,绝不是生硬批驳所能奏效的。

当然,遇到心怀叵测的企图破坏演讲的人,那又是另一回事了,必须当众揭露制服。《演讲与口才》1987年第6期上介绍了马雅可夫斯基娴熟地运用控场技巧的生动事例,很富启发。一次,苏联诗人马雅可夫斯基在莫斯科演讲,猛烈抨击时弊和庸俗文人的行径,致使某些感到"冤屈"的人骚动起来。有个家伙企图中伤马雅可夫斯基,喊道:"你讲的笑话我不懂。"马雅可夫斯基幽默地说:"你莫非是长颈鹿?只有长颈鹿才可能星期一浸湿的脚,到星期六才能感觉到呢!"听到这话,那家伙暴跳如雷,大声嚷道:"我说马雅可夫斯基,你怎么把我们大家都当成白痴啦?"马雅可夫斯基故作惊异地回答:"哎,你这是什么话?怎么是大家呢?我面前看到只有一个人。"这时,一个矮胖子又挤到主席台上,嚷道:"我应该提醒你,马雅可夫斯基,拿破仑有一句名言:'从伟大到可笑,只有一步之差。'"马雅可夫斯基机智地目测了一下自己与矮胖子的距离,用手指着自己和那个矮胖子,郑重地说:"不错,从伟大到可笑,只有一步之差。"就这样,马雅可夫斯基以幽默的语言、辛辣的讽刺,制服了别有用心的破坏者,赢得了广大听众的热烈掌声,扭转了被动局面。

三、因势利导,歪打正着

这是处理意外情况的办法。

演讲过程中有时会出现一些突发性的意外情况。这种情况有因时空环境的原因造成的,也有因演讲者自身失误造成的。遇到出乎意料的情况,演讲者应该随机应变,灵活自如地处置。在演讲时令人尴尬的事莫过于在众目睽睽下跌跤。有位演讲者在热烈的掌声中走上讲台,由于过于激动,不慎被话筒线绊倒,台下顿时哗然。然而,这位机智的演讲者,立即爬起来,迅速进行情绪调整,从容不迫地走到话筒前,幽默地说:"同志们,我确实为大家的热情所倾倒,谢谢!"话音刚落,全场掌声雷动。他这种歪打正着,绝妙的应变,立即把被动变为主动,使演讲生色增辉,风趣动人。

美国五星将军艾森豪威尔在第二次世界大战期间,有一次在某军事基地视察,当他发表演讲后走下台时,不慎跌倒,士兵们顿时大笑不止。艾森豪威尔并未恼羞成怒,而是机敏友好地笑道:"某些迹象表明,我这次到你们这里来视察是一次巨大的成功。"妙语一出,立即赢得了士兵的欢呼和掌声。

演讲环境不良,照明、音响设备发生故障,也是令人头痛的事。1983年,曲啸以《任何挫折也动摇不了我的共产主义信念》为题发表演讲,不巧市里停电,全场一片漆黑,扩音器也无法使用,主持者急得团团转,听众开始骚动起来。面对着这种突发事故怎么办?经过短暂的思考与分析,曲啸毅然走上讲台,以自己的演讲题目作为开场白,满怀信心地说:"同志们,一个革命者连死都不怕,还怕一点小小的困难吗?我今天演讲的题目是:《任何挫折也动摇不了我的共产主义信念》……"就这样,曲啸开始了自己的演讲,他始终在舞台前作大距离的走动,并且不断变化音量,使听众通过听觉接受的语言刺激丰富多彩,终于使长达两个半小时的演讲顺利进行,听众为之折服。

机智应变,是难度很大的技能。它是演讲者观察、感受、思考、辨析等智能的综合运用,要求演讲者在有限时间里做到观察细、感受深、思考准,从而达到对策巧妙的地步。如果没有平日的积极训练和培养是很难做到游刃有余的。

思考与训练

1. 演讲者要临场讲好,必须具有良好的心理品质,做到"热情、果断、自信、镇定"。请你回顾一下自己在这方面的经验与教训。

2. "主动控场"与"被动控场"的区别在哪里?怎样在演讲时给听众树立自己良好的第一印象?怎样安排好自己的演讲高潮,并巧妙地结束演讲?

3. 在培养演讲临场应变技能方面应掌握哪几个要点?

4. 美国前总统罗斯福在分析演讲者怯场的原因时指出:"每一个新手,常常都有一种心慌病。心慌并不是胆小,乃是一种过度的精神刺激。"你认为罗斯福的分析是否正确?为什么?

5. 1959年,苏共中央总书记赫鲁晓夫在联合国讲台上发表演说,台下听众有的喧闹,有的吹口哨,面对这种情景,他被激怒了,竟然脱下皮鞋,用力敲打着讲台,给世人留下笑柄。有学者分析:"赫鲁晓夫的失态是由于他情绪的失控。"你觉得这种看法有道理吗?为什么?

第十章 演讲效果的最好检验
——演讲的听众

演讲的目的是向听众传递信息。这种传递远比投递报刊复杂,因为它的受体——听众,接受演讲信息的过程不是一个简单的收取过程。听众是一个集合名词,由数量不等的不同个体组成,而每个个体都有自己的独特经历、见解,每个人听到的信息及作出的反应是不同的。演讲者不可能企望听众规规矩矩地一句不漏地倾听演讲的内容,他们都是有选择地听他们自己想要听的话,因此,演讲学的研究内容不能仅仅把重点集中在信息和演讲者两方面,而忽视听讲和听众。事实上,听众听讲并非消极接受行为。听,是一种技能,也是一种主动行为,我们说听众是演讲的受体,是就信息传递达到的对象而言,并没有否认接受者的主动性。演讲者必须清醒地意识到:听众的配合,是完成演讲任务的重要因素。因此,演讲学必须认真研究听力和听众。

第一节 听力技巧

研究听力,不只是为了造就合格听众。对演讲者来说,听众在场,不一定能保证信息的传递,听众听到演说与接受信息是两回事。听,也是一种技能,是一种主动行为,而不是一种消极行为。听众理解话语的过程与演讲者生成话语的过程正好相反,演讲是对言语信息的编码过程,而听讲则是对言语信息的解码过程。听众理解话语是在特定的言语环境中,从感知单词开始,继而感知句子和整段话语,从而悟出真意。也即是从理解词、句、段过渡到理解话语的内部意思和动机。如果听众仅仅理解话语表面词句的意思,并不能算真正的理解。因为话语除外部的公开意义外,还有内部意思,即"言外之意""话外之音"。听众要善于品味。例如,美国有位富翁坏了左眼,出重金装了一只假眼,乍看上去与真眼无异。他常在人前炫耀。一次他遇到大作家马克·吐温,他也想炫耀一下,便以挑逗而得意的口气说:"杰出的作家先生,你能猜出我哪一只眼睛是假的吗?"作家看着他那盛气凌人的神气,皱了皱眉头,指着他的左眼说:"这只是假的。"富翁非常惊奇地说:"你是怎么知道的?"这时,马克·吐温却淡淡地说:"在我看来,你这只眼睛还有一点点慈悲。"马克·吐温这句不露声色的话,深刻地揭露了百万富翁的贪婪本质,真是入木三分,耐人寻味。

听,既是一种主动行为,一种技能,那么,演讲者应如何适应和调动听众的听力,使自己传递信息的目的得以圆满实现呢?这也是一种技能技巧。这正是演讲者研究听力的原因之所在。

听众的听力有好坏之分。同样的演讲内容,不同的听众有不同的理解程度;同一听众,对不同的演讲内容理解好坏也大有区别。影响听众听力的主要因素是听众的身体条件、情绪状况、听讲环境、信息的重要程度、与演讲者的关系等。听众身体健康、耳聪目明、情绪饱满、听讲环境宜人,以及听众对演讲内容感兴趣、对演讲信息十分关注、对演讲者怀有好感时,也就是听众听力最佳之时。实质上,这许许多多因素归纳起来,可分为两大类,即演讲的客观因素和听者的主观因素。演讲的客观因素中,有相当一部分是演讲者和演讲组织者可以驾驭的,而听众的主观因素中,也有一些是可以通过演讲者和组织者的努力而激发起来的。例如,听众的情绪就可通过演讲者的多方努力而调动起来。从演讲者的角度来研究听的技巧,其目的就在于有的放矢,最大限度地调动听众听讲的积极性,让听众分担演讲任务,使听众成为演讲者的搭档,共同完成信息的传递任务。

由于听众听讲的心理状态不同,需求各异,听力的选择性便明显地表现出来。听众总是根据现场情境来运用自己的听力技巧的。大体来讲,听讲有如下几种方法。

第一,专心致志听。这是在听众的态度或感情与现场情境融为一体时所形成的,表现为注意力高度集中。这时,听众进入出神入化的境界。

第二,积极配合听。听众与演讲者密切配合,随演讲的进程较自觉地作出相应的表情,形成信息反馈,给演讲者以鼓励。这种情况,讲、听双方都抱着急切的希望,希望信息能准确地传递接受。

第三,选择要点听。听众抓住中心和要点。事实上每个听众听讲,都是将信息进行主观的删节、补充,甚至曲解,都会自然地表现出选择的倾向性。择要听讲往往是听清开头,听清主要内容,即抓住演讲的主题和框架;听清细节,使概念具体化,有血有肉;注意新材料,设法把新旧材料联系起来。

第四,判断评估听。在理解和记住演讲者的观点和提供的信息基础上,及时作出解释、评价和反应,确定是否接受、拒绝、修正或反驳。

听讲最忌心不在焉,无动于衷。这常常是由于缺乏听讲动力、思想不集中和智力贫乏所造成的。听众要想真正听好演讲,必须全神贯注,透过话语理解演讲者的真意。这就要善于利用各种线索,特别是在核心内容不明时,尤其如此。听众不仅要善于认真听有声语言,还要善于捕捉伴随有声语言而来的体态语言以及其他非语言因素。因为在非语言因素中,多数是无意识或半意识的行为。这些行为很难掺假,对准确理解真意很有帮助。所以,听众全神贯注地听讲,使听觉、视觉等感官同时发挥作用,是听好演讲的最有效的方法。但是,事实上,听众听演讲,真正做到全神贯注、出神入化的情况并不多。所以,听众常常因为没有捕捉住有声语言之外的非语言因素而错误理解了演讲内容。

由于听众听讲的选择性,听众的听力技巧的发挥是不尽相同的。有些演讲情境,对某些听众来讲,其内容也许不一定很重要,而感情却被拨动了,就像欣赏优美的音乐旋律,完全被演讲者娴熟自如的演讲技巧所打动。但有些演讲却不然,听众完全是被严密的逻辑力量所征服。对偏重情感的演讲和偏重理智的演讲,听众在听讲时所使用的听的技巧是不一样的。演讲者应理解听众,在自己发表不同风格、不同类型的演讲时,要尽可能考虑听众的听力技巧的发挥。例如,当你进行学术演讲时,就要尽可能地纲举目张,使听众能很好地选择要点听,迅速地捕捉住中心,形成框架,并且顺利地往框架内填进具体的细节内容。

第二节 听众心理

你听到过同一篇演讲稿演讲过将近 6000 次的事例吗?事实上,这就是拉赛尔·康维尔的著名讲话《火星的钻石》创造的纪录。听到这个数字,你一定会以为演讲者脑子里早已形成了刻板记录,每次演讲都可以原原本本一字不落毫不走样地和盘托出。其实不然。康维尔博士每次演讲之前,都要走访听众,跟他们交谈,了解他们的历史、机遇和需求等。他认为:"必须让每一群听众都感到他的讲演是为他们创造出来的,与他们自己息息相关的,而且是专门为这部分听众的。"他使演讲者、演讲本身与听众之间不断地互相影响。他的成功就在于使自己的演讲成为听众的一部分而把听众变成了自己演讲的一部分。而要达到这点,演讲者必须明确地意识到自己的每次演讲都是为某一群特定的听众准备的。当然,这就必须首先了解他们的心理走向和需求。

一、掌握听众的心理定式

心理定式就是人们的一种心理准备和既定态度。它是人们在各种客观因素和主观因素同时影响下形成的。这种较为固定的心理形成后,便能产生惯性心理趋向,从而影响行为走向。听众的心理定式即是听众在听演讲时的心理准备和既定态度。它是听众在各种相关因素作用下形成的,表现为对演讲活动、演讲者和演讲的内容、方式等所持的态度并影响随后的行动。例如,听众事先对演讲者怀有尊敬、信任感时,就会产生一种肯定相容的心理定式,以协同合作的态度听演讲。反之,如果听众事先对演讲者反感,就会产生一种否定相斥的心理定式,显得格格不入。

构成听众心理定式的客观原因很多,如演讲的社会背景和现实环境、演讲者的知名度和美誉度等。这些因素影响着听众听演讲时的基本心境和基本态度。构成听众心理定式的主观原因也不少,如听众的愿望和需要、文化水平和实践经验、听众的价值观和感情趋向等等。这些因素直接影响听众对演讲内容的选择,对演讲的社会效用的评价,对演讲的情感反应。各种不同的客观因素和主观因素的组合,构成了听众的不同的心理准备,形成各种不同的"先入为主"的心理定式,以这样或那样的方式影响着演讲的效果。

由于听众是由性格、气质、经历各不相同的个体组成,每次演讲活动所处的背景、环境、内容、形式也各有不同,因而构成听众的心理定式也千差万别。然而,就其基本态度而言,大体可分为三种类型,即肯定相容型、否定相斥型和中庸淡漠型。

1. 肯定相容型

这种心理定式表现为听众支持演讲,认真倾听演讲,易于接受演讲的思想内容,能与演讲者紧密配合,及时反馈信息,形成演讲者与听众互相鼓舞的局面。显然,听众的这种心理状态对演讲成功起着明显的促进作用。那么,什么条件能促使听众产生肯定相容型的心理定式呢?第一,各种良好的客观因素。这些因素主要有:演讲活动与社会背景相适应,演讲内容合时宜,信息有价值,信源符合时代要求,材料新颖,能满足听众求新好奇的需要,演讲者的观点与听众观点相同或相近,符合听众的口味;演讲者的知名度和美誉度都很高,有权威性,仪表端庄,服饰整洁,演讲者的口语表达技巧和体态表达技巧符合听众文化修养和鉴赏水平,声音洪亮,字正腔圆,表情丰富,态势自然;演讲现场环境宜人,会场布置恰当,音响设备良好,灯光明亮。这许许多多客观因素会自然地在听众心目中产生良好印象,激起听众肯定型心理反应。第二,听众的主观因素。这些因素主要有:精神状态良好,耳聪目明;对演讲的内容十分感兴趣,与演讲者有相同的立场观点,认为演讲内容对自己确实有用,能满足自身某种需要。总之,形成听众肯定相容型心理定式的客观条件和主观条件的内核就是听众的价值取向呈正向。

2. 否定相斥型

这种心理定式表现为与演讲者的对立,对演讲活动抱否定抵制态度,甚至公开反对。显然,听众的这种心理对演讲开展极为不利。那么,造成听众持否定相斥型心理定式的原因又是什么呢?形成听众否定相斥型心理定式的主要原因也不外乎演讲的客观因素和听众的主观因素,和上述肯定相容型形成条件恰恰相反:演讲活动与社会背景不相适应,演讲内容不合时宜,信息的价值不高,信源不符合时代要求,材料陈旧、单调甚至虚假,老生常谈,无法满足听众求新好奇的需要,演讲的观点与听众的观点相悖,不符合听众的口味;演讲者的道德、品格、才能等方面有明显的弱点和缺陷,威信不高,服饰不整,仪表不端,行为猥琐,演讲者的口语表达技巧和体态表达技巧低下,语流不畅,照念讲稿,表情生硬,体态呆板,演讲内容不符合听众文化修养和鉴赏水平;演讲组织不当,现场环境不适宜听演讲,会场布置欠妥,音响设备太差,气温不宜等。这许许多多的客观因素自然会在听众心目中产生不良影响,激起听众反感,形成否定相斥型心理定式。此外,听众主观因素的影响也极大。这些主观因素常表现为:身体欠佳,精神状态不好,对演讲内容不感兴趣,认为与自己切身利益关系不大;持有与演讲者相反的立场观点,与演讲者的政治信仰、宗教意识、民族风俗相悖,或者听众本身思想修养和文化修养太差等等。总之,造成听众持否定相斥型心理定式的客观条件和主观条件的内核就在于听众的价值取向呈反向。

3. 中庸淡漠型

这是介于肯定与否定之间的一种心理状态,听众显得冷淡,既不表示积极的合作倾向,也不表示明显的反对态度。形成听众这种心理定式主要是对演讲活动和演讲的具体内容缺乏应有的了解。一旦演讲进行之后,这种心理状态就可能发生转化:或趋于正向,形成肯定相容型倾向;或趋于反向,形成否定相斥型倾向。

掌握听众心理定式,了解不同心理定式的行为表现和形成的原因,对演讲者掌握演讲活动的主动权是十分重要的。演讲者可以针对听众心理有的放矢,采取恰当的方式,强化听众肯定的心理定式,改变听众否定相斥的心理定式,从而提高演讲效果。

强化和改变听众某种心理定势的方法很多。概括起来无非是在信源、信道、演讲的时空环境和演讲者这几个环节上下工夫。这些,前面已分章论述,此处不再赘言。

二、理解听众的心理要求

心理学的研究表明:需要产生动机,动机引发行为,行为指向目标。为控制别人的行为,激励人的行为去积极地追求和实现目标,必须研究人的需要。要使听众积极配合演讲活动,必须认真理解听众的心理需求。

美国著名心理学家亚伯拉罕·马斯洛(Abraham Maslow)认为人的基本需要按其重要性和发生的顺序可分为五个等级:生理需要、安全需要、社交需要、尊重需要和自我实现的需要。前两者侧重于物质的需要,而后三者属于高级需要,侧重于对精神的需要。人的内在需要是激励的主要诱因,精神需要、高级需要对调动人的积极性具有更稳定、更持久的力量。无疑,在演讲活动中,听众所渴望的是精神需要。要使演讲成功,演讲者应尽可能地满足听众正当的精神需求。

从友情、归属等社交需要,到自尊、自爱、自信的尊重需要,到最大限度地发挥自己的能力完成工作,从而达到自我实现的需要,这是人们精神需要由低层次不断向高层次发展的轨迹。需要层次越高,越具有激发力。演讲者要善于识别理解自己的对象——听众的需要属于哪个层次,然后确定自己的对策。综合地谈,听众大体有下列方面积极而正当的精神需要。

1. 砥砺品行,追求理想道德的需要

每一个人都生活在社会现实中,都有一定的归属感,不可避免地要与社会其他成员进行这样或那样的交往,形成具有鲜明时代特色和特定阶级色彩的行为道德标准。向往崇高的道德理想,歌颂正义、忠贞、善良,憎恨邪恶、奸诈、丑陋,是听众道德情感的主要趋向。演讲者宣扬崇高的道德精神,针砭丑恶的不道德的思想行为,介绍和歌颂英雄模范,揭露和鞭笞邪恶便能拨动听众的心弦,引起听众道德情感的共鸣。

2. 自尊、自爱,有明显的切己性要求

每个人都有荣辱感。对与自己的理想、职业、利益、情趣相类的事情最感兴趣。谁都希望自己的工作、人格得到社会的充分肯定,谁都不愿意受到侮辱和指责。特别是青年听众,他们有实现理想的紧迫感,他们加快了生活节奏,讲求工作效率,急于在现实生活中尽快成才,以便尽量施展自己的本领,实现自我的社会价值。著名的心理学家哈佛大学的威廉·詹姆士教授认为:"人类本质中最殷切的需求是:渴望被肯定。"赞美正是满足这种渴望的言词。所以,在一般情况下,演讲者在演讲中,应满足人们自尊、自爱的心理需求,以正面疏导教育为主,切不可轻易指责、讽刺、挖苦,尤其不可揭短,不可当众宣扬别人的隐私,否则就会破坏演讲现场的秩序。

3. 增知长智,有强烈的求知欲望

人们都希望增长知识,增长才干,只不过由于各自的文化程度和职业不同,所追求的知识范围和深度各有不同。人们对于与自己职业爱好相关的知识最为敏感。事实上,听众听取演讲,其内在的动力正是为获得知识和信息。特别是当代青年,更是如此。他们朝气蓬勃、如饥似渴地广泛吸取知识的营养,有着强烈的求知欲与旺盛的创造力,不仅注意使自己的知识向纵深发展,而且尽量扩展视野,广泛涉猎,拓宽知识面,向新的知识领域进军,使知识结构纵横结合,形成全方位立体型,并且力图使知识转化为技能技巧,显示出惊人的创造力。演讲者应以大多数听众的愿望为依据,同时要尽可能适应不同层次听众的共同需求广泛选取演讲材料,满足听众对知识的渴求。只有这样,演讲才能得到听众的密切合作。而要做到这一点,演讲者要加强自身的文化、道德修养,使自己的德、才、胆、识都达到一定的高度。

4. 愉悦怡情,有潜在的审美需要

审美心理人皆共有。五彩缤纷的现实生活,眼花缭乱的客观世界,极大地吸引人们,促使人们多向性地捕捉新异美感体验。其所涉范围非常广泛,几乎渗透到所有社交活动中。演讲活动当然也不例外。演讲者要在自己的演讲中注入美的因素,使演讲具有艺术色彩,以满足听众的美感享受。听众审美的对象是多方面的。环境、演讲者、演讲内容及表现形式等等,共同构成听众的审美对象。由于听众价值观的影响,他们对演讲的内容和形式的审美要求最高。当然,听众由于各自的修养、文化水准、审美情趣的不同,对同一演讲往往有不同的审美感受。但也还存在着共同性。一般地说,愉悦耳目、愉悦情感、愉悦理智就是三种不同层次的听众的共同审美需要。

总之,听众的不同层次的需要、思想意识、兴趣爱好、价值追求等内在因素,对听演讲动机的激发和影响是十分重要的。演讲者要善于分析其心理需要并满足其心理需要。

第三节 听众类型

一、修辞敏感度与反馈

在人际交往中,不同的人具有不同的修辞敏感度。所谓修辞敏感度,就是指根据环境、场合和对象的不同,有效地传递恰当信息的能力。它是衡量人们机灵措辞应对的尺度。

修辞敏感度高的人,在对某个问题表明态度之前,能细心判断各种利害关系,从而敏锐地作出相应的反应。该畅所欲言即畅所欲言,当适可而止即适可而止。修辞敏感度低的人则不然,他们不善于审时度势,甚至把必要的机灵应变看成为虚伪,而固执地生硬地表现自己。如果演讲者不是在荒无人烟的沙漠里发表演讲,就必须认真做听众分析,并要有较高的修辞敏感度。在对信息进行编码之前,应当细心考虑听众的心理环境,准确判断社会和人际间的矛盾冲突,针对具体现状考虑该说什么和如何去说,以便恰当地进行信息传播。

同样,对于听众来说,也存在一个修辞敏感度的问题,只不过它是以反馈的形式表现出来而已。听众在知识、心情、地位和态度上是千差万别的,其修辞敏感度也不尽相同,因而反馈信息的内容、速度、方式等都可能不同。即使是同样报以微笑和喝彩,其含义和程度也会因人而异。有由衷的,也有勉强的,甚至还有虚伪作态的。演讲者不要见到一片微笑和掌声就以为大家都被你的演讲征服了,其实不然。演讲者要善于识别这些微妙的差别,从而调整自己的演讲结构和语言。这当然是较高的要求,意味着要付出额外的努力和耐心。

事实上,修辞敏感度高,是一种机智的表现。对演讲者来讲,一方面演讲前根据对听众的了解,要准确地确定自己在演讲时扮演的角色,究竟以什么身份、什么形象出现在听众面前为好。在特定的演讲时空环境中,演讲者要扮演一个恰当的角色,也即是要有恰当的角色意识,然后根据这个角色来确定自己的修辞和语气。另一方面要敏锐地捕捉住听众的反馈信息,迅速地作出分析和判断,了解哪些信息能为某些特定的听众所接受,哪种形式和风格适用于这些特定的听众,从而调整自己的演讲内容和方式。当然,众口难调,演讲者不可能迎合每一个听众。但是,绝不可无视任何一个听众的存在。

显然,由不同个体组成的听众,其情况是十分复杂的。演讲者既不可无视任何一个听众的存在,也不可被个别听众左右而无所适从,这就必须准确地掌握眼前听众的所属类别。

二、听众的基本类型

根据不同标准可将听众分为不同的类型。根据听众组织状态来划分,可分为有组织的听众和无组织的听众；根据听众心理状态来划分，可分为相容型、相斥型和淡漠型。此外，还可以根据年龄、性别、民族、职业等进行分类。由于各类演讲活动的时空环境和听众组成情况千差万别，因而对听众的分类，也不可能按严格的逻辑学那样划分成不同的互相排斥的子项，而应从有的放矢的角度出发，区分为一些较为笼统的类型。本书将听众划分为如下几种类型。

1. 路人型听众

顾名思义，这是一种临时性的听众，如同一群过路行人。这类听众除了身置演讲场所之外，并无其他传播纽带或方式与演讲者发生联系。对于这类听众，演讲者的首要任务就是要引起他们的注意，采取有效措施，把他们吸引过来，从而使他们产生兴趣。至于以后再发展到什么程度，就要看演讲的内容和技巧了。

2. 群体听众

这类听众常常是由正式或非正式群体构成。他们有共同的兴趣和价值观，有正式或非正式行为规范，这些规范对于群体成员都具有一定的约束力，他们能相互影响、相互依赖、相互作用。他们置身于演讲的时空环境，其注意力和兴趣已基本具备，演讲者如何将其保持和巩固，关键在于演讲内容是否真正切合他们的需要。

3. 研讨型听众

这部分听众具有较为明确的共同目的。虽然他们相互之间的观点可能不尽相同，但是他们对演讲内容都抱有兴趣，能在理解演讲者的观点和提供的信息基础上，及时进行解释和评价，以确定取舍。对于这部分听众，演讲内容的深刻性具有尤为特殊的意义。演讲者要显示出坚强的信心。

4. 严密组织型听众

这部分听众本身就是一个有严密组织结构的团体。他们不仅有共同的目的和利益，而且受严格的组织纪律的约束，每个成员都明确了自己应该担负的责任。这类听众很少有抵触情绪，他们早已被说服。演讲内容、重点主要是布置任务和发布指示。对此，演讲者要有权威感，显示是权力的代表。

三、群体对演讲的影响

从整体来看，凡经过组织形成的演讲现场，其整个听众可以看成是一个临时性的松散群体，因为它是为实现演讲目的而组合起来的，其成员间存在着相互影响、相互作用，且同时受演讲时空环境的约束。如果我们再仔细对现场整个听众作细致的分析，它可能是由如下几种情况构成：一是所有听众本身就是一个有组织的集体，如一个学校的学生；二是所有听众是由几个有组织的集体组合而成，如几个学校共同组织学生来听演讲；三是部分听众是由正式或非正式的群体构成；四是全部听众都是偶然的聚合，如在街头演讲（但即使是这种情况，也可以视之为在空间和时间上结合的松散群体）。

众所周知，任何群体都有其行为规范，对其成员具有一定的约束力。而适当的群体压力能增强群体凝聚力，对培养、教育和改造人具有很大的促进作用。正因如此，群体对演讲的影响不可忽视，特别是对那些凝聚力很强、有共同目的、能共同行动的群体，更应该引起足够的重视。

能共同行动的群体,其成员都有较强的责任感,不仅对自己的行为敏感,而且对别人的行为也很敏感。他们听演讲常常不是被动而是主动的,因而反应迅速。如果演讲者的观点能满足他们的需要,他们就能对演讲活动产生积极的推动作用。否则,他们也可能成为演讲活动的很大障碍。演讲者应该很好地利用群体的凝聚力,为自己的演讲服务。

如果在一次演讲时空环境中,听众是由几个群体构成,而这些群体的见解又各不相同,甚至相反,那么,演讲者就应该特别注意防止听众间发生冲突,影响演讲的进行。演讲者一方面要调动与自己见解相近的群体的积极情绪;另一方面要尽量扼制住见解相反的群体的逆反意识,切不可简单粗暴地拉一派、打一派,否则就会造成难以收拾的局面。

四、听众修养

如前所述,在演讲活动中,听众虽然是信息的接受者,但从听的角度来讲,它不是主动者。当然,听众也不是无能为力的。听众的积极配合,是完成演讲任务的重要因素。因而,听众的素质、修养的好坏,对演讲的进行有很大的影响。当然,我们不可能在每次演讲活动开展之前,都对听众进行"听众修养"的培训。但当今社会,演讲活动蓬勃开展,听演讲已经成为人际交往、接受信息的重要途径,人们经常要以听众的身份出现。因此,每个人都应该学会做"合格听众",应具有起码的"听众修养"。

大体来讲,一个"合格听众"应具有以下几方面的起码修养。

1. 思想品德修养

思想品德修养是人们最重要的基本修养,是指人们对自己的品行进行锤炼和陶冶的工夫。中华民族一向重视修身养性,讲求公德。在演讲活动的特定条件下,演讲者与听众之间的关系正是人际间伦理关系的缩影,因而,听众应该讲究公德,不可忽视修身养性。演讲者以观念、知识及感情影响听众,听众主动配合,通过接受信息,从而获得发展智能与交流情感的满足。演讲者和听众的这种关系,在我们国度是同志式的民主、平等的关系,双方都必须同时受社会主义伦理道德关系的约束。作为听众,首先要讲礼貌,讲卫生,讲文明,遵守社会公共纪律。在演讲现场,不宜东张西望,左顾右盼,交头接耳,说笑谈天;也不宜看书读报,修剪指甲,出出进进,肆无忌惮;更不应该打逗喊叫,吹口哨,喝倒彩,聚众起哄,无理取闹。即使对演讲很不感兴趣,也应出于礼貌,遵守纪律,遵守会场规章制度。其次,要谦虚、谨慎,要有诚意,要以虚怀若谷的态度来听讲,这样才能听得进。如果刚愎自用,骄傲自满,自以为了不起,就很难集中精力听讲。即使勉强听下去,也可能只是抓住只言片语,进行非议,攻其一点而不及其余。再次,要有豁达大度的胸怀,性格要开朗,气量要宽宏,特别是听到与自己观点不同的意见,要能仔细听清其所以然,冷静地辨别是非真伪。切不可稍微听到一点不如意的话,就失去理智,粗暴地抵制。这样,往往容易失去获得真知的机会。

2. 知识与听力修养

听众的听力技巧与听众的文化知识水平有密切的关系。听众文化水平高,知识面宽,其理解能力就会相应地强一些,不仅易于弄懂演讲者有声语言与体态语言所传递的信息,而且易于透过语言的表层含义进一步理解深层的内容。显然,听众的文化水平很难一致,其知识的广度和深度也千差万别,但是作为社交活动的参与者,每个人都应尽可能地使自己知识丰富些。天文、地理、风土人情、历史典故、革命理论、文艺常识、语言修辞、逻辑知识，不妨都涉猎一点。见多识广，便能左右逢源，对演讲者所表达的内容就易于理解深刻。当然，平日有意识地学习和掌握一些听力技巧也很重要。要学会根据自己的不同需要，以不同的方式去听讲。有时选择要点听，有时判断评估听；该积极与演讲者配合时，积极配合，该需要独立思考大胆联想时，就应善于分辨、思考。总之，要养成一种主动听讲的习惯。

3. 才能修养

才能，顾名思义是指人的才智和能力。前者侧重认识，后者侧重实践，有的人"充耳不闻""熟视无睹"，除了因为态度的原因之外，也是才能匮乏的反映。听众的才能修养主要包括听力、观察力和思维力等。"会听"，其实还需要靠"会看"和"会想"来配合。因为听众听讲，不光诉诸听觉，而同时诉诸视觉。也就是说，听众不仅要善于通过听觉听懂有声语言所传递的信息，还要善于通过视觉来理解体态语言所表达的含义，因而必须"耳聪目明"。听众的观察力不仅表现在对演讲者的体态语言上，而且还表现在对演讲时空环境的领悟上。聪明的听众总是善于综合运用听力和观察力来进行思考，形成心得和体会。不善于思考，得不出心得和体会，实际上还是"没听懂"，至少是"没听清"。有道是"听话听音，锣鼓听声"，听众不仅要能敏锐地"听清"演讲者言语所传达的表层信息，而且要能"听懂"弦外之音，准确地捕捉住言语所暗含的潜信息。

4. 审美修养

演讲在本质上属于社会的精神生活范畴，是一种具有审美性质和审美价值的特殊社会实践活动。演讲美是演讲形象中的具体显现。它具有虚体性特征，可以心领神会地感觉到却无法触摸到，也无法看到。听众看到的只是演讲者的实体，听到的只是口头语言的声音，触摸到的也只是演讲时空环境中的物质实体。这些都不是演讲美。演讲美不是在这些实体上，而是在这些实体构成的一种时空结构型的多元结构体上。听众听讲的过程，也是一种审美活动的过程。作为审美主体的听众，在接受演讲者所发出的各种信息的同时，必然会根据自己的生活经验和思想认识来理解，形成积极的感受，得到精神上的愉悦和满足，产生心理上的共鸣。这就要求听众不仅有较强的思想水平和文化修养，而且要有较强的艺术审美能力，能够通过视听，接受演讲整体形象所传播出来的种种美的信息，并以自己的经验和联想，丰富和补充演讲形象的内涵美和形式美。

第四节 演讲的评议

为了扩大演讲效果，发挥演讲作用，充分调动演讲者参加演讲的自觉性和主动性，帮助人们提高听力水平和鉴赏水平，推动演讲活动蓬勃开展，应该特别重视和积极开展演讲评论工作。

演讲评论指对演讲的理论研究以及对具体演讲的评议。理论研究重在探讨和总结演讲中带有规律性的问题，形成理论体系。而对具体演讲的评议则重在运用演讲理论来分析、判断、评价具体演讲活动的好坏优劣。

一、演讲评议员——特别听众

事实上，每个听众在听讲时，总是进行着主观筛选，都在自觉不自觉地进行判断或评价。演讲评论者,尤其是演讲比赛的评议员,他们不过是特别听众而已。他们和一般听众不同之处,就在于他们对具体演讲的优劣有明确的评议任务。合格的评议员,首先是合格的听众。合格听众应有的品德修养、知识修养、才能修养和审美修养,评议员也应该具备,而且应该要求更高。

第一,评议者应该出于公心,本着对演讲事业负责的精神进行评议。不论何时何地,都应该对演讲者作出客观的、公允的、实事求是评价,绝不可不顾事实,随意褒贬,尤其不可用庸俗的"关系学"亵渎评议工作。

第二,评议者不仅应该是演讲事业的热情关心者和积极支持者,而且应该是演讲技艺的熟悉者。评议者应懂得演讲的基本理论,有一定的演讲实践经验,有广博的知识,有较强的审美能力和鉴别能力,只有这样才能对演讲作出中肯的、合乎实际的评议。

第三,正直无私的评议者,应善于处理与听众和演讲者之间的关系;同时,评议者应该与会议主持者配合默契,以自己的专心致志听讲为听众作出表率。评议者应自觉地把自己看成是听众的一员,切不可高踞于听众之上,盛气凌人,目无听众,也不可无原则地受带有偏见的听众情绪的影响。评议者对演讲者应该持积极支持鼓励的态度,切不可以冷漠的表情给演讲者以无形的压力,更不可唯我独尊、随心所欲地滥用评判权,而应该根据评议标准,认真研究演讲者的风格、特色,作出恰当的评定。

二、掌握评议标准

从表面形式看,评议是一种主观性认识活动。但就本质而言,它必须遵循客观规律进行,不能随心所欲。离开了客观的、公允的、准确的标准,演讲的评议就无法顺利进行。

衡量演讲优劣的客观标准是深刻的思想内容和完美的艺术形式的和谐统一。优秀卓绝的演讲,总是把深刻的思想内容和完美的艺术技巧熔于一炉,形成和谐的整体。只注意思想内容而忽视表现艺术或只重表现艺术而忽视思想内容,都是对演讲的片面理解。评议员评议演讲,必须准确地把握住政治标准和艺术标准。具体而言,评议演讲可分别从演讲内容、有声语言表达技巧、体态语言表达技巧和现场效果几方面进行。

1. 演讲内容

评议演讲内容主要评议演讲的主题、材料、结构。主题是灵魂。评议时要看它是否有时代特色,是否有针对性,是否具有真知灼见的深邃思想。材料是血肉。评议时,要看它是否真实可靠,是否充实丰满,是否新颖生动,是否具有典型性、代表性。结构是骨架。评议时,要看开头、主体、结尾是否恰当,看推理论证是否合乎逻辑,看先后次序、详略安排、段落层次以及过渡是否自然得当。如果以百分制评分,以上内容可占 50 分。

2. 有声语言表达技巧

评议有声语言表达技巧主要评议文词、发音和可闻度。文词要求准确、鲜明、生动,"上口入耳",优美风趣;发音要求准确清晰、清亮圆润,符合普通话发音规范;可闻度要求声音洪亮,声调抑扬顿挫,富有感情,有强烈的感染力。这些情况可合占百分制的 20 分。

3. 体态语言表达技巧

评议体态语言表达技巧,主要是评议眼神运用、面部表情、手势动作、举止仪表。要求表情传神达意,动作自然优美,举止大方,态度谦和,仪表端庄。这些可共占百分制的 20 分。

4. 现场效果

现场效果是演讲的内容及技能技巧的反映。把它作为单列项目来评议,主要是要考察演讲者的控场应变能力,考察演讲者如何利用听众的反馈信息进行增删调整,使演讲顺利进行。这些情况可占百分制的 10 分。

为了使评议工作进行得稳妥顺利,上述内容可仿表 10-1 列成表格。

表 10-1 评议项目和分数分配表

姓名	题目	内容(50分)			有声语言(20分)			体态语言(20分)		现场效果(10分)	总分
		主题	材料	结构	文词	发音	可闻度	神态	风度		

拟定上述标准和分数比例分配,目的是使评议者在评议时有较明确的依据,克服过于笼统模糊的毛病。当然,根据每次演讲的宗旨和具体情况,评议项目和分数的比例分配也可作适当调整。

思考与训练

1. 为什么说"听众的配合是完成演讲任务的重要因素"?为什么说"听众是演讲效果的最佳评判者"?

2. 为什么说"听是一种主动行为,一种技能"?听众的听力有好坏之分,影响听众听力的主要因素是什么?听众听讲的选择性表现在哪些方面?

3. 为什么要研究听众的心理需要?怎样掌握听众的心理定式?怎样满足听众正当的精神需求?

4. 听众有哪几种基本类型?为什么说"听众群体对演讲的影响不可忽视"?怎样积极地引导听众群体,争取演讲的成功?

5. 下面是某大学一位教授刚开始演讲,面对学生注意力不集中的情况所采取的措施,我们从中可受到哪些教益?

　　有一次,某大学一位教授给学生演讲,走上台一看,会场上出现了交头接耳、开小会、困倦瞌睡等注意力分散的情况,于是他疾步走到麦克风前,将一块石头放到讲桌上,然后说:"请各位同学注意看,这是一块非常难得的石头,在全国只有我这一块。"此语一出,会场鸦雀无声,听众都集中注意力来看他,于是他言归正传,开始了自己的演讲。"因为这是我去南极探险时,从南极圈带回来的。"

6. 下面是女作家谌容访问美国,到某大学发表演讲时的答问,说说她是怎样征服听众的?

　　有一次,女作家谌容访美时到某大学发表演讲,有人向她提出一个带有挑战性的问题:"听说您至今还不是中共党员,请问您对中国共产党的私人感情如何?"谌容听后微微一笑,机敏地回答道:"你的情报准确,我确实还不是中国共产党党员,但是我的丈夫是个老共产党员,而我同他共同生活了几十年尚无离婚的迹象,可见,我同中国共产党的感情有多么深。"这一席话,语惊四座,而提问者却陷入十分难堪、尴尬的境地。

第十一章　为演讲者与听众架金桥
——演讲会的主持艺术

在演讲活动中，演讲者与听众的联系固然起着主导的决定性作用，然而，演讲主持者对演讲现场的影响同样不可忽视。事实上，主持人是演讲会场的关键人物。他既要联结各个演讲者的演讲，又要组织听众，引导听众。他既是演讲者的"靠山"，又是听众的"中轴"。他在演讲者和听众中搭起桥梁，使演讲得以顺利进行。在演讲过程中，主持人如果技巧高明，安排得当，便能使演讲获得圆满成功。如果主持人不懂主持艺术，安排紊乱，很可能使演讲"炸锅"，甚至导致失败。因此，掌握演讲会的主持艺术，对搞好演讲活动有着十分重要的意义。

主持人的主要作用是实现目标、履行程序和建立有效的人际关系，创造良好的传播气氛。实现目标主要指主持人围绕举办演讲会的宗旨进行组织指挥，使演讲的内容紧紧地为实现目标服务；履行程序的目的在于使演讲活动能按预先规划，有条不紊地进行；而建立有效的人际关系则在于沟通与会者各方面的感情，包括控制情绪，解决冲突，建立起良好的传播心理气氛等。

主持演讲会，应抓住下列几个重要环节：一是会前准备；二是开场艺术；三是串联与控场；四是做好总结。

第一节　会前准备

演讲会成功与否，与主持人的组织管理技能有密切关系。为保证演讲会的宗旨得以实现，任务得以完成，主持人首先必须做好会前的组织管理工作。

会前准备工作主要包括思想准备和现场物质准备。

1. 明确演讲会的宗旨和任务

举办演讲会绝不是为了演讲而演讲，必然有明确的目的。主持者一定要十分透彻地理解这个既定的目的，然后才能较好地围绕这个目的进行组织和安排。

2. 了解演讲者

主持人事先要与各个演讲者进行接触，了解其政治面貌、职务、职称、工作业绩、性格、爱好，以及演讲技能等有关情况，以便恰如其分地向听众作介绍。

3. 了解演讲内容

了解各演讲者演讲的确切题目、演讲主题，以及演讲者是如何阐明主题的，以便根据各个题目和演讲内容之间的内在联系，作出恰当的顺序安排，同时也便于向听众作串联式的介绍。

4. 了解听众基本情况

了解听众大体类型、文化素质、年龄特征、心理需求等等，并尽可能将这些情况介绍给演讲者。这样,不仅有利于演讲者有的放矢地发表演讲,也有利于主持者自己控制演讲现场,牢牢掌握主动权。

5. 了解演讲现场情况

了解会场环境、场内布局、音响设备、灯光强弱等演讲现场情况,以避免非常情况的出现。即使中途出现突发事件,也易于采取果断措施,保证演讲继续进行。

6. 做好自身的精神和物质准备

主持人要认真考虑自己的服饰、仪表,注意自己的形象。同时,对如何开场,怎样串联,以及用什么办法结束,都应统筹构思,娴熟于心。最好事先拟好开场白、串联词和结束语进行预演。这样在临场主持时,便能挥洒自如,得心应手。

除上述准备之外,如遇比赛性质的演讲会或辩论性质的演讲会,主持人还应用民主协商方式组成评委会,制定比赛规则,安排程序,准备裁判物资及奖品等,这里就不一一赘述了。

第二节 开场艺术

凡有主持人主持的演讲会,最早在听众面前亮相的,就是主持者。在未开口之前,主持者的仪表、举止就要在听众面前形成威信效应,"镇住"会场。这就要求主持者步履从容稳健,态度谦和大方,显得精神焕发、生机勃勃,给听众以赏心悦目的感觉。这情景颇有点像报幕员走上舞台。

主持者的开场白,为演讲拉开序幕。开场白的目的:一则在于为演讲者与听众搭桥铺路,使演讲者与听众情感相通;二则在于根据演讲会的宗旨与要求,打开场面,引入正题。

开场白一般属介绍性演讲,很简短,几乎不超过一分钟。尽管这样,也必须精心准备,认真收集事实材料。主持人事先要了解演讲的题目、主题,以及演讲者是如何阐明主题,并尽可能在介绍时讲清它与听众利益的关联;要善于介绍演讲者,在介绍演讲者时,最好指出他最高的或最新的职务,特别是要指出演讲者经历中最卓越的成就,同时,要突出地介绍他讲这个题目的优势。这样介绍就能达到增强听众注意力的目的,使听众接受演讲者的讲话。概括上述内容,介绍可以归纳为一个简单的公式:题目—重要性—演讲者。公式虽然简单,但灵活运用却要颇费匠心。主持者要充分发挥自己的想象与联想,使之独具特色,避免枯燥的陈词滥调。例如,某校邀请话剧《光绪政变记》中慈禧太后的扮演者郑毓芝作演讲,主持人是这样开场的:

> 同学们,今天,我们好不容易把"老佛爷"慈禧太后请来了!(掌声,笑声大作,听众的情绪顿时热烈起来)"老佛爷"郑毓芝同志在戏台上盛气凌人,皇帝、太监、大臣见了都诺诺连声,磕头下跪;在台下却和蔼可亲,热情诚恳。她方才和我谈起,她还曾扮演过《秦王李世民》中的贵妃娘娘,话剧《孙中山》中的宋庆龄。她是怎样把这些截然不同的人物扮演得栩栩如生的呢?下面请听她的演讲。

这段妙语连珠的开场白,很有魅力,一下子就把听众的胃口"吊起来了"。它既生动地介绍了演讲者的身份、最新成就,又点明了演讲的内容,特别是含蓄地介绍了演讲者讲述这个内容的优势。这就紧紧地抓住了听众,使听众对演讲者肃然起敬,自然形成专心听讲的气氛。如果把这段话换成:"同学们:现在会议开始,让我们以热烈的掌声欢迎郑毓芝同志为我们讲述怎样把截然不同的人物扮演得栩栩如生的。"那就味同嚼蜡了。

开场白应当自然,不宜极度严谨、一本正经;要好像是自发的,似乎是随着当时的场合出现的。介绍的时候要热情,极力表现出友好的态度;要真诚,切忌虚情假意、言不由衷、阿谀奉承之词。当然,开场白要简洁,不宜冗长,冗长使人发困。同时,主持者不要借此机会沉溺于夸夸其谈来标榜自己,突出自己,更不可用幽默来褒贬演讲者的职业,尤其不可贬低演讲者,那必然导致不愉快的结果。请看下面这段介绍:

> 这是今年冬天我们的文学系列讲座的第一讲。你们都知道,去年的系列讲座不太成功,实际上我们去年底结束讲座的时候出现了亏空。所以,我们今年举办一个新的系列讲座,并且力图请比较便宜的天才来讲。请允许我向各位介绍这位里柯克先生。

主持者用"比较便宜的天才"来称里柯克,立即引起了里柯克的不满。他不加渲染地说:"贴着'比较便宜的天才'这个标签,慢慢地挪到听众面前,请想想这是一种什么滋味儿吧。"

▶ 第三节 串联与控场 ◀

为使演讲会开得红火、热烈,大会主持人不仅要设计出色的开场白,而且要在会议进程中时刻注意观察会场的动向,观察听众对演讲的反应。当听众情绪高涨,会场气氛热烈的时候,主持者应利用机会进一步鼓动听众,使会议情绪一浪高过一浪。如果发现异常情况,如出现口哨声、喧闹声或有吵闹斗殴现象等,应立即采取果断措施,排除干扰,保证演讲顺利进行。当遇到设备故障或停电等意外情况时,主持人要头脑清醒,一方面安定听众情绪,一方面迅速组织力量排除故障。如遇演讲者与听众直接对话时,主持者一定要牢牢掌握会议的主动权,切不可自流放任,对超时论辩、搞人身攻击或其他违背会场规则的现象,应严肃批评、禁止。总之,主持人一定要自始至终把住会议按预期目标发展。

主持者在演讲进程中的控场,常常利用巧妙的连接词来进行。管金麟、梁遂主编的《演讲学教程》中,记载了这样一个生动的例子:

> 1984年9月25日,某大学经济系举办"回顾与展望"演讲会,原定当晚在一楼大教室举行。7点整,主持人西装革履、满脸笑容走上讲台。因为第一个演讲者的题目是《含笑的时代》,所以他事先准备了开场白:"我今天很高兴。我看到大家也很高兴。我们都在笑!但是,一笑之后,我不禁要问:'这笑包含着什么?'作为今天演讲会的开始,我们就先请×××同学来分析一下我们笑的内容吧。他的演讲题目是《含笑的时代》!"
>
> 但是,当主持人刚刚讲完开头两句"我今天很高兴,我看到大家也很高兴"时,教室的电灯突然全灭了。同学们哄堂大笑,闹翻了天,只好改在二楼教室里进行。这种意外情况打乱了主持人的计划,当他重新上台时,灵机一动,说道:"现在我仍然很高兴。"台下又是哄然大笑,整个会场气氛一下子活跃起来。他接着说:"好事多磨,在经过一场意外事故之后,还有这么多热情的听众,我怎么不

高兴呢?！我首先代表今天参加演讲的几位同学向大家表示衷心的感谢!"这时，群情激动，大家热情地鼓掌，演讲会顺利开始了。

第一位演讲者讲完后，第二位演讲的题目是《向着更高的目标起飞——阶梯随想曲》，这时，主持人又巧妙地利用了刚才发生的意外事故。他说："刚才大家从楼下到楼上是怎么上来呢？是经过一级一级的楼梯走上来的，以前，大家也攀登过木头的、竹子的梯子，但这些都是看得见摸得着的，而下面，×××同学要跟大家谈的却是另外一种阶梯。"

主持者根据意外事故，随机应变，灵活串联，恰到好处地临场发挥，变被动为主动，显得自然、得体。这种串联控场手法是很值得借鉴的。

设计好串联词是主持人积极控场的手段。因为串联词能起承上启下、画龙点睛、引导听众认真听讲的作用。主持人根据会前了解的各个演讲者的基本情况和演讲内容，分析并抓住各个演讲内容的内在逻辑进行先后顺序的安排，然后设计出独具匠心、文采斐然的串联词。《演讲与口才》1987年第3期列举了某教育局长主持先进教师经验介绍会的串联控场词：

榜样的力量是无穷的。听了这位班主任的发言，我们深感身教重于言教。但是在整个教育过程中，除了身教还要不要言教？言教要占怎样的地位？老师应怎样研究言教的艺术？××老师在这方面做了可贵的探索，下面请他介绍。

这段连接词前两句对前一位的演讲内容作了精当的概括，接着用"但是"一转，连续用了三个设问句，扼要地对下面演讲的内容作了提示，显得自然、得体，使听众形成对身教和言教的较为全面的理解，避免产生片面性。

这位主持人的另一段串联词也说得很不错：

言教需要美好的语言，美好的语言来自美好的心灵，美好的心灵来自不断的自我修养。××老师注重品德修养的事迹曾在许多学校传颂。下面请××老师来讲一讲。

很明显，这段话从上面演讲者的内容重点生发开来，自然地引出教师的品德修养问题。主持人的这两段串联词，很巧妙地把三位演讲者的演讲组合成一个有机的整体，揭示出他们之间的内在逻辑关系，使整个演讲会显得中心明确，重点突出，层次清楚，给听众留下极深的印象。

串联词的语言要求简练、幽默、富有文采。经验丰富的主持人常挑选演讲者某一句精辟的话，临场发挥，使人感到妙趣横生。串联词切不可长篇大论，喧宾夺主，也不宜用生搬硬套的刻板式的语言，那样势必令人发困，冲淡演讲的热烈气氛。

第四节 做好总结

当演讲会临到结束时，主持人要特别防止产生松劲情绪。这种松劲情绪一方面表现为听众注意力的分散，另一方面表现为演讲者草率收兵的急躁行为。作为演讲会的主持者，这时的"身教"十分重要，绝不能流露半点倦怠痕迹，要始终显示出饱满的热情，使演讲者受到鼓舞，令听众情绪稳定。

主持人在演讲会将结束时,应主动征求光临会议的领导者的意见,以便总结或作出新的部署。结束时,主持人要以主人翁的姿态,向辛劳的演讲者,向热情的听众,向一切对大会做过贡献和支持的人表示谢意;要始终给人以文明礼貌的印象。

发表新颖别致的结束语,是主持人主持演讲会的最后环节。俗话说:"编筐编篓,贵在收口。"主持人要力避那些刻板、枯燥的套话,尽可能选用生动活泼、富有深意的话来表达。主持人的总结是整个演讲会的"豹尾",要雄健有力,言简意赅,切不可絮絮叨叨,重复演讲内容,如果画蛇添足,势必令人生厌。

好的结束语,应该具有如下特色。

1. 概括准确,点明主旨

优美的结束语就如同导游者引导游客登上顶峰,居高临下回顾沿途的景观一样,使人感到真切、生动、完整,心旷神怡,有一种强烈的整体感。例如,有一次演讲会上,在两位演讲者分别做了题为《做一颗闪光的螺丝钉》和《再朝前走一步》的演讲之后,听众反应强烈,情绪高涨,掌声不断。这时,主持者神采奕奕走近麦克风,激情地说:"同志们,为了我们壮丽的事业,让我们做一颗闪光的螺丝钉,让我们大踏步再朝前走一步!"同时,他举起右手,做了一个手掌向上前方冲击的手势,显示出勇往直前的气概,给听众以极大的鼓舞。这短短的三句话,巧妙地借用两篇演讲的标题,把演讲内容和大会的宗旨全部概括进去了,极富感染力,听众欢声雷动,会场热烈气氛达到顶峰。如果主持者使用千篇一律的套话说:"两位演讲者,不辞辛劳,为我们做了这样生动的报告,使我们受益匪浅,让我们再一次用热烈的掌声表示谢意吧!"那不知要逊色多少!

2. 言简意赅,新颖含蓄

结束语宜短小,富有文采,使人觉得新鲜而含蓄深刻,耐人回味、咀嚼。《演讲与口才》1987年第3期《妙语连珠,推波助澜》一文中,引用了一个十分恰当的例子。有位同志在主持庆功表彰会时,这样结束:"听完发言,我想到了一件事:有人问球王贝利哪个球踢得最好?回答是:下一个!有人问导演谢晋,哪部戏拍得最好?回答是:下一部!有人问一位名演员哪个角色演得最好?回答是:下一个!看来我们在庆功、表彰时也应牢记:下一个!下一部!散会!"

这个结束语运用排比手法,列举意义相同的事例,含蓄地指出取得成绩后还应不断进取。意旨深远,新颖含蓄,与会议的宗旨十分吻合。说到关键处,戛然而止,令人回味无穷。

总之,成功的结尾词应该是自然得体,文采闪耀,收束有力,以出奇制胜的办法和优美简短的语言,说出最精彩最动人之点,犹如撞钟,令人感奋,使演讲者的意境与听众的感情得以升华。

思考与训练

1. 为什么说"主持人是演讲会场的关键人物"?主持人的主要作用是什么?
2. 演讲会场的准备包括思想准备和现场物质准备,其主要工作有哪些?
3. 主持人开场白的主要任务是什么?有学者把主持人的开始介绍归纳为"题目—重

要性—演讲者"这样一个公式,你同意这种看法吗?为什么?

4. 为什么说"设计好串联词是主持人积极控场的手段"?设计串联词在语言上有什么要求?

5. 主持人想发表新颖别致的结束语应把握哪些要领?

6. 下面是山东某主持人在一次主持论辩演讲中的开场白,这一开场白有何特色?

  同学们,咱们的辩论赛马上就要开始了,这次辩论赛由我主持。作为主持人,我虽然缺少潇洒的风度和超群的口才,但参赛的各位都是具有雄才大略的论辩家。我相信,他们的论辩,一定会使各位大饱耳福。不信,就请洗耳恭听吧!

7. 下面是上海某主持人在主持一位外地教师来沪作报告时的结束语,我们从中可受到什么启示?

  听完×××老师的报告,我不由自主地默念起孔夫子的一句话:"有朋自远方来,不亦乐乎。"远方来客的报告让我们不胜快乐,这乐就乐在四个字:"诲人不倦。"×××老师的报告让我们体会到了诲人之乐。散会!

中外优秀演讲词评析

在萧红墓前的 5 分钟演讲[①]

(1948 年)

郭沫若

原　文	评　点
年轻的朋友们！ 　　讲演对于我倒不是件难事,然而要不多不少恰好"5 分钟",却使我感到困难。而主席又只要我作"5 分钟"的滩头演讲,好让你们早点跳下海去,作你们的青春之舞泳。	开场白,应变自如,饶有风趣。
我想了,本来我可以这么开始我的演讲："各位先生,各位女士,请大家沉默 5 分钟！"于是当大家沉默 5 分钟的时候,我便说："沉默毕了,我的讲演完了。" 　　大家假如要反诘我："你向我们作 5 分钟的演讲,为什么叫我们沉默 5 分钟呢？"我可以理直气壮地回答："朋友,人们不是说：'沉默胜于雄辩'吗？"	设问作答,情趣盎然,富有吸引力。
本来我可以这么开始我的讲演的,但是当我听到了×先生两分钟的演讲,太漂亮了！他说："人民的作家萧红女士一生为人民解放事业奔走,到头来死在这南国的海边,伙伴们把她埋在这浅水湾上,今天,围绕在她周围的都是年轻人,今后的日子里,不知有多少人围绕着她。朋友们！我们是年轻人,我们没有悲伤,我们没有感慨,请大家向萧红女士鼓掌。"太好了,我的 5 分钟演讲只好改变计划了,让我把年轻人引申来说一下吧。 　　年轻人之所以为年轻人,并不是单靠着年纪轻,我们倒看见有好些年纪轻轻的人,却已经成了老腐败,老顽固,甚至活的木乃伊——虽然还活着,但早已死了,而且死了几千年。	明里赞扬别人的演讲,实则为自己的议论作引子,作铺垫。
反过来我们在历史上也看见有好些年纪老的人,精神并不老,甚至有的人死了几千年,而一直都还像活着的年轻人一样。所以一个人的年轻不年轻,并不是专靠着生理上的年龄,而主要的还是精神上	从生理推论到精神,引申出"年轻精神"。

[①] 这是郭沫若1948年在萧红墓前的即兴演讲词.原刊于1948年8月29日《大连日报》副刊"海燕"第112期.

原　　文	评　点
的年龄，便是"年轻精神"充分的，虽老而不死；"年轻精神"丧失的，年虽轻而人已死了。 　　那么，什么是年轻精神的品质呢？ 　　第一，是真理的追求者。他是一张白纸，毫无成见地去接受客观真理，他如饥似渴地请人指教，虚心坦怀地受人指教，他肯向一切学习，以养成他的智慧。这是年轻人的第一特征。 　　第二，是博爱的实践者。他大公无私，好打抱不平，决不或很少为自己打算，切实地有着人饥己饥、人溺己溺的怀抱，而为他人服务。这是年轻精神的第二特征。 　　第三，是勇敢的战士。他不怕任何艰难困苦，他富于弹性，倒下去立刻跳起来，碰伤了舐干血迹，若无其事，他以牺牲自我的意志彻底一切。这是年轻人的第三特征。 　　这三种年轻精神的特征，每一个年轻人都是有的，假如他把这些特征保持着，并扩大着，那他便永远年轻，就是死了还年轻；假如他把这些特征失掉，比如年纪轻，便做狗腿子的事，那他不仅不年轻，而且老早是一个死鬼了。 　　就在这样的认识之下，我们向"年轻精神"饱满的青年朋友们学习，使自己年轻，使中国年轻。	分条逐款阐明"年轻精神"的内涵。 既赞誉死者，又激励生者，催人奋进，永葆青春。 结语言简意赅，从个人引申到国家，含义更深。

【综评】

郭沫若(1892—1978年)，原名郭开贞，四川省乐山人。中国现代诗人、剧作家、历史学家。1914年东渡日本学医。回国后从事新文化运动，是中国新诗的奠基人之一。著作很多，重要著述均收入《沫若文集》。

郭沫若的这篇演讲是一篇精彩的即兴演讲。他匠心独运，构思巧妙，感情真挚，平中见奇，娴熟自如地抓住演讲现场情景，一波三折，生发开来，深刻阐明了纪念萧红的意义，鼓励人们发扬"年轻精神"。

祖国——母亲

（1984年10月）

吕元礼

原文	评点
人们常说：第一次把美人比作花的，是天才；第二次把美人比作花的，是庸才；第三次把美人比作花的，是蠢材。不错，如果人云亦云，鹦鹉学舌，那么，就是再美妙的比喻，也会失去光彩。但是，在生活中，却有这样一个比喻，即使你用它一百次，一千次，一万次，也同样具有强大的感染力。同志们或许会问：这是个什么样的比喻呢？那就是，当你怀着一颗赤子之心，你一定会把祖国比作母亲！	用一个不能重复的比喻引出一个可以千百次重复的比喻，导出论题，新颖别致。
是啊，祖国——母亲，在我们心中是紧紧相连的两个词。电影《牧马人》中有这样一段情节："当男主人公许灵均的父亲要他到国外去享受荣华富贵时，妻子秀芝对他说了这样一段话：我知道，你是不会走的。因为你舍不得这高高的祁连山，你舍不得这茫茫的大草原，你舍不得这生你养你的祖国母亲！"歌唱家关牧村在英国演出期间，把所有的零用补贴如数交给国家，自己什么也不买。外国小姐问她："难道你一点东西都不需要吗？"关牧村感情真挚地回答说："我们中国有个风俗，姑娘从不背着妈妈买东西。"青年作者金安平写过这样一首小诗："不管母亲多么贫穷和困苦，儿女对她的爱也绝不会含糊。我只喊一声'祖国万岁'，更强烈的爱在那感情深处。"	引述两则动人事例及一组诗句证实论点，感人至深。
为什么人们总是把祖国比作母亲呢？有人会说："因为祖国用她的江河的乳汁喂养了我们。"如果仅仅因为这样，那么，我们何尝不可以把祖国比作奶妈呢？还有人说："祖国用她的山川怀抱抱大了我们。"如果仅仅因为这样，那么，我们何尝不可以把祖国比作保姆呢？但是，不管是"奶妈""保姆"，或者其他词，都反映不了我们对祖国深厚的感情；只有"母亲"——这个人类语言中最纯洁、最善良、最无私、最伟大的词，才能表达我们对祖国的深情。	引申分析比喻缘由，情真意切，令人信服。
那么，"祖国——母亲"这个比喻的内涵到底是什么呢，这里，我想先给大家讲一段孙中山先生曾经讲过的故事：	剖析比喻的内涵，借名人生动故事阐释发人深省的道理。
在南洋爪哇，有一位财产超过1000万元的华侨富翁。有一天，他外出到一位朋友家做客，直到深夜才想到该回家了。可是出门后，他一摸口袋，发现忘了带夜间通行证。按照当地法令规定，华人夜出，要是没带夜间通行证，被荷兰巡捕查获，轻则罚款，重则坐牢。这位富翁自然不敢冒这个风险了。可他又总想当夜赶回家去，怎么办	

原　　文	评　　点
呢？正当他左右为难的时候，忽然发现不远处有一家日本妓院，他便计上心来，走进妓院，花钱请了一位日本妓女，手挽手陪她散步，一直走到自己家门口，才让妓女转回妓院。因为有这个妓女做伴同行，荷兰巡捕便不敢动问，所以，他才能够安全回到家里。 　　讲到这里，同志们一定不太相信。一个是高贵的富翁，一个是低贱的妓女，难道高贵的富翁反不如低贱的妓女不成？不错，按照常理，富翁确实比妓女高贵。可就因为那位富翁是中国富翁，那个妓女是个日本妓女，日本妓女虽然很穷，但她的祖国却很强盛，所以她的国际地位就高，行动也就自由；这个中国富翁虽然自己很富，但他的祖国却不强盛，所以，连走路的自由都没有。由此可见，要是祖国不强盛，你就是千万富翁、亿万富翁，也抵不上人家一个妓女啊！ 　　是啊，当祖国贫穷的时候，她的人民就挨饿受冻；当祖国弱小的时候，她的人民就受辱被欺；当祖国富裕的时候，她的人民就快乐幸福；当祖国强大的时候，她的人民就昂首挺胸！历史早已雄辩地证明了这一点。当侵略者的铁蹄践踏祖国身躯之时，上海公园的门口就竖起了"华人与狗不得入内"的招牌；当帝国主义的大炮轰进祖国的胸膛之时，无数人民群众就惨遭屠戮；而当新中国的旗帜高高升起的时候，中华儿女就站了起来；当祖国女排登上世界冠军宝座的时候，海外侨胞也就扬眉吐气。啊，我终于明白了，为什么人们总是把祖国比作母亲，因为祖国和人民，正如母亲和子女，是耻辱与耻辱连在一起，荣誉与荣誉连在一起，痛苦与痛苦连在一起，幸福与幸福连在一起，血肉与血肉连在一起，命运与命运连在一起！这就是"祖国——母亲"这个比喻的真正内涵。 　　历史上，多少中华儿女像热爱自己的母亲那样热爱自己的祖国。屈原抱石投江，为的是祖国；文天祥慷慨悲歌，为的是祖国；陆放翁留诗示儿，为的是祖国；谭嗣同面对刀俎，脸不变色，"我自横刀向天笑，去留肝胆两昆仑"，他念念不忘的也是祖国；抗日民族英雄吉鸿昌就义时，慷慨悲歌"恨不抗日死，留作今日羞。国破尚如此，我何惜此头"，他视死如归，甘洒热血，所报者还是祖国。为了祖国，一代又一代的英雄儿女献出了自己的热血和生命。 　　鲁迅先生曾经说过："惟有民族魂是值得宝贵的，惟有它发扬起来，中国才有真进步。"鲁迅先生所指的民族魂是什么呢？概括地说，就是"重大义，轻生死"的生死观，就是"国家兴亡，匹夫有责"的使命感，就是"我以我血荐轩辕"的大无畏的民族精神！怨天尤人，长吁短叹，这都是庸人懦夫的行为，它只能使人生空洞、苍白。这种人是绝不能创造出光辉灿烂的未来的。一个沉湎于痛苦回忆而不能自拔的	慷慨陈词，说理精当，使人心潮澎湃，热血沸腾。 　　回顾历史英豪，无不深爱自己的祖国。 　　收束全篇，揭示"国家兴亡，匹夫有责"的永恒主旨，以感染、鼓舞听众。

原　　文	评　点
民族,也是一个没有希望的民族。同志们,请不要抱怨,说我们的祖国缺乏活力;请不要慨叹,说我们的母亲衰老年迈。我们有的是满腔的热血,有的是年轻的生命,那就用我们的热血来复苏祖国蓬勃的生机吧!用我们的生命来焕发母亲青春的光彩吧!	

【综评】

吕元礼,是我国改革开放年代讲坛上脱颖而出的青年一代的优秀代表。他的题为《祖国——母亲》的演讲,在社会上,特别是在广大青少年中引起了巨大反响和强烈共鸣。这是一篇激情奔放、观点鲜明、论证有力、荡人心魄的优秀演讲,也无疑是一篇不可多得的爱国主义的生动教材。

20世纪80年代中期,国门大开,改革开放的大潮方兴未艾,古老的国度躬逢盛世,迸发出从来没有过的青春活力。与此同时,欧风美雨扑面而来,沉渣泛起,泥沙俱下,在这历史转折的关头,有的人在为祖国的前途和命运而忧思奋起;有的人则晕头转向,不辨东西,似乎中不如外,还是别人的月亮比中国的圆了。面对严峻的现实,青年一代如何摆正个人与祖国的关系,怎样去肩负继往开来、再造辉煌的历史重任,怎样继承和发扬爱国主义的光荣传统,都需要有一个正确的抉择和响亮的回答。吕元礼的这篇《祖国——母亲》的演讲,正是在这一历史背景下出现的,他把鲜明的主旨和生动的事实融为一体,深刻揭示了《祖国——母亲》的全部含义,给人以巨大的鼓舞和教育。

祖国就是母亲,这是本篇贯穿始终的中心论题。围绕这一中心,演讲者满怀真挚的情感,用丰富翔实的事例、形象鲜明的对比、逻辑严密的分析和生动的叙述,通俗明了地论述了人民与祖国荣辱与共、血肉相连的关系,揭示了祖国——母亲这一比喻的真正内涵,充分论证了"国家兴亡,匹夫有责"这一永恒的主题,使迷茫的人清醒了认识,使奋进的人增添了动力,给创造的人以腾飞的翅膀。

围绕"祖国就是母亲"的中心论题,通过完整而严谨的结构、生动流畅的叙述、翔实丰富的事例表达主旨,抒发感情。第一部分,他用一般不能重复的比喻,引出一个可以千百次重复的比喻,表明了它的永恒性。这样的开头,生动活泼,饶有情趣,一下子把听众抓住了。接着列举典型事例,来证实论点的可靠性。第二部分,集中论述为什么说"祖国就是母亲"。他先从儿女对母亲即人民对祖国的感情方面来分析,用假设证明的方法排除了"奶妈""保姆"等称谓,因为这些词语都不足以表现赤子对祖国的深情,只有"母亲"才能表达出人们对祖国的挚爱。然后引述革命先驱孙中山先生曾讲过的南洋华侨的一段不平遭遇,有力地说明祖国对她的人民的保护作用,演讲者就是通过祖国与人民的血肉关系来分析、证明"祖国——母亲"的真正含义。在这个基础上,再用一连串的排比句群,说明人民与祖国荣辱与共、生死相依的特殊关系,既有震撼心魄的生动事例,又有入情入理的理论分析,以饱满的激情集中回答了祖国为什么是母亲的论题。这是全篇的议论重点,十分精彩感人。最后两个自然段,是本篇的结束部分。更深一层地提出问题,即应该怎样对待母亲。他既借鉴了历代英杰献身报国的壮举,又巧妙地联系了当前的现实,把"国家兴亡,匹夫有责"的主题思想表达得完美充分,把"爱国之情、报国之志、建国之才、效国之行"融为一体,具有强大的冲击力、感染力和说服力。

在湖北蒲圻一中85周年校庆典礼上的演讲

（1996年10月19日）

李元授

原　　文	评　　点
金秋送爽，丹桂飘香，塔山起舞，陆水欢歌，迎来母校蒲一中建校85周年华诞。今天是母校蒲一中师生的盛大节日，是蒲一中校友的盛大节日，是蒲圻市50万父老乡亲的盛大节日。今天，在这个庄严、神圣的时刻，我谨代表蒲一中武汉校友会以及武汉数百名校友，代表海内外教育界、科技界及知识界全体蒲一中校友，向母校的全体师生和家乡的父老乡亲致以节日的祝贺和亲切的问候，向与会的各位嘉宾致以崇高的敬礼！ 　　"忆往昔，峥嵘岁月稠。"从民国2年（1912年）湖北省教育司特派视察员雷丁章先生一行6人来蒲圻，将前朝阳书院改为蒲圻县立中学算起，母校蒲一中已经走过辉煌的85周年；如果上推前朝阳书院的建校日，已有百年校史。百年校史，这在全国县市级第一中学里可谓名列前茅。百年校史，名牌效应，无形资产，千金难买，万金难买；悠久校史就是力量，就是权威，就有可能培养出高质量的人才。我们的母校蒲一中曾经闻名全国，闻名台港澳地区，闻名五洲四海。我们的母校从她创立之日起就是鄂南的最高学府，不少湘籍学生也慕名前来求学；她曾抚育出一批又一批中华英才，曾造就一些驰名中外的政治家、革命家、科学家、教育家，例如：曾经担任孙中山先生的侍从秘书、为孙中山先生整理《建国方略》《三民主义》的政治家黄昌谷先生；曾经领导著名的鄂南暴动，并担任农民军第一路军总司令的革命家漆昌元先烈；被誉为"南鲍（鼎）北梁（思成）"的大建筑学家鲍鼎先生；抗战胜利后，作为国民政府委派的高级专员接收日本赔偿及归还物资的大化学家唐崇礼先生；曾经奉国民党政府教育部之命筹建国立武汉大学新校舍，并为武大代理校长的化学家、物理学家刘树杞先生；长期担任华南师范学院教授、教务长的教育家叶佩华先生；奉我国国务院教育部之命筹建华南工学院，并长期担任该院院长兼党委书记的教育家张进先生等等，都是出自蒲一中这个教育摇篮。一个县级中学，竟然出了这么多享誉海内外的政治家、革命家、大学问家，何等了不起，何等壮丽，何等辉煌！据统计，新中国成立后，母校培养出来的学生担任教授、研究员、主任医生、高级工程师、高级农艺师等高级人才的不下2000人，其中有不少是海内外知名的专家	连用排比，渲染庆典气氛。 阐明百年校史之效应。 列举母校所育英才，给听众巨大震撼。

原　　文	评　　点
学者；先后留学美、英、法、日等国的留学生数十人；还有些人是省军级或地师级领导干部。还有不少人成为市、地、省乃至全国的劳动模范、战斗英雄或其他先进人物。还有更多的校友成为工、农、兵、学、商各条战线的主力军，为四化大业贡献他们的聪明才智和毕生精力。他们是国家的精英，民族的脊梁。我们为母校而骄傲，为母校而自豪。	
母校蒲一中自创办以来，取得了令世人瞩目的成就，如： 1935年、1936年毕业生统考成绩名列全省第二、第三； 1961年、1962年、1964年高考升学率名列孝感地区前茅； 1978年、1980年、1983年曾三次夺得咸宁地区高考桂冠； 1988年、1989年、1990年又创咸宁地区高考"三连冠"佳绩。 　　现在，母校在注重升学率的同时，又特别重视素质教育，以培养德、智、体、美全面发展的跨世纪人才。我们为母校而骄傲，为母校而自豪。	概述母校教育成就。
落叶归根，饮水思源。校友的一切成绩均离不开母校的辛勤哺育，是母校授给我们知识，教我们如何做人，是母校在我们人生成长的关键时刻为我们打下坚实的基础。"修身、励志、勤学、精进"是母校的校训，"团结、活泼、文明、守纪"是母校的校风，我们牢记母校的校训，遵照母校的校风，走向成熟，走向未来，走向辉煌！	阐发母校的优良校风。
"游子依恋故土，学人难忘师恩。"这是校友、国家统计局副局长贺铿同志的题词，充分表达了我们全体校友对母校老师的崇敬与怀念之情。 　　学高为师，身正为范，母校老师潜心育人、无私奉献的敬业精神给了我们极大的感染与激励。 　　　　多年粉笔生涯，学问大家，潜心育人，两鬓斑白，两袖清 　　风，唯有桃李满天下。 　　　　永世教师资历，道德楷模，无私奉献，一身正气，一腔热 　　血，只求事业耀千秋。 　　这副楹联佳作充分表达了我们全体校友对母校老师的仰慕与感激之意。尊敬的母校老师，让我们全体校友向你们表示深深的敬意，致以崇高的敬礼！	借题词楹联表达对恩师的感激之情。
亲爱的母校全体同学：你们正值人生花季，你们是祖国的花朵，人类的未来。这次校庆，母校邀我写了一篇短文，名曰《立志》。我在短文中写道："人贵立志，志当存高远。""同学们生逢盛世，成才的环境极好。如果你能立大志，认定目标坚持下去，必然会结出丰硕的果实，甚至会成为大学问家、大科学家，为祖国作出较大的贡献。同学	寄语在校学子，勇攀科学高峰。

原　　文	评　点
们,希望你们勇攀科学高峰;成功在向你们招手,希望寄托在你们身上。" 　　人类将跨入一个崭新的世纪。欧美一些有识之士有这样的共识:如果说,19世纪是英国人的世纪,20世纪是美国人的世纪,那么,21世纪则是中国人的世纪。母校的同学们,你们是跨世纪的接班人,历史的重任将落在你们肩上。我们热切希望你们:勤学苦练,锐意进取,在新世纪里挑大梁,创大业,为母校争光,为祖国争光! 　　再过15年,就是母校蒲一中百年校庆。让我们团结起来,勇往直前,以更加优异的成绩、更加辉煌的成果,迎接母校百年华诞!	

【综评】

　　这是蒲圻一中校友代表、武汉大学李元授教授,于1996年10月19日在蒲圻一中85周年校庆典礼上,代表蒲圻一中武汉校友会以及数百名武汉校友,代表蒲圻一中海内外教育界、科技界及知识界全体校友,所作的精彩的演讲。演讲在与会的数千名听众中引起了轰动效应,在蒲圻市的父老乡亲中也获得了广泛的好评。

　　这篇演讲词有以下三点值得称道。

　　第一,情感炽热,以情动人。演讲者在蒲圻一中读了三年初中,在人生成长的关键时刻母校为学子打下了坚实的基础,今天能成为武大教授、成为全国的知名学者,与母校的培育分不开。对母校的感激之情洋溢在字里行间,并化为全体校友对母校的感激之情。

　　第二,注意修辞,善用排比。演讲者为了充分地抒情达意,运用了比喻、拟人、对偶、反复等大量的修辞手法,其中所用排比尤多,如"金秋送爽,丹桂飘香,塔山起舞,陆水欢歌,迎来母校蒲一中建校85周年华诞。""今天是母校蒲一中师生的盛大节日,是蒲一中校友的盛大节日,是蒲圻市50万父老乡亲的盛大节日。""一个县级中学,竟然出了这么多享誉海内外的政治家、革命家、大学问家,何等了不起,何等壮丽,何等辉煌!"共计10处,渲染气氛,气势磅礴,热烈赞颂母校。

　　第三,言辞流畅,写法多样。演讲者的语言十分流畅,犹如滚滚的陆水、涛涛的长江,奔腾向前,势不可当。写法上不拘一格,异彩纷呈:第一部分重在抒情,赞美庆典,赞美母校;第二部分重在叙事,夹叙夹议,颂扬母校历年所育中华英才;第三部分借校友的题词和一副楹联来表达全体校友对母校老师的崇敬与怀念之情;第四部分引用自己所写短文来激励在校学子,立大志,创大业,为母校争光。

在香港特别行政区成立暨特区政府
宣誓就职仪式上的讲话

(1997年7月1日)

董建华

原　　文	评　　点
江泽民主席 李鹏总理 同胞们 朋友们： 　　这是一个崇高而庄严的时刻：1997年7月1日。香港，经历了一百五十六年的漫漫长路，终于重新跨进祖国温暖的家门。我们在这里用自己的语言向全世界宣告：香港进入历史的新纪元。 　　中华民族近代历史的荣辱兴衰，值得我们铭记：一个国家和民族最可贵的是，能够掌握自己的命运。一个半世纪以来，中国有无数的仁人志士，为了国家富强，为了疆土完整，前仆后继，奋发图强。正是由于他们作出了巨大牺牲和努力，国家出现了百年未曾有过的繁荣和良好机遇，国际上确立了我们的尊严，香港得以顺利回归。 　　今天，我们幸运地站立在先贤梦寐以求的理想高地。身为中华民族一分子，一个生活在香港的中国人，我谨代表所有香港同胞，向所有为此作出贡献的中华儿女，献上深深的敬意和感激。 　　中国对香港恢复行使主权，实行"一个国家、两种制度"，是超凡政治智慧的创举。香港在世界各国的目光注视下，接受了一项开创历史先河的殊荣。我们深信不疑，一定能够克服历史新事业带来的一切挑战，香港的将来会更加美好。我们的信念如此坚定，不仅是因为这个构想出自一位爱国者和政治家的睿智和远见，不仅是因为这是一个伟大国家的庄严承诺，也不仅是由于香港同胞秉承了中华民族的智慧、勤劳和特有的适应能力。最重要的是："一国两制"的事业，完全掌握在我们中国人自己手里。 　　国家以严肃的法律形式，授予了香港举世无双的高度自治权。我们非常珍惜这权力，我们会负责任地运用这权力。香港新时代的巨轮，此刻在祖国尊重香港人、相信香港人、爱护香港人的旭日辉映下，满怀信心，升锚起航，向着振兴中华、祖国统一的宏伟目标乘风奋进。 　　香港人在历史上第一次以明确的身份主宰自己的命运。香港特别行政区政府将竭尽全力，保持香港一贯的生活方式，维持香港的	开门见山，指出回归标志"香港进入历史的新纪元"，简洁明快。 回顾历史，见解深刻。 畅然抒怀，情真意切。 展望前景，信心百倍。抓住根本，深化主旨。 进而推论，既定的国策必然将带来明日香港的更加繁荣。 紧扣中心，表明特区政府的鲜明态度和坚定立场。

原　文	评　点
自由经济体系,坚守法治精神,发展民主,建立富于爱心的社会,确保国际大都会的活力。 　　本人受国家和人民重托,出任中华人民共和国香港特别行政区首任行政长官。在这个历史时刻,我感到无上光荣,更感到责任重大。我亲身体会过创业成功的艰辛和欢愉;我清楚地知道香港人的需要和期望。同时,我更深信同心协力的重要。我将以忠诚的心志,坚决执行法律赋予香港高度自治的神圣责任,带领650万富于创业精神的香港市民,坚定地按照"一个国家、两种制度"的路向前进。 　　我坚信,香港回归祖国,实行"一国两制",前途必定更加辉煌。	挽结全文,抒发个人情怀,让人感到可亲、可敬、可信。 　　戛然而止,收束有力。

【综评】

　　董建华,作为香港特区政府第一任最高行政长官,毫无疑问,是香港华人最优秀、最杰出的代表。他这篇短小精悍的就职演说,见解精辟,措辞精美,既庄重稳妥,又激越情深,让人大有耳目一新、滴水不漏之感;董建华的就职演说获得了强烈的反响和巨大的成功。

　　演讲词不拖泥带水,开门见山,它"用自己的语言向全世界宣告:香港进入历史的新纪元"。这个庄严的宣告,一洗百年国耻,大抒港人、国人无比喜悦之情,鲜明有力。

　　董建华以一个政治家特有的洞察力,在揭示香港顺利回归祖国的内涵时,阐明了一个精辟的见解:"一个国家和民族最可贵的是,能够掌握自己的命运。"在政权交接的关键时刻,理直气壮地阐发这一深刻见解,人们能从中获得巨大的鼓舞,格外扬眉吐气,格外振奋。

　　作为600多万港人的优秀代表,董建华高度赞扬了"一国两制"的伟大构想,对"一国两制"、港人治港、高度自治的基本国策必将带来香港更加繁荣昌盛这一点充满无比坚定的信念。演讲者通过三个"不仅是因为(由于)"的阐述,再次着重指出:"最重要的是:'一国两制'的事业,完全掌握在我们中国人自己手里。"从而使演讲的中心论点大为加强,主旨得到了深化。无怪乎,香港同胞和世界各地的华人,热情称赞董建华这些见解,充分表达了他们的心声,说出了他们想说而未说出的心里话。

　　演讲的结尾再一次指出:"香港人在历史上第一次以明确的身份主宰自己的命运。"并由此表达信念,展望未来,抒发情怀。这样,全篇中心突出,主旨鲜明,脉络清楚,气势贯通,大有浑然天成、一气呵成之感。

人格是最高的学位

(1998年4月28日)

白岩松

原　文	评　点
很多年前,有一位学大提琴的年轻人去向20世纪最伟大的大提琴家卡萨尔斯讨教:怎样才能成为一名优秀的大提琴家?卡萨尔斯面对雄心勃勃的年轻人,意味深长地回答:先成为优秀而大写的人,然后成为一名优秀而大写的音乐人,再然后就会成为一名优秀的大提琴家。	借卡萨尔斯回答,指出做人是第一位的。
听到这个故事的时候,我还年少,对老人回答中所透露出的含义理解不多。然而,在以后的工作生涯中,随着采访接触的人越来越多,这个回答在我脑海中便越印越深。	
在采访北大教授季羡林的时候,我听到一个关于他的真实故事。有一年秋天,北大新学期开学,一个外地来的学子背着大包小包走进了校园,实在太累了,就把包放在路边。这时正好一位老人走来,年轻学子就拜托老人替自己看一下包,自己则轻装去办理手续。老人爽快地答应了。近一个小时过去,学子归来,老人还在尽职尽责地看守着。学子谢过老人,两人分别。几日后北大举行开学典礼,这位年轻的学子惊讶地发现,主席台上就座的北大副校长季羡林,正是那一天替自己看行李的老人。	季老的学位高,其人格更高。
我不知道这位学子当时是一种怎样的心情,但我听过这个故事之后却强烈地感觉到:人格才是最高的学位。后来,我又在医院采访了世纪老人冰心。我问她:"您现在最关心的是什么?"老人的回答简单而感人:"是老年病人的状况。"	将季老故事升华为主旨。
当时的冰心已接近自己人生的终点,而这位在"五四"运动中走上文学之路的老人,对芸芸众生的关爱之情历经80年的岁月而仍然未老。这又该是怎样的一种传统!	冰心临终关爱老人,进而强化主旨。
冰心的身躯并不强壮,然而她这一生却用自己当笔,拿岁月当稿纸,写下了一篇关于爱是一种力量的文章,在离去之后给我们留下了一个伟大的背影。	
当你有机会和经过"五四"或受过"五四"影响的老人接触,你就知道,历史和传统其实一直离我们很近。这些世纪老人身上所独具的人格魅力是不是也该作为一种传统被我们延续下去呢?	

原　　文	评　点
不久前,我在北大又听到一个有关季先生的清新而感人的新故事。一批刚刚走进校园的年轻人,相约去看季羡林先生,走到门口,却开始犹豫,他们怕冒失地打扰了先生,最后决定每人用竹子在季老家门口的地上留下问候的话语,然后才满意地离去。 　　这该是怎样美丽的一幅画面!在季老家不远,是北大的博雅塔在未名湖中留下的投影,而在季老家门口的问候语中,是不是也有先生的人格魅力在学子心中留下的投影呢?	学子敬仰季老人格,展现美丽画面。
听多了这样的故事,便常常觉得自己像只气球,仿佛飞得很高,仔细一看却是被浮云托着;外表看上去也还饱满,但肚子里却是空空的。这样想着就不免有些担心:这样怎么能走更长的路呢?于是,"渴望老年"四个字,对于我就不再是幻想中的白发苍苍或身份证上年满60周岁,而是如何在自己还年轻的时候,能吸取优秀老人身上所具有的种种优秀品质。于是,我也更加知道了卡萨尔斯的回答中所具有的深义。怎样才能成为一个优秀的主持人呢?心中有个声音在回答:先成为一个优秀的人,然后成为一个优秀的新闻人,再然后,就会成为一名优秀的节目主持人。	回到自身感受,渴望成为优秀的人。 　　照应开头,浑然一体。

【综评】

　　白岩松是中央电视台著名的节目主持人,他质朴自信、机智深刻的语言风格,深受观众喜爱。1998年,白岩松参加"演讲与口才杯"全国新闻界"作文与做人"演讲比赛,以《人格是最高的学位》这篇演讲,获得此次大赛特等奖的殊荣。那么,白岩松夺冠的关键在哪里呢?

　　读完全篇,我的心灵受到极大的震撼,其深刻的思想宛如一连串的警示音敲击着我的心扉。通篇演讲寓情理于故事中,摒弃了枯燥的说理,在一个个耐人寻味的故事中,听众对演讲者的观点感同身受,受到深刻的启迪。

　　我们知道,这次演讲比赛的主题是"作文与做人",白岩松的演讲开篇借用小故事切入主题,引大提琴家卡萨尔斯的话"先成为优秀而大写的人,然后成为一名优秀而大写的音乐人,再然后就会成为一名优秀的大提琴家",亮出了自己的观点:要先学会做人,其次才能做好工作,然后才能取得事业的成功。

　　接下来,演讲者没有进一步地说理,而是讲了一个关于季老的小故事。季羡林不以高位自居,而是心甘情愿以一个普通老人的身份,为学生看管行李。季老能在学生们的心灵深处激起那么强烈的崇敬和爱戴之情,并不仅仅因为他是北大的副校长和著名教授,更是因为他做人的高贵品格使然。如果说少年时代的白岩松对卡萨尔斯的话的理解还只是停留在感性认识上的话,那么,北大教授季羡林的故事,则让成年的他对做人的认识有了进一步的升华:"人格才是最高的学位。"

白岩松还提到了另一位德高望重的老人——冰心。躺在病床上的这位世纪老人,最关心的不是自己的健康,"是老年病人的状况"。这爱心让演讲者感慨:"对芸芸众生的关爱之情历经 80 年的岁月而仍然未老。""冰心的身躯并不强壮,然而她这一生却用自己当笔,拿岁月当稿纸,写下了一篇关于爱是一种力量的文章,在离去之后给我们留下了一个伟大的背影。"如散文诗般的语言深深感染了听众。

接着,他问:"这些世纪老人身上所独具的人格魅力是不是也该作为一种传统被我们延续下去呢?"这种认识和觉悟激发起了在场听众的感情共鸣。

在这个感情基础上,白岩松又进行了深层挖掘,在听众面前展开了一幅画面:当一批刚入校园的年轻人相约去看季老的时候,怕打扰自己所崇敬的老人,便在他门前的地上写下问候话语,然后离去。他感慨:"在季老家不远,是北大的博雅塔在未名湖中留下的投影,而在季老家门口的问候语中,是不是也有先生的人格魅力在学子心中留下的投影呢?"演讲者用语言勾勒出的这幅图画,既是诗化的人格,也是人格的诗化!到此,演讲者的观点已经深入人心。

那么,当如此有成就的两位老人为我们树立了做人的榜样,我们这些年轻人又该如何去做呢?"先成为一个优秀的人,然后成为一个优秀的新闻人,再然后,就会成为一名优秀的节目主持人。"这句话既照应了开头,使得整篇演讲结构严谨,又引发了在场的新闻工作者以及所有听众对如何做人的深思,让人回味无穷。

白岩松的这篇演讲言简意赅却寓意深长,朴实无华却感人至深。通篇演讲把情与理巧妙地融会于故事之中,如和风细雨,滋润了听众的心田,让人格之灯的光芒照彻每一个听众的心灵。

在当今社会,一个人如果失去了高贵人格的支撑,那么,他的任何成就或成绩都将黯然失色。这种思想在演讲中的体现,应该是白岩松的演讲获奖关键之所在。

(综评 王飚)

王选在北京大学的演讲

（1998 年 10 月）

王选

原　文	评　点
我在五年前脱离技术第一线，一年来逐渐脱离管理的第一线，我已经 61 岁了。微软的董事长比尔·盖茨曾经讲过："让一个 60 岁的老者来领导微软公司，这是一件不可设想的事情。"同样，让一个 61 岁的老者来领导方正也是一件不可设想的事情。	审视自己，头脑清醒。
有一次，在北京电视台叫"荧屏连着我和你"这个节目里，我们几个人，被要求用一句话形容我们自己是什么样的人。李素丽的一句话我记得，她说："我是一个善良的人。"非常贴切。我怎么形容自己呢？我觉得我是"努力奋斗，曾经取得过成绩，现在高峰已过，跟不上新技术发展的一个过时的科学家"。（掌声）	近乎苛刻的自省、自警与自律。
我觉得世界上有些事情非常可悲和可笑。当我 26 岁在最前沿，处于第一个创造高峰的时候，没有人承认。我 38 岁搞激光照排，提出一种崭新的技术途径，人家说我是权威，这样说也马马虎虎。因为在这个领域我懂得最多，而且我也在第一线。但可悲的是，人们对小人物往往不重视，总显示一种"马太效应"，已经得到的他使劲地得到，多多益善，不能得到的他永远得不到。这个"马太效应"现在体现在我的头上很厉害，就是什么事情都王选领导，其实我什么都没有领导起来，工作都不是我做的。有时候我觉得可笑，当年当我在第一线、在前沿的时候不被承认，反而有些表面上比我更权威的人要来干预，你怎么怎么做，实际上确实不如我懂得多。我也懒得去说服他，就采取"阳奉阴违"的方法，一旦干到具体活，他根本不清楚里头怎么回事。	批"马太效应"，不重视小人物，盲目崇拜权威。
我现在到了这个年龄，61 岁，创造高峰已经过去。我 55 岁以上就没什么创造了，反而从 1992 年开始连续三年每年增加一个院士，这是很奇怪的。院士是什么，大家不要以为院士就是当前的权威，就是代表，这是误解。现在把我看成权威，这实在是好笑的，我已经 5 年脱离第一线，怎么可能是权威？世界上从来没有过 55 岁以上的计算机权威，只有 55 岁以上犯错误的一大堆。（笑声、掌声）	解剖自己，再论权威，发人深省。
我发现，在人们认为我是权威的事情上，我真正是权威的时候，不被承认，反而说我在玩弄骗人的数学游戏；可是我已经脱离第一	

原　　文	评　　点
线,高峰过去了,不干什么事情,已经堕落到了靠卖狗皮膏药为生的时候,(笑声)却说我是权威。当然,一直到今年61岁我才卖狗皮膏药,讲讲过去的经历、体会,所以有人讲:"前两天电视上又看到你了。"我说:"一个人老在电视上露面,说明这个科技工作者的科技生涯基本上快结束了。"(笑声,长时间的掌声)	妙用自嘲,诙谐幽默。
在第一线努力做贡献的,哪有时间去电视台做采访。所以1992年以前电视台采访我,我基本上都拒绝了。现在为了方正的有些需要,事业需要,有时候就去卖狗皮膏药,做点招摇撞骗的事情。(笑声)但是我到61岁才这么干的,以前一直是奋斗过来,所以现在也是可以谅解的。年轻人如果老上电视台,老卖狗皮膏药,这个人我就觉得一点出息都没有。	
我觉得人们把我看成权威的错误在什么地方呢,是把时态给弄错了,明明是一个过去时态,大家误以为是现在时态,甚至于以为是能主导将来方向的一个将来时态。(笑声)院士者,就是他一生辛勤奋斗,做出了贡献,晚年给他一个肯定,这就是院士。(笑声,长时间的掌声)所以千万不要把院士看成当前的学术权威。	笑谈院士,见解深刻。
在我刚过55岁的时候,我立刻提了一个建议,说:"国家的重大项目,863计划,学术带头人,要小于或等于55岁。"——把我排除在外。这个当然不见得能行,但我还是坚信这是对的。我们看世界上一些IT企业的创业者、发明家,没有一个超过45岁的。王安创业时是30岁;英特尔的三个创业者,最年轻的31岁,另外两个人也不到40岁;苹果公司的开创者也只有22岁;比尔·盖茨创微软的时候是19岁;雅虎创业者也是不到30岁。所以创业的都是年轻人,我们需要一种风险投资的基金来支持创业者,要看到这个趋势。	提出建议,支持年轻人;言真意切,让大家动容。
我扶植年轻人真心诚意。我们的中年教师,包括我们的博士生导师,都是靠自己奋斗过来的,都是苦出身,所以我们一贯倡导,我们的年轻人做的成果,导师没有做什么工作,导师就不署名。当然,外面宣传报道"在王选领导下……"我承认我剥削年轻人最多,但是由于大家都知道我并不是主观上要去剥削年轻人,所以对我也比较谅解,(笑声)见报以后也不以为意,知道是怎么回事。扶植年轻人我觉得是一种历史的潮流,当然我们要创造条件,就是把他们推到需求刺激的风口浪尖上。	拳拳关爱之心,殷殷期盼之情。
在这方面我们要创造一切条件让年轻人能够出成果,特别是反对"马太效应",尤其在中国。我觉得在中国论资排辈的势力还是很大的,崇尚名人,什么都要挂一个名人的头衔,鉴定会的时候挂一个什么院士,其实院士根本不懂的,我们打破这种风气是需要努力的。	再批"马太效应",反对论资排辈,支持年轻人出成果。

【综评】

捧读王选先生的这篇演讲词,心头涌起久违了的感动。十多年前一位花甲老人对北大学子的一场演讲,何以能再次撞击我的心灵?让我们共同来欣赏这位"改变了一个时代"的开拓者精湛的演讲艺术,分享他的睿智、真诚、正直和谦逊带给我们内心深处的震撼吧!

实话实说有勇气。 王选先生的演讲自始至终没有千人一腔的假话、大话、空话和套话,而是敢于说实话,大胆讲真话,通篇显现出一个有良知的知识分子的本色,闪烁着"求实、求真、求新"的科学精神的光芒。

第一,清醒看自己。站立在IT界最高点,领跑于同行最前列,他却不以"权威"自居,不以"名人"自诩,不以"功高"自傲。他形容自己是一个"跟不上新技术发展的一个过时的科学家",并直言不讳地说"55岁以上就没什么创造了",提醒自己处在犯错误的危险的年龄上。身居高位却心静如水,成就显著却心态平和,审视自己目光清醒,这种近乎苛刻的自省、自警和自律意识,值得每个人学习。

第二,放言论时弊。王选先生敢于直面现实,评论现实,他说:"我觉得世界上有些事情非常可悲和可笑……人们对小人物往往不重视。""我真正是权威的时候,不被承认","我觉得在中国论资排辈的势力还是很大的,崇尚名人……其实院士根本不懂的"。这些话一语中的,直指名实不符、崇尚名人的社会时弊,鞭辟入里,一针见血,振聋发聩,足见其大胆放言的胆识和勇气。

第三,热心推新人。王选先生对年轻人的拳拳关爱之心、殷殷期盼之情溢于言表。"我扶植年轻人真心诚意","我们要创造条件,就是把他们推到需求刺激的风口浪尖上",建议"国家的重大项目,863计划,学术带头人,要小于或等于55岁"。言语之真、行为之诚,令人动容,让人敬佩。反观当今学术界,有些人为扬名而行"造假""窃名"之勾当,搞不堪入目的"学术腐败",甚至打压排挤后起之秀,相比之下,王选先生淡泊名利的高风亮节、不遗余力推新人的"人梯精神",是多么珍贵和崇高啊!

蕴涵哲理有思想。 演讲中,他的观点新颖,见解独特,阐释深刻,富有哲理。如:"世界上从来没有过55岁以上的计算机权威,只有55岁以上犯错误的一大堆。""一个人老在电视上露面,说明这个科技工作者的科技生涯基本上快结束了。"他的"院士论"精辟犀利:"院士者,就是他一生辛勤奋斗,做出了贡献,晚年给他一个肯定,这就是院士。"这些思想的流露,不仅显示了他卓尔不群的高洁品质、脱俗豁达的精神世界,而且深刻地揭露了不良社会现象,具有现实意义。

诙谐幽默有趣味。 王选先生在演讲中既没有不切实际唱高调,也没有一本正经谈道理,只是跟大家讲自己一生奋斗过来的体会,语言平实质朴却不失诙谐幽默:妙用自嘲,说自己是"一个过时的科学家""堕落到了靠卖狗皮膏药为生""剥削年轻人最多";趣打比方,把自己比作"一个过去时态",说大家把他看成权威"是把时态给弄错了";演讲趣味横生,引人入胜,使听众在开怀大笑之后获得深刻的启示。

这个"过时的科学家"给我们留下了一种让生命为真理付出的声音!这种声音是永远不会过时的,它会激励着我们永不停歇地向前跋涉,向上攀登!

(综评 彭真平)

在邵阳市领导干部见面会上的演讲

(2007年4月30日)

郭光文

原　文	评　点
各位领导、同志们： 　　承蒙组织的关心和大家的信任，从今天起，我就正式成为746万邵阳人民中的一员了。 　　邵阳是一方文明的沃土——她底蕴深厚，人杰地灵。在这方土地上，不仅产生了著名的思想家魏源，而且孕育了杰出的政治家蔡锷；不仅造就了卓越的军事家袁国平，而且培养了优秀的艺术家贺绿汀。邵阳是一方资源的厚土——她物华天宝，资源丰富。在这方土地上，既有秀丽天成的崀山风景，又有牛羊遍地的南山牧场，更有品种繁多的地下矿藏。邵阳是一方创业的热土——她基础牢实，来势喜人。能够为这方无比神奇而又令人向往的土地奉献力量和汗水，这是我前世有缘，今生有幸。此时此刻，此情此景，我深感使命光荣，责任重大。我将以使命为生命，视责任为己任，把自己的全部忠诚和满腔热血，投入到为推动邵阳经济又好又快发展的伟大事业中去。 　　第一，刻苦学习，当好学生。从岳阳到邵阳来工作，这是我人生的一大转折。在职务上，是由副职岗位向正职岗位转变；在区域上，是由湘北门户向湘中重镇转变；在工作上是由党务工作向政务工作转变。要适应这个转变，在某种意义上说，当前摆在我面前的任务：第一是学习，第二是学习，第三还是学习。我将以在座的各位为榜样，虚心向大家学习，争取从思想上、作风上、方法上尽快实现角色转换。 　　第二，潜心事业，当好公仆。这次工作变动，与其说是组织上给了我一份职务和权力，倒不如说是给了我一份使命和责任。面对使命和责任，我没有超强的能力，唯有坚定的信念；我没有青春的年华，唯有澎湃的热情；我没有动听的豪言，唯有质朴的实干。走向新的工作岗位后，我一定深入基层，调查研究摸实情；开动脑筋，集思广益想实招；尊重实际，尽力而为办实事；力戒形式主义，不图虚名求实效。处处以事业为本，时时把人民群众的冷暖忧乐记在心上，自觉当好人民公仆。	开头一句，就拉近了与听众的距离，增强了听众的信任感。 　　一组精美排比句，表达了对邵阳的向往和赞美之情。 　　前世今生感慨，流露出诚真的感激之情。 　　先从大处着眼，定好基调。 　　再从小处入手，找准定位。

原　文	评　点
第三,精诚团结,当好助手。在工作中,我决心增强助手意识,倍加珍惜团结,始终坚持把精诚团结作为政治生命来看待,作为思想品德来培养,作为精神境界来提升,作为执政能力来锻炼,主动维护市委领导集体的团结,注重搞好五套班子成员的团结,重视增进全市干部群众的团结。尤其是在市政府领导班子中,努力做到用真诚聚人,用品行服人,用好作风带人,精心营造民主集中、合作共事、和谐舒畅的良好氛围。 　　第四,严于律己,当好清官。为政是否清廉,事关党和国家的生死存亡,事关黎民百姓的人心向背,事关各级领导的执政形象。在这里,我郑重地向各位领导和邵阳人民承诺:不为权欲所困,不为虚名所累,不为金钱所惑,不为美色所动,时刻以共产党人的浩然正气和人民公仆的良好形象,出现在广大干部群众之中。 　　各位领导、同志们,为政不在言多,为政无须言多。我将坚持从高从严要求自己,用自己的行动诠释自己的身份,用自己的行动塑造自己的形象,用自己的行动写好自己的人生。 　　谢谢大家!	最后用行动立足,落到实处。表态实在,文采斐然。

【综评】

　　2007年4月30日,在邵阳市委召开的领导干部大会上,邵阳市市委副书记、市长候选人郭光文同志,与全市各级主要领导干部见面并发表了这篇演讲。该演讲充满感情、文采斐然,使他的第一次"亮相"显得光彩照人。

　　第一,感情真诚。演讲须有情,情真才能动人。演讲开篇,一句"从今天起,我就正式成为746万邵阳人民中的一员了",迅速消除了初次见面的陌生感,拉近了与听众的距离,增强了听众的信任感。以"一方文明的沃土""一方资源的厚土""一方创业的热土"组成一组精美排比句,寥寥数语,从人文历史、资源物产、经济建设等方面勾勒出邵阳在演讲者心中的形象,表达了对邵阳的向往和赞美之情。"前世有缘,今生有幸"的感慨,真实地流露出演讲者内心诚挚的感激之情。

　　第二,表态实在。作为新任领导,他的履职表态清晰明确——先是大处着眼,定好基调:"以使命为生命,视责任为己任",奉献"自己的全部忠诚和满腔热血",突出公仆的奉献意识。再是小处入手,找准定位:"当好学生""当好公仆""当好助手""当好清官",从学习、工作、合作、自律几方面确立目标,注重勤勉的务实精神。而后是实处立足:"用自己的行动诠释自己的身份,用自己的行动塑造自己的形象,用自己的行动写好自己的人生",申明自己言出必行,行必有果。这样的表态,不说空话,坚定有力,把握有度,让人觉得实实在在,没有虚夸浮华之嫌。

第三,文采斐然。这篇演讲的语言简洁凝练,生动活泼,多用短句,句式对称,简练整齐,通篇大量运用排比,富有气势和韵味。如:"当好学生""当好公仆""当好助手""当好清官"这四句表态语组成排比段落,演讲结构清晰,层次分明;在每个排比段中又使用了排比句子,说起来朗朗上口,听起来铿锵悦耳,表达有力,气势撼人,给人以文采斐然的艺术美感和享受。

(综评 雷泓)

中国强则中国奥运强

(2007年8月8日)

何振梁

原　文	评　点
再过整整一年，2008年奥运会就将在北京隆重开幕了。那将是全世界都把目光汇聚在中国的时候，也将是我第八次亲临夏季奥运会现场。	奥运与中国的见证人。
在中国，在北京举办奥运会，是我毕生的梦想，每当想到梦想成真的时刻就要到来，我很期待，也很欣慰。	申奥成功的欣慰之情。
6年前，在莫斯科全会上，我对各位国际奥委会委员说出了我的心里话："无论你们今天做出什么样的选择都将创造历史，但是只有一种决定能改变历史……如果把2008年奥运会的举办权授予北京，我可以向你们保证，7年后，北京一定会让你们为今天的决定而自豪。"	
时间过得真快，似乎是在昨天，奥林匹克选择了我们，而明天，我们就将一起迈进北京奥运会的赛场。	
23年前，老伴陪我一起站在洛杉矶奥运会开幕式的主席台上，一起为中国代表团入场起立欢呼的场景，也像是发生在昨天。算一算那时我们才50多岁，我国恢复在国际奥委会合法席位刚刚5年，我当选国际奥委会委员才3年。来到洛杉矶，身处这个52年前刘长春孤身一人参加奥运会的城市，站在同一个体育场，我仿佛可以听到历史的回响。	叙述简洁凝练，感情自然真挚。
美国人很有创意，他们为中国体育代表团和"中国台北代表团"第一次一起走进夏季奥运会的赛场选取的进行曲竟然是我们非常熟悉的《三大纪律八项注意》！我和老伴情不自禁地起立，一边唱，一边鼓掌，我含着眼泪问自己：难道在奥林匹克的舞台上，海峡两岸已经提前统一？	叙述、议论、抒情的有机结合，举例、引用、对比的恰当运用。
那一天全场观众在开幕式上给予我们仅次于东道主的礼遇，那震耳欲聋的掌声，那群情激昂的欢呼，让我沉浸在无比自豪之中。仰望五星红旗高高飘扬在奥运会的赛场，仿佛是我们在向全世界宣告：中国人来了！	
当时中国体育代表团团长李梦华同志，在洛杉矶走到哪里都有警车开道，威风凛凛，梦华同志笑说："这礼遇不是给我个人的，是给咱们中国的。"	把记忆中的珍藏奉献给听众。

原　文	评　点
中国体育第一次在奥运会上正式全面亮相,就用出色的表现令所有人倾倒,他们成绩好,风度好,有礼貌,震动了全世界。 　　当时的国务院副总理吴学谦同志正在南美访问,每次双方正式会谈前,主人都会跟吴副总理聊聊正在举行的奥运会,对中国运动员取得的成绩表示祝贺。体育不是政治,但体育在客观上产生的影响却非常深远。那届奥运会上,中国体育代表团的优异成绩,中国运动员表现出的精神风貌,对于改变当时世界对中国的印象,起到了不可估量的作用。 　　从洛杉矶到雅典,二十年间中国体育在奥运会上的金牌数、奖牌数都翻了一倍还要多。与之相对应的,我国的国际地位也在不断提高,在世界经济生活中扮演的角色也愈发重要。我曾经做过一个统计,以最近十年的数字为例,我们中国的 GDP 占全世界总量的百分比,与我们在这期间奥运会上得到的奖牌总数占那几届奥运会总奖牌数的百分比,几乎是持平的。也就是说,中国体育的进步与我们国家的发展大体上是同步的。 　　前段时间我的老朋友萨马兰奇赶来北京,参加了"李宁"为征战北京奥运会的西班牙代表团提供装备的签约仪式,席间我非常感慨:二十年间中国的变化太大了。二十年间,中国飞速发展,我们不仅在夏季奥运会上名列前茅,在冬季项目上也取得了良好的成绩。6 年前我们获得了奥运会举办资格,人民肯定我为申奥做出的贡献,我承认自己尽了力,但是我也强调:奥林匹克选择中国,是综合因素决定的,其中也包括我国运动员创造的优异成绩,使全世界都感到:该到中国来了。 　　说到这里,我的脑海里浮现出一幅画面,那是 15 年前跳水小将伏明霞在巴塞罗那的艳阳下,从十米高台纵身跃起,在她身体划出一道弧线时,摄影师抓拍到的那个镜头:远处的巴塞罗那高楼林立,身穿彩色泳装的伏明霞像横卧在这个城市上空的一道彩虹,美不胜收。 　　十五年弹指一挥间。明年,绚丽的彩虹将会出现在北京上空。不仅如此,在每一个中国人心中,奥运会还将是一道永留于心的彩虹。	 　　为主旨"中国强则中国奥运强"铺垫。 　　平静的叙述,理性的分析,由衷的感怀。 　　比喻美妙鲜活。 　　充满诗情画意,令人心驰神往。

【综评】

2007 年 8 月 8 日,在北京奥运会倒计时一周年之际,国际奥委会执行委员会委员、中国国际奥委会名誉主席何振梁先生发表即兴演讲,用朴实无华的话语,深情地回顾了中国艰辛的奥运历程，表达了"中国强则中国奥运强"的心声。

这是深情的回望。 作为一名出色的体育外交家、新中国体育走向世界的见证人，何振梁先生亲历了北京申奥由失败到成功的全过程。他的演讲可谓出自肺腑，有感而发。在开篇两段简洁而富有内涵的叙述过后，他引述6年前在莫斯科全会上那一字千金的申奥陈述发言，申奥成功的欣慰之情发乎于中，溢于言表。在感叹了"时间过得真快，似乎是在昨天"后，他顺势回忆起23年前"中国体育第一次在奥运会上正式全面亮相"的情景。感情自然真实，叙述简洁凝练，显示了他出色的语言能力和过人的演讲技巧。

这是自豪的感叹。 体育不是政治，但体育能扬我国威。何振梁先生对此深有体会。演讲中，他把记忆中点滴的珍藏奉献给听众——有目睹海峡两岸健儿携手走进奥运赛场的感动，也有中国体育代表团受到"仅次于东道主的礼遇"的荣耀，还有国家领导人在外交会晤中因"中国运动员取得的成绩"频频受到对方祝贺的自豪。同时，通过我国奥运奖牌数与国家GDP的比较，理性而客观地说明体育进步与国家经济的发展是息息相关、密不可分的。他自豪地感慨："奥林匹克选择中国，是综合因素决定的……使全世界都感到：该到中国来了。"平静的叙述，理性的分析，由衷的感怀，举例、引用、对比方法的恰当运用，叙述、议论、抒情方式的有机结合，使演讲张弛有度，给人一种真实自然的亲切感，让人深切地感受到演讲者心海中汹涌澎湃的情感之潮！

这是真诚的期待。 在演讲开头，何振梁先生充满信心地表示：2008年奥运会在北京隆重开幕之时，"将是全世界都把目光汇聚在中国的时候"，"每当想到梦想成真的时刻就要到来，我很期待，也很欣慰"。演讲结束时，他用形象的语言，生动地描述了摄影师镜头下跳水小将伏明霞在1992年巴塞罗那奥运赛场上的飒爽英姿，把心中的期待化作一幅美丽的图画——远处的巴塞罗那高楼林立，身穿彩色泳装的伏明霞像横卧在这个城市上空的一道彩虹，美不胜收！他真诚地祝愿："明年，绚丽的彩虹将会出现在北京上空。"语言凝练新颖，表达精当准确，比喻美妙鲜活，充满诗情画意，令人心驰神往。

北京奥运的脚步近了。在翘首期盼的人群中，有意气风发的中国人，也有和善友爱的外国人。因为，生活在"同一个世界"，心怀着"同一个梦想"，奥运就是每个人心目中那道最美丽的彩虹！

（综评　张瑶）

天使之梦

(2013年11月17日)

王 威

原　文	评　点
尊敬的各位评委、现场以及电视机前的观众朋友们： 　　大家好！我叫王威，是煤炭总医院心脏中心的一名护士，我演讲的题目是《天使之梦》。今天能站在这里，我可真是幸运啊！因为就在五年前我还是一个生命将要走到尽头的癌症晚期患者。是什么，创造了这生命的奇迹？又是什么，延续了我生活的梦想呢？我想是爱！ 　　8岁时，我被确诊患上了甲状腺癌。父亲拿到诊断书，扑通就晕坐在地上，他拽着医生的手，哀求着："大夫啊！救救我女儿！" 　　那一刻父母的天塌了，我的人生暗了。 　　从此，我只能躺在病床上，大把大把地吃药。一次次地打针化疗，头发掉光了，再长！父母带着我四处求医，但病情却急剧恶化，脖子上迅速增大的肿瘤压迫了气管，我呼吸困难，就连睡觉都得坐着。 　　有时，深夜我会感觉到有人用手指在探我的鼻息，那是妈妈颤抖的手，她怕，怕再也感觉不到我的呼吸。我紧紧地闭着眼睛不敢睁开，我也怕啊，怕与妈妈泪眼相对的那一刻。那时，能够活下去就是我最大的梦想。 　　2008年的春节，我接到病危通知。一个人躲在卫生间里大口地吐着血，胸腔里如火烧灼般难受。难道，我的生命、我的梦想才刚刚开始，就这样结束了吗？我多想，多想再看看这世界，再听听鸟儿的叫声……在生命的最后时刻我还能再做点什么呢？ 　　提起笔我写信给《星光大道》栏目组。如愿登上了这个圆梦的舞台，请栏目组帮我完成最后的心愿——我要捐献遗体，把生的希望留给需要的人！ 　　想不到的是，节目播出后，一场爱心救助行动迅速在全国展开。我接到了一位特殊观众打来的电话，他就是煤炭总医院王明晓院长。王院长说："王威，你在生命的最后时刻还想着帮助他人，如果你就这么离开了，作为医生我很不甘心。哪怕只有一线希望，我们也要尽全力挽救你！" 　　我住进煤炭总医院，经各科专家会诊，检查结果是：甲状腺癌晚期，双肺弥漫性转移、淋巴转移、骨转移。手术风险非常大，我很可能	点明自己身份，为天使梦铺垫。 设问作答，引起关注。 描述细节，催人泪下。 眷恋人生，选择奉献。 捐献遗体，最后心愿。 院长善举，以心换心。

原　文	评　点
就下不来手术台,永远地离开了。手术还做么？妈妈握着医生的手,说:"手术你们尽管做！我把孩子交给你们了。" 　　手术进行了6个半小时,医生小心地剥离开与肿瘤纠缠在一起十几年的血管和神经,从我的脖子上整整取出了10个肿瘤,最大的比我的拳头还要大。手术成功了！睁开眼睛的那一刻,我傻笑着连泪水都觉得是甜的。是白衣天使精湛的医术给了我新的生命,是人间无私的大爱,如春晖般照进了我的生活！ 　　出院前,王院长来看望我,说:"孩子,以后有什么打算？"我说:"是你们给了我第二次生命,我也要像你们一样,救死扶伤,帮助更多需要帮助的人！"王院长推荐我到护校学习。 　　都言寸草报春晖,2012年,我再次回到煤炭总医院。过去我是病人被照顾,现在,我做护士照顾别人。 　　怀揣着心中感恩的梦,我细心地为病人输液、换药、剪指甲,耐心地为大小便失禁的患者一次次更换床单,我懂得他们的痛苦,我用心护理他们。 　　其中,就有这样一位患者姐姐,我发现她总不吃饭,就主动和她聊天。她一边紧紧抓着我的手,一边流着泪告诉我,爱人为了给她治病,拼了命地去赚钱,老父亲守在病床前照顾她在一天天地憔悴,她不知道这样的日子什么时候才是个头,她真的不想活了！我安慰她说:"姐,你看看我脖子上这道疤,我曾是一个被诊断活不过6个月的癌症病人,但通过手术以及核放射治疗,肿瘤标志物没有了,现在好好地活着！只有活着,才有机会回报那些爱我们的人,关怀更多的人,你说是吗？"她看着我笑了说:"看到你我就看到了希望！" 　　是啊！ 　　让每一个被病痛折磨的人看到康复的希望; 　　让每一个家庭能够幸福美满; 　　让每一个即将结束的梦想能够再一次启程！ 　　这,就是我追逐的梦,一个天使的梦,一颗感恩的心中最朴素的中国梦。 　　谢谢大家！	细写手术过程,传递人间大爱。 　　又一善举,关怀备至。 　　救死扶伤,用心护理。 　　开导患者姐姐,让她看到希望。 　　点明梦之内涵,进而强化主旨。

【综评】

　　煤炭总医院护士王威的感人演讲《天使之梦》在2013"寸草报春晖·共圆中国梦"全国电视演讲大赛中一举夺得特等奖,当之无愧。王威的演讲,饱含深情,感人肺腑,催人泪下;王威的演讲,往深层说,它不是用语言写成的,而是用心写成的,用生命写成的。人间的大爱把王威从死神的手中夺过来,而王威又用自己虔诚的爱心谱写了震撼人心的天使之梦。这是近年来难得一见的上乘之作。

王威演讲的特色有以下四点。

第一,惊人的事迹。王威8岁患甲状腺癌,逐渐走到癌症晚期,走到生命的尽头。她想:"在生命的最后时刻我还能做点什么呢?""我要捐献遗体,把生的希望留给需要的人!"当医院的天使们用精湛的医术给了她第二次生命时,她坚决表示:"我也要像你们一样,救死扶伤,帮助更多需要帮助的人。"多么崇高的境界,多么高尚的品格!

第二,感人的细节。"深夜我会感觉到有人用手指在探我的鼻息,那是妈妈颤抖的手,她怕,怕再也感觉不到我的呼吸。我紧紧地闭着眼睛不敢睁开,我也怕啊,怕与妈妈泪眼相对的那一刻。"妈妈与女儿心连心,心贴心,催人泪下,感人至深。

第三,动人的语言。王明晓院长说:"王威,你在生命的最后时刻还想着帮助他人,如果你就这么离开了,作为医生我很不甘心。哪怕只有一线希望,我们也要尽全力挽救你。"院长的关怀传递的是人间大爱。王威如愿当上护士,她说:"过去我是病人被照顾,现在,我做护士照顾别人。"我要"用心护理他们"。王威的深情表述,承接、传递的亦是人间大爱。

第四,充沛的情感。演讲者王威饱含深情,在演讲的开头,她动情地说:"是什么,创造了这生命的奇迹?又是什么,延续了我生活的梦想呢?我想是爱!"做完手术后,她激动地说:"手术成功了!睁开眼睛的那一刻,我傻笑着连泪水都觉得是甜的。是白衣天使精湛的医术给了我新的生命,是人间无私的大爱,如春晖般照进了我的生活!"王威充沛的激情,强烈地感染着现场听众。

(本演讲词由李元授教授评点评析)

用右手撑起一片晴空

(2014年5月18日)

张超凡

原　　文	评　点
尊敬的评委老师,来自全国各高校的演讲精英们,大家好! 　　我叫张超凡,是北京工商大学的一名大三学生,我演讲的题目是《用右手撑起一片晴空》。	
正如大家看到的,我就是这样一个只有右臂的女孩,而我始终对现在所拥有的一切心怀感激。我爱我的生命,如同我爱你们!	紧扣讲题,选择坚强。
1992年3月24日,我出生了。妈妈孕期的几次产检都没有异状,而老天爷却跟我们开了一个玩笑,把我的左臂留在了天堂。当医生不情愿地告诉爸爸我是一个残疾孩子时,爸爸呆住了,但他坚信既然是老张家的孩子,就绝对不会错!还给我起了一个响亮的名字——超凡,希望我张开胸怀,超凡脱俗。	超凡脱俗,家人厚望。
记得我上幼儿园时,无论天多热,我都只穿长袖的衣服,将小手紧紧地背在身后,拼命躲闪小朋友们好奇的目光,唯恐他们那脱口而出的一句不受听的话会刺痛我的心。我不爱说话,只爱一个人躲在屋里过家家,幻想出另一个世界,我是一个无比美丽的公主,双手摸着魔法棒,身上发出灿烂的光。	美丽公主,梦中逞强。
随着自己慢慢长大,有一天,我无意中听到妈妈向奶奶哭诉:"妈,您看咱家超凡也长大了,等我和他爸岁数大了,谁来照顾咱家超凡啊!"我再也忍不住了,扭头跑回屋,抓起被子趴到床上,哇的一声,我马上用被子捂住嘴,怕妈妈听到,眼泪不听话地往下流。"我到底犯了什么错啊,还是我爸妈犯了什么错,老天爷为什么要夺走我的左臂!我做梦都想拥有一双手啊,	
哪怕只有一天也好。这样我就可以左手拉着爸爸,右手牵着妈妈,哼着歌儿走在大街上,让他们去炫耀自己有一个多么优秀的女儿。好好抱抱,好好亲亲所有爱我的人。"	向往美好,强忍悲伤。
当我知道妈妈怀上了弟弟,我高兴,我更害怕。我怕妈妈再也不爱我了,可妈妈却背着全家人把腹中的弟弟打掉了,面对生气的爸爸,我紧紧地搂住妈妈,我知道她是想把这世界上独一无二的爱留给我啊!从那一刻开始,我每天都告诉我自己:我是超凡,我不是孤单的一个人,即使付出一百倍一千倍的努力我也要活出个样来,用阳光与微笑战胜一切!	感恩母亲,积极向上。

原　　文	评　点
生命的关键不是拥有,而是存在。小时候,所有正常孩子能做的事我都会去挑战它们,就像妈妈告诉我的那样:"超凡,你本身就是一个正常的孩子,只不过是缺少某个小零件而已。"妈妈替我未来的日子定了调,她不希望我因为生理上的不同,就变成一个害羞封闭的人。小学我加入了长春市少儿速滑队。接下来的几年里我过着冰火两重天的生活。夏天,我是个假小子,每天与烈日为伍;冬天,为了提高速度与增强肢体的灵活性,我身上只能穿一层薄薄的连体服,东北刺骨的严寒穿透了我的全身。每天 5 000 米的长跑,200 次仰卧起坐,8 个小时的冰上高强度训练,成了一个身高只有 1.35 米没有左臂的小女孩每天的必修课。每当队友们滑到弯道,伸出漂亮的左手支撑平衡时,我空空的袖子仿佛在用力保持心灵的平衡;即使一次次地摔出冰场,腰部猛烈地撞击在护栏上,瞬时觉得整个世界都坍塌了,我也会忍着泪将破碎的自己赶快拼接好,因为我要对得起爱我的人。教练每天逼着我们吃定量的牛肉,从来不会因为我的特别而给训练打折扣。当我夺得吉林省速滑大赛少儿组 800 米第一名的时候,全场观众都震撼了,我的教练抱着我激动地说:"孩子,你太不容易了,你是我见过最棒、最坚强的孩子!"手握沉甸甸的奖牌,这背后隐含了我多少汗水与泪水啊!	奋力拼搏,震撼赛场。
接着,我变得越来越有自信和冒险精神。我开始挑战游泳,别人使一分劲,我就要使十分劲。有时候右臂练抽筋了,我就马上开始练习腿部力量。唯恐几秒钟的松懈就会被别人落下。我索性将背在身后怯懦的小手也解放了出来,利用小手帮助自己在水中前进,就好像一个助推器一样。想象一下,当教练看到一个只学了 6 天蛙泳的我跳进了 2.4 米的深水区有多么惊恐,而我变成了一个看到游泳池就要跳进去的游泳狂,又让他们有多惊讶了。半个月的时间里,蛙泳、仰泳、自由泳都被我征服了!别人用双手能够做到的事情,我一只手也可以做得非常完美。我的梦想永无止境!	顽强进取,续写华章。
上了大学后,我是同学们口中的"超凡蜘蛛侠",一个"乐观、独立、坚强、正能量爆棚的女孩",是所有人的爱托起了我这个折翼的天使!我也通过自己的努力获得了 2012 年国家奖学金;并被授予 2013 第二届"诚信中国节诚信宣介大使""中国大学生自强之星"荣誉称号。我的故事也被中央电视台、北京电视台、人民网、《中国青年报》等多家媒体宣传报道,传递爱的感动与正能量!	折翼天使,创造辉煌。
在我成长的过程中,始终有一个人在关注指引我,那就是残疾人的楷模张海迪阿姨,海迪阿姨 5 岁的时候因患脊髓血管瘤而导致终身截瘫;她不甘命运的安排,用一支会说话的笔去倾诉,去抗争,	

原　文	评　点
她不仅活着,而且在写作中放飞了心灵,成为中国著名的作家。我的生活才刚刚起步,我和所有残疾青年都要向海迪阿姨学习,活着就要做一个对社会有益的人,为中国梦奉献自己的青春与热情!（演讲稿有修订）	乐为祖国,放飞梦想。

【综评】

北京工商大学大三女生张超凡的动情演讲《用右手撑起一片晴空》,在2014"中国梦·我的梦"全国大学生演讲大赛中,征服了大赛现场的所有评委和各个高校的师生。全场听众报以热烈的经久不息的掌声。张超凡一举夺得本次演讲大赛一等奖第一名。

张超凡演讲,至少有以下三个特色。

第一,紧扣主题。扣住本次演讲大赛的主题"中国梦·我的梦",张超凡娓娓道来,动情地讲述了自己坦然面对身体残疾,不断磨练,顽强进取,努力创造佳绩的亲身经历,表现了中国当代大学生积极向上,奋力拼搏,为祖国争做贡献的精神风貌。结尾点明"为中国梦奉献自己的青春与热情",把"我的梦"与"中国梦"紧紧连在一起,让主题得到升华。

第二,顽强进取。她从小加入长春市少儿速滑队进行训练,夏与烈日为伍,冬与严寒做伴,"每天5 000米的长跑,200次仰卧起坐,8个小时的冰上高强度训练,成了一个身高只有1.35米没有左臂的小女孩每天的必修课。每当队友们滑到弯道,伸出漂亮的左手支撑平衡时,我空空的袖子仿佛在用力保持心灵的平衡;即使一次次地摔出冰场,腰部猛烈地撞击在护栏上,瞬时觉得整个世界都坍塌了,我也会忍着泪将破碎的自己赶快拼接好……"最终在赛场上夺得吉林省速滑大赛少儿组800米第一名,全场观众都震撼了,教练抱着她激动地说:"孩子,你太不容易了,你是我见过最棒、最坚强的孩子!"折翼天使,终得回报。

第三,充满爱心。张超凡懂得感恩,充满爱心:"我就是这样一个只有右臂的女孩,而我始终对现在所拥有的一切心怀感激。我爱我的生命,如同我爱你们。""妈妈背着全家人把腹中的弟弟打掉了,面对生气的爸爸,我紧紧地搂住妈妈,我知道她是想把这世界上独一无二的爱留给我啊! 从那一刻开始,我每天都告诉我自己:我是超凡,我不是孤单的一个人,即使付出一百倍一千倍的努力我也要活出个样来,用阳光与微笑战胜一切!"张超凡爱爸爸妈妈,爱老师同学,爱一切善良的人们,爱亲爱的祖国。爱是张超凡顽强进取、不断创造佳绩的巨大动力。

（本演讲词由李元授教授评点评析）

获奖致辞

(2015年12月7日)

屠呦呦

演 讲 词	评 点
尊敬的主席先生，亲爱的使用过青蒿素的人们： 　　今天我极为荣幸能在卡罗林斯卡学院讲演，我报告的题目是：感谢青蒿，感谢四个人。 　　我不是中国本土第一个获得诺贝尔奖的人，我只是中国科学家群体中第一个获奖的女性科学家。我相信未来中国将有许多的项呦呦、齐呦呦、柴呦呦、尚呦呦、魏呦呦能够获得这一殊荣。 　　在此，我首先要感谢诺贝尔奖评委会、诺贝尔奖基金会授予我2015年生理学或医学奖。这不仅是授予我个人的荣誉，也是生长在中国大地上成片成片的青蒿的荣誉，更是中国中医的荣誉。 　　可以这么说：我是一个为青蒿素或者说是为诺贝尔奖而生的人。 　　1930年12月30日黎明时分，我出生于中国浙江宁波市开明街508号的一间小屋，听到我人生第一次"呦呦"的哭声后，父亲屠濂规激动地吟诵着《诗经》的著名诗句"呦呦鹿鸣，食野之蒿……"，并给我取名呦呦。 　　不知是天意，还是某种期许，父亲在吟完"呦呦鹿鸣，食野之蒿"，又对章了一句"蒿草青青，报之春晖"。 　　也就是从出生那天开始，我的命运便与青蒿结下了不解之缘。 　　只是当时，我还不认识什么是青蒿，也不知道什么是青蒿素，也不知什么是中医，更不知道什么是诺贝尔奖。 　　感谢完父亲，我想感谢中国的一位伟人——毛泽东。这位伟大的政治家、思想家、军事家、诗人十分重视民族文化遗产，他把中医摆在中国对世界的"二大贡献"之首，并且强调"中国医药学是一个伟大的宝库，应当努力发掘、加以提高"。 　　1954年，毛泽东指示："即时成立中医研究院。"它就是我的工作单位——中国中医科学院的前身，也是成就我一番事业的平台。 　　我时常在想：假如没有成立中医研究院；假如把我分配到一个乡村医院，我顶多是一个平庸的中医，更别谈什么青蒿素，什么诺贝尔奖了。 　　我还要感谢一个中国科学家——东晋时期有名的医生葛洪先生，他是世界预防医学的介导者。	尊敬亲爱，用词确切。 报告题目，明确主旨。 荣誉属于中国中医。 感谢父亲，精心起名； 呦呦源自《诗经》妙语。 又是青蒿，不解之缘。 感谢领袖，重视中医。 感谢医圣，指点迷津。

演 讲 词	评 点
葛洪精晓医学和药物学,一生著作宏富,自谓有《内篇》二十卷,《外篇》五十卷,《碑颂诗赋》百卷,《军书檄移章表笺记》三十卷,《神仙传》十卷,《隐逸传》十卷;又抄五经七史百家之言、兵事方技短杂奇要三百一十卷。另有《金匮药方》百卷,《肘后备急方》四卷。	
当年,每每遇到研究困境时,我就一遍又一遍温习中医古籍,正是葛洪《肘后备急方》有关"青蒿一握,以水二升渍,绞取汁,尽服之"的截疟记载,给了我灵感和启发,使我联想到提取过程可能需要避免高温,由此改用低沸点溶剂的提取方法,并最终突破了科研瓶颈。	
只叹生不逢时,如果东晋时期就有诺贝尔奖的话,我想,葛洪应该是中国第一个获此殊荣的医者。	来点幽默,妙趣横生。
我还想感谢一个人,准确地讲,应该是一群人,一群数以百万的非洲人。正是他们对中国中医、对青蒿素的信任,才换来生命的重生,见证了青蒿素的神奇。	感谢非洲,广泛使用。
在感谢四个人的同时,我还要感谢当年从事523抗疟研究的中医科学院团队全体成员,感谢全国523项目单位的通力协作。	感谢团队,通力协作。
我唯一不感谢的,就是我自己。因为痴迷青蒿素,我把大量的时间、精力和情感投入科研当中,没有尽到为人妻、为人母的义务和责任。	不谢自己:亏欠家人。
最后,我要万分感谢的,是一种生长在中国大地上的草本植物——青蒿。它星散生长于低海拔、湿润的河岸边砂地、山谷、林缘、路旁等,也见于滨海地区。在中国近二十个省、区都能见到它的身影。	感谢青蒿,无私奉献。
一岁一枯荣的青蒿,生,就生出希望;死,就死出价值。	
其茎,其叶,其花,浓香、淡苦,蕴含丰富的艾蒿碱、苦味素,是大自然送给人类的一种廉价的抗疟疾药物。	
在我的科研生涯中,一代又一代,一茬又一茬的青蒿"前赴后继",奉献了自己的身躯,成就了中国的中医事业。	
正是因为它们的牺牲,才铺就了我通往诺贝尔的坦途。	
青蒿呦呦。	
情感呦呦。	
生命呦呦。	
临来瑞典前,我曾经有一个想法,想带85株青蒿来到卡罗林斯卡学院,让它们和我一起分享成功的喜悦,但我怕在机场、海关遇上安检、植检的麻烦,便打消了这个念头;我还想邀请85名参与过523项目的科学家来到瑞典,共同发布青蒿素的科研报告,但我怕诺贝尔奖基金会无法承担这笔庞大的开支,最终,我决定还是一个人来,代	美好心愿,处处为人。

演 讲 词	评 点
表中国,代表中国中医和中国科学家,领取诺贝尔奖。 　　尊敬的主席先生,再过几天,我就要返回中国,临走前,我有一个小小的请求,希望您能告诉世界:屠呦呦获得诺贝尔奖的理由。 　　作为一名中医工作者,我有幸参与了青蒿素的研发工作,但我不是以获得诺贝尔奖为终极目的。 　　我唯一的追求是:抗疟、治病。 　　因此,我不想对于自己已经没有多大价值的诺贝尔奖,给我的晚年生活带来巨大的困扰、烦恼和质疑。 　　我喜欢宁静。蒿叶一样的宁静。 　　我追求淡泊。蒿花一样的淡泊。 　　我向往正直。蒿茎一样的正直。 　　所以,我请求您能满足一个医者小小的心愿。 　　终有一天,我将告别青蒿,告别亲人,如果那一天真的来到,我希望后人把我的骨灰撒在一片青蒿之间,让我以另外一种方式,守望终生热爱的土地,守望青蒿的浓绿,守望蓬勃发展的中国中医事业。 　　衷心感谢在青蒿素发现、研究和应用中做出贡献的所有国内外同事们、同行们和朋友们! 　　深深感谢家人一直以来的理解和支持! 　　衷心感谢各位前来参会! 　　谢谢大家!	抗疟治病,唯一追求。 宁静淡泊,高风亮节。 葬身青蒿,完美人生。 感谢诸位,首尾呼应。

【综评】

　　神州大地,流传着一个最响亮的名字——屠呦呦。屠呦呦,生于1930年12月30日,浙江宁波人,毕业于北京医学院,中国中医科学院的首席科学家,"共和国勋章"获得者,是首位中国科学家获得诺贝尔生理学或医学奖。她发现的青蒿素,用于治疗疟疾的药物,挽救了全球数百万人的生命。这里展示的是屠呦呦2015年12月7日在瑞典卡罗林斯卡学院获得诺贝尔奖时的获奖致辞。

　　屠呦呦的演讲词,至少有以下四个特色。

　　第一,献身青蒿,辉煌伟业。20世纪60年代,非洲等地流行着一种致命性的疟疾病,许多国家的卫生部门均在研究对策;中国卫生部中医研究院(中国中医科学院前身)为此展开了积极的研究,中药研究所的屠呦呦接受国家"523"抗疟药物研究的艰巨任务,被任命为中药抗疟科研组组长;数十年来,屠呦呦潜心研究青蒿素,默默耕耘,无私奉献,于1979年发明了"抗疟新药青蒿素",荣获国家发明奖二等奖,挽救了非洲、南美洲和印度等地数百万患者的生命。2015年,屠呦呦荣获诺贝尔奖,2019年又荣获中国"共和国勋章"。

　　第二,葬身青蒿,感天动地。"终有一天,我将告别青蒿,告别亲人,如果那一天真的来到,我希望后人把我的骨灰撒在一片青蒿之间,让我以另外一种方式,守望终生热爱的土地,守望青蒿的浓绿,守望蓬勃发展的中国中医事业。"无我精神,感人至深。

第三,唯一追求,高风亮节。屠呦呦潜心研究青蒿素新药,不是为名,不是为了获得诺贝尔奖,"我唯一的追求是:抗疟、治病。"

"我喜欢宁静。蒿叶一样的宁静。

我追求淡泊。蒿花一样的淡泊。

我向往正直。蒿茎一样的正直。"

这是人生真谛,与日月同辉。

第四,巧妙构思,诗情画意。屠呦呦巧妙地把自己的名字"呦呦"与父亲的珍爱联系起来,与诗经名句"呦呦鹿鸣,食野之蒿"和相对应的"蒿草青青,报之春晖"联系起来;把自己的研究业绩与伟大领袖毛泽东对中国中医事业的高度重视联系起来,与医圣葛洪经典文献的启示联系起来,与非洲百万使用青蒿素的疟疾患者联系起来,与自己通力协作的研究团队联系起来,与源源不断的源自中国大地青蒿植物的无私奉献联系起来,与蓬勃发展的中国中医事业联系起来,构成了一幅宏大而绚丽的画卷。

(本演讲词由李元授教授评点评析)

奔跑吧！青春

（2019年11月16日）

高思恩

演 讲 词	评 点
大家一定好奇，为什么我提着一个纸箱子登台？生活中纸箱子的用处有很多，它可以是包装箱，也可以是收纳盒，但它对于我来说却不是那么简单，它是我生命诞生之初的摇篮，是我年幼时谋生的手段，是盛放爱与感恩的百宝箱。 　　那是1994年7月一天的早晨，太原的天空阴沉沉的，火车站附近的一个小院中传出了婴儿的啼哭声，大家闻声而来，聚拢在一个纸箱边。仔细查看，大家发现纸箱中婴儿的左臂患有残疾，在一阵阵怜惜声中，只有一位年已六旬的老人伸出温暖的双手将女婴抱回了家中。仅仅几分钟后，天空就下起了瓢泼大雨。如果不是那位老人，也许女婴就在大雨中失去了生命。 　　说到这里大家也就明白了，我就是当年那个躺在纸箱中的女婴，是好心的奶奶给了我第二次生命。奶奶孤身一人，没有工作，没有收入，生活已经不容易。为了养活我，她起早贪黑地捡纸箱，拾废品，含辛茹苦地将我抚养长大。我从记事起就慢慢知道这些了，知道奶奶一个人养活我是多么不容易。于是我下定决心，即使身体不便，也要比别人更快地学会照顾自己，照顾奶奶，让奶奶以后过上好日子。我坚信，只要努力，别人可以的，我也一样可以。 　　我每天看着奶奶干活，并默默学着。七岁时我已经学会了做家务，做饭。但我却无法像其他同龄孩子一样走进校园。因为我没有户口，求学之路充满艰辛。我从不奢望像其他小朋友一样有爸爸有妈妈，有好吃的好玩的，但是看到他们能背着书包上下学我真的好羡慕。终于压在心底很久的话还是忍不住跑了出来。我说："奶奶，我什么时候能上学呀？"话音刚落，奶奶泪如雨下。我自责地哭了，奶奶走过来，一把把我抱住，我们抱在一起哭了很久很久。终于有一天，我也像其他小朋友一样坐在明亮的教室里了，但是我无法想象，即使吃不饱饭也决不麻烦别人的奶奶，竟然为了我上学下跪了不知多少次，是教育局和残联的帮助，才让我有了上学的机会。 　　我深知这一切来之不易，于是倍加珍惜。寒冷的冬天家里欠费没了电，就是在路灯下我也要把作业写完。生活不易，为了替奶奶分担：校园里的角落，上下学的路上，别人眼里的废纸箱，就成了我眼	纸箱揭秘，生命摇篮。 　　怜悯女婴，抱回家中； 　　老人大爱，听众动容。 　　报答奶奶，学会自立。 　　我要上学，困难不少； 　　多方帮助，如愿以偿。

演 讲 词	评 点
中的宝。因为卖掉之后的微薄收入,可以让奶奶少一些辛苦,那已是我最大的快乐。初中就读的学校离家很远,为了节省车费,我就跑着去跑着回,不知不觉中我成了学校田径场上的短跑冠军,到中考时我成了班上唯一一个体育考满分的人。我喜欢风雨中前进的自己,把树木、房屋甩在身后,向着阳光奔跑。	为省车费,跑步上学; 终于成为,短跑冠军。
也是从这一年开始,我和奶奶的生活境况逐渐好转,在派出所、残联、民政部门等多方帮助下,我终于有了户口,政府还让我享受到了低保。那个时候,我和奶奶做梦都会笑出声来。奶奶常常把这些恩情挂在嘴边,总是叮嘱我一定要努力,一定要感恩。	上了户口,享受低保; 奶奶叮嘱,定要感恩。
进入高中后,我被推荐代表省市参加各类体育比赛,每一次奔跑我都拼尽全力,90公斤的杠铃把脖子压出了肿块,反反复复的冲刺使脚底磨出了水泡,但无论多苦多难,我都没有放弃。因为我知道,只有坚持才对得起爱我的奶奶和无私帮助我的教练。于是我咬着牙一步步挺了过来。	体育比赛,刻苦训练;
高二时,我拿到了国家二级运动员。是那一年,山西省达级赛测试中唯一一名残疾运动员。随后又多次在全国残运会上获得奖牌。虽然训练和比赛占用了学习时间,但我还是利用一切可利用的时间努力学习。因为我明白人生的比赛不只是赛场的输赢,更是知识的比拼,思想的角逐。	获得奖牌,感谢教练。
2013年我如愿考上了山西大学。奶奶看到通知书的那一刻热泪盈眶,我知道在奶奶那喜悦的泪水背后,是为昂贵学费的担忧。幸运的是我又得到了政府各相关部门、学校和慈善总会的帮助,使我顺利进入了大学校园。四年的时间里我过得十分充实,做公益活动的领跑员,拿下三次单项奖学金,成为学生会秘书长。照顾好八旬的奶奶,完成不间断的训练和比赛,我恨不得生出三头六臂,虽然分身乏术,苦过累过,但只要想到奶奶,想到那些曾经帮助过我的人们就会再一次动力满满。	考上大学,勤学苦练; 公益活动,处处争先。
生活总是眷顾我,给我考验,让我成长。2017年年初,新年之际,奶奶意外摔倒,腰椎骨折,动手术后近一年不能下床。正值考研备战期的我,每天在家中给奶奶喂水喂饭,帮助奶奶排便、擦洗身体。听着奶奶经常疼痛的呻吟,我心如刀绞。在这样的压力下,我忍住了泪水,咬牙坚持,最终考上了研究生。奶奶的身体也一天天好了起来。	奶奶摔倒,悉心照料; 咬牙坚持,终于读研。
20多年过去了,这小小的纸箱已经放不下我长大的身躯,我和奶奶的生活也早已不再依靠它,但它所盛放的爱和感恩却从未消失,反而历久弥深。奶奶为我取名思恩,就是要我常思恩情,这恩情来自同学、邻里、师友,来自政府、社会、国家。心中常念恩情,更要知恩图	挽结全篇,饮水思源; 感恩戴德,报效祖国。

演 讲 词	评 点
报。是奶奶让我活下来,是祖国让我长起来。所以我将在这青春年华里,用永不停息的奋斗来回报这个伟大的时代。	
如果说青春注定是一场与命运抗争的比赛,我愿挥洒爱的汗水,跑出时代速度,将爱与阳光传递!	进而点题,奋力奔跑!
谢谢大家!	

【综评】

　　"时代新人说·我和祖国共成长"全国演讲大赛总决赛2019年11月16日,在北京首都图书馆剧场举行。大赛评委颜永平老师对演讲者高思恩的演讲形象进行了生动的描绘:高思恩的精彩演讲《奔跑吧!青春》可说是"风雨中奔跑,阳光中微笑,舞台上演讲"。独臂女孩高思恩用自己的真情实感与成长经历,讲述了她和祖国共成长的感人故事:她饮水思源,知恩图报,身残志坚,自强不息,刻苦学习,积极锻炼身体,德智体美劳全面发展,不断取得骄人的成绩,努力为中华之崛起而读书,为祖国的伟大复兴而奋起,她是广大的时代新人学习的榜样。高思恩的这篇演讲荣获演讲大赛一等奖。

　　高思恩的演讲有四个特色。

　　第一,突出的事迹。高思恩一出生就是一个躺在纸箱里身体残缺的弃婴,是好心的奶奶给了她第二次生命。而奶奶孤身一人,靠捡废品为生;高思恩从小自立,7岁就学会做饭做家务,跟着奶奶捡破烂;她没有户口上学困难,在有关部门的大力帮助下,才得以解决;学校离家很远,为省车费,她上下学来回跑步,日积月累,成了短跑冠军,后又成了国家二级运动员;她勤学苦练,成绩优秀,努力考上大学和研究生;她做公益活动,事事争先。……综上所述,高思恩的不幸与遭遇,远远超过一般的孩子,但她从小就知恩图报,自立自强;高思恩的学习环境与条件很差,不可能到处培优,但她全凭自己的勤奋与智慧,考取了山西大学,随后还考取了研究生;高思恩的身体条件很差,是独臂女孩,但她全凭自己的刻苦磨练荣获短跑冠军与国家二级运动员称号,多么了不起!她是新时代青少年自强不息、顽强拼搏的典范与楷模。高思恩的演讲具有很强的感召力。

　　第二,感人的细节。高思恩的演讲有诸多感人的细节:纸箱,既是演讲者使用的道具,又是感人的关键细节,它是婴儿生命的摇篮,又是全家谋生的手段,所有听众均为之动容;7岁的孩子就开始自立,学会做饭做家务、捡破烂,相比许多人家上十岁的孩子仍然过着衣来伸手饭来张口、在妈妈怀里撒娇的生活,我们不得不为小思恩的自立点赞;小思恩上下学来回奔跑,只为节省车费,为奶奶分忧,结果日积月累,成了短跑冠军,又成为国家二级运动员,我们不得不为小思恩的自强点赞。还有一些细节,诸如她一边备战考研,一边悉心照料不慎摔倒卧病在床的奶奶等,强烈地感染着听众。

　　第三,闪光的语言。独臂女孩高思恩知恩图报,奋力拼搏,报效祖国,说出了诸多闪光的话语:"我坚信,只要努力,别人可以的,我也一样可以。""我喜欢风雨中前进的自己,把树木、房屋甩在身后,向着阳光奔跑。""无论多苦多难,我都没有放弃。……于是我咬着牙一步步挺了过来。""我明白人生的比赛不只是赛场的输赢,更是知识的比拼,思想的角逐。""心中常念恩情,更要知恩图报。""我将在这青春年华里,用永不停息的奋斗来回报这个伟大的时代。"等等,这些铿锵的话语给了听众强烈的震撼。

第四,充沛的情感。高思恩是一个被遗弃的残疾女婴,是仁慈的奶奶将她从死亡中拯救出来,是社会、是国家给她以关怀与温暖,让她健康而幸福地生活着,她比一般青少年更加懂得感恩,感恩之情贯穿于她整个演讲中:"奶奶常常把这些恩情挂在嘴边,总是叮嘱我一定要努力,一定要感恩。""奶奶为我取名思恩,就是要我常思恩情,这恩情来自同学、邻里、师友,来自政府、社会、国家。"这炽热的情感给听众以很大的激励。

高思恩的演讲稿是一篇优秀的演讲词。但是,如果我们推荐到报刊发表,还需要加工提炼;如果要上教科书,还需要我们进一步修改提升。比如:奶奶为了让高思恩上学读书、给人下跪一事,能否换一个说法?第五自然段所表述的意思尚不够清晰,演讲者有关纸箱揭秘的叙述好像只是客观的介绍,如能怀着感激之情进行动情的讲述将会更加感染听众。

(本演讲词由李元授教授评点评析)

在弗吉尼亚州议会上的演说①

(1775 年 3 月 23 日)

[美]帕特里克·亨利

原　　文	评　　点
主席先生： 　　诸位可敬的先生们已向议院提出了请愿,我比任何人都更高度地赞赏他们的才干和爱国之心。然而,对同一事物往往各人有各人的见地。虽然我的观点与他们截然不同,但当我毫无忌讳、畅所欲言时,但愿不被误认为是对先生们的不恭。现在不是客气礼让的时候,议院所面临的问题是我们国家正处于兴败存亡之际。我认为,这是关系到享受自由还是蒙受奴役的大问题。鉴于它事关重大,我们的辩论应该允许各抒己见,只有这样,我们才有望得到真理,才可能对上帝和祖国尽神圣的职责。我认为,这种时刻若是怕冒犯诸位而隐瞒自己的观点,这是对祖国的背叛,也是对居于人间一切君王之上的万物之主的不忠。 　　主席先生,人们常易沉湎于希望的幻境中,我们往往无视使人痛苦的真理,听凭那唱着迷惑之歌的女海妖将我们重新变成牲畜。难道那些为争取自由而进行伟大、艰巨斗争的明智的人们就当扮演这样的角色？难道我们竟甘心与那些有眼却视而不见,有耳却充耳不闻的苟且偷安者为伍？至于我,无论心灵将忍受多大的痛苦煎熬,我甘愿追寻完美的真理,接受最坏的结果,并为之贡献一切。 　　我的指路明灯只有一盏,那就是经验之灯。我认为,要探知未来,不靠别的,只有总结过去的经历。回顾往事,我想知道近十年来英国内阁的所作所为中,有哪些能为先生们曾经聊以自慰并用于安定议院的"希望"提供丝毫依据呢？难道是英国内阁老爷们最近在接纳我们的请愿书时浮现的那种奸诈的笑容？主席先生,千万别信这一套,到头来这只能证明是个圈套。别让人家在热吻中将我们出卖了。试问,既然他们慈悲为怀,接受了请愿,何以将炮口对准了我们的水域,让战争的阴霾笼罩我们的大地呢？亲善与和解需用战舰、军队作伴吗？难道说有什么迹象表明我们太无复交的诚意以致不得不诉诸武力,迫使我们接受友情？不要自欺欺人了,主席先生,它们是战争和征服的工具,是国君们采用的最后的争执手段。主席先生,我	欲擒故纵,以退为进。 以舒缓语调缓和会场紧张气氛,稳定反对者情绪,缩短与听众的心理距离。 转入说理。 运用反问句,引起深思,语气逐步坚决,言辞逐步激烈。 承上,向例证过渡,激发人们正视现实。 以大量无可辩驳的事实,揭露殖民者的贪婪。

---

① 选自王士瑾译,顾晓明校《世界著名演说集》。

原　　文	评　点
倒要请问那些先生们,这种一触即发的战争状态倘不为逼使我们屈服又意味什么呢?除此以外,先生们能指出他们别的动机吗?在地球的这一方,大英帝国难道还有别的敌手需要它调动这一切海陆军队吗?不,没有别的敌手。主席先生,这一切是冲着我们来的,而不是别的任何国家。英国内阁多年来为我们锻造的锁链,如今正往我们身上套。我们还要与他们辩理吗,先生?我们已经同他们争了十年了,还有什么理由没有提出?不,没有了。凡能据理力争的,我们都阐明了,但结果只是徒劳一场。想以乞求和卑躬屈膝感动他们吗?即使搜索枯肠难道还能找到什么新的辞藻讨人怜悯吗?我恳求你,主席先生,我们不能再这样欺骗自己了。先生,为了避开这场日益逼近的灾难风暴,我们已经尽了一切努力了。我们请愿过了,我们奉劝过了,我们哀求过了,我们都尝试过了,甚至还匍匐于英王的脚下苦苦祈求她收回其内阁和议会向我们伸来的暴虐之手。我们的请愿遭到了漠视,奉劝的结果是备受欺凌,哀求又被置若罔闻。我们曾含着何等灼人的耻辱被人从英王的御座前一脚踢开。事到如今,我们再也不能沉迷在和平与和解的盲目希望之中了。再也没有存在希望的余地了。假如我们想得到自由,也就是说要拯救我们为之长期奋斗的神圣而珍贵的权利,不卑怯地放弃我们已投身多年并发誓不达目的决不罢休的崇高斗争的话,我们必须战斗!我再重复一遍,主席先生,必须战斗!拿起武器,诉诸万军之主,这才是我们唯一的出路。	大量运用反问、排比、感叹手法,展开凌厉的攻势,感情激昂,气势雄劲,具有强大的逻辑力。 　　诗化的语言,犀利,明快,富于鼓动性。
先生,有人说我们势单力薄,不是悍敌的对手,那么我们何时才能强壮起来呢?等下周还是等待明年?或是要等到有朝一日我们被彻底缴了械,让英兵在我们家家户户门口布上了哨?优柔寡断、束手待毙能为我们积蓄力量吗?高枕无忧、死抱住希望的幽灵不放,甚至让敌人捆住手脚又何以取得有效的抵抗?先生,只要我们正当地发挥上帝赋予我们的才智和勇气,我们并不弱小。在我们这样的国家,有数百万为争取自由的神圣事业而奋斗的人民,敌人发动任何武装进犯都无法将我们摧毁。此外,先生,我们的斗争不是孤立无援的,公正的上帝在主持人类的尊严。上帝会唤起我们的朋友与我们并肩战斗。先生,战争的胜负不仅仅取决于强弱,胜利属于那些机警的人、主动的人、勇敢的人。先生,除此以外,我们别无选择,即使我们那样没有骨气,想退出这场斗争,也为时已晚。退让只能被征服,被奴役!敌人正在为我们制造锁链,在波士顿平原也许已能听到叮当作响的锁链声。战争是无可避免的了,让它来吧!我要重复一遍,先生,让战争来吧。	语言流畅,充满爱国激情和献身精神。

原　　文	评　点
主席先生,要避免战争是妄想。那些先生们也许要大声疾呼要和平,要和平——但已无和平可言,战争业已打响! 起源于北部的狂飙为我们带来了刀剑的铿锵声,我们的同胞已走上战场,我们怎能袖手旁观! 先生们还要期待什么? 结果又将如何? 难道生命这般珍贵? 和平如此诱人? 以致不惜以戴镣为奴的代价来换取? 万能的上帝啊! 制止这种妥协吧! 我不知道别人将如何行事,但对于我来说,不自由,毋宁死!	表达出身先士卒、义无反顾的决心,感情充沛,语言凝练,掷地有声。

【综评】

　　帕特里克·亨利(1736—1799年),美国著名政治家、演说家。他出身贫寒,自幼勤奋好学,曾任律师,颇负盛名。他坚决反对英国殖民统治,参加美国独立战争,与华盛顿等人并肩作战,是美国开国元勋之一。

　　这篇演说是他在独立战争时期的著名演讲。当时,北美人民反对殖民统治争取自由独立的呼声愈益高涨,而殖民地中的保守派慑于英国武力威胁和出于维护本阶级利益的考虑,极力主张同英国妥协和解。1775年3月23日,在州议会上,几位保守派代表发言之后,他登上讲台,代表人民的利益和要求,痛斥妥协投降,号召人民用武力反抗英帝国。这篇杰出演讲,立即引起强烈反响,并迅速传开,对动员和组织美国人民争取独立的斗争发挥了巨大作用。

　　这篇演讲结构巧妙,先肯定前面发言人的良好愿望,然后转入说理,发表自己的见解,层层递进,言辞逐步激烈;大量运用反问和排比的修辞手法,极富鼓动性。结尾一句"不自由,毋宁死",尤其表现出爱国者的浩然正气。

在葛底斯堡国家烈士公墓落成典礼上的演说

(1863年11月19日)

[美]亚伯拉罕·林肯

原　文	评　点
87年前,我们的先辈们在这个大陆上创立了一个新国家,它孕育于自由之中,奉行一切人生来平等的原则。	把现实与历史联系起来,含蓄地点明烈士献身的意义。
现在我们正从事一场伟大的内战,以考验这个国家,或者任何一个孕育于自由和奉行上述原则的国家是否能够长久存在下去。我们在这场战争中的一个伟大战场上集会。烈士们为使这个国家能够生存下去而献出了自己的生命。我们来到这里,是要把这个战场的一部分奉献给他们作为最后安息之所。我们这样做是完全应该而且非常恰当的。	紧承上文,进一步阐述这场"伟大的内战"的历史影响,意蕴深沉。 　　叙述建立公墓的必要性,缅怀战士的丰功伟绩。
但是,从广泛的意义上来说,这块土地我们不能够奉献,不能够圣化,不能够神化。那些曾在这里战斗过的勇士们,活着的和去世的,已经把这块土地圣化了,这远不是我们微薄的力量所能增减的。我们今天在这里所说的话,全世界不大会注意,也不会长久地记住,但勇士们在这里所做过的事,全世界却永远不会忘记。毋宁说,倒是我们这些还活着的人,应该在这里把自己奉献于勇士们已经如此崇高地向前推进但尚未完成的事业;倒是我们应该在这里把自己奉献于仍然留在我们面前的伟大任务——我们要从这些光荣的死者身上汲取更多的献身精神,来完成他们已经完全彻底为之献身的事业;我们要在这里下定最大的决心,不让这些死者白白牺牲;我们要使国家在上帝福佑下得到自由的新生,要使这个民有、民治、民享的政府永世长存。	从"奉献""圣化""神化"生发开来,热情讴歌为独立、自由而战的勇士。融议论与抒情于一体。 　　号召人们学习先烈献身精神,完成烈士未竟事业。 　　情理交融,层层深入,要言不烦,一气呵成。

【综评】

　　亚伯拉罕·林肯(1809—1865年),美国第16任总统。他出身贫寒,先后当过工人、水手、店员、邮递员等。23岁开始跻身于政治舞台,并长期担任律师。1856年加入共和党,并迅速成为该党公认的领袖。1860年11月当选为美国总统,1864年再次当选。1865年遇刺身亡。

　　林肯所处的时代正是美国社会急剧动荡的时代,南方奴隶主企图猖狂破坏美国统一,颠覆资产阶级政权。为了维护联邦的统一,铲除奴隶制,他领导美国人民痛击南方奴隶主的军事叛乱,取得了南北战争的伟大胜利。

葛底斯堡战役是南北战争的转折点,战斗激烈,举世罕见。为了纪念这次战役中的阵亡将士,联邦政府举行了隆重的葛底斯堡公墓落成典礼。林肯在典礼上的不到 3 分钟的演讲,感情深厚,语言精练、朴实优雅,情理交融。这篇完美无疵誉满全球的演讲词,被铸成金文保存在英国牛津大学,是英语演讲的最高典范。

谁说败局已定?

(1940年6月18日)

[法]夏尔·戴高乐

原　文	评　点
担任了多年军队领导职务的将领们已经组成了一个政府。这个政府借口军队打了败仗,便同敌人接触,谋取停战。	直言政府软弱,表达不满情绪。
我们确实打了败仗,我们已经被敌人的陆军、空军和机械化部队所困。我们之所以落败,不仅因为德军的人数众多,更其重要的是他们的飞机、坦克和作战战略。正是敌人的飞机、坦克和战略使我们的将领们惊慌失措,以致出此下策。	中肯的分析,为后论铺垫。
但是难道败局已定,胜利已经无望?不,不能这样说。	设问句表达必胜信念。
请相信我的话,因为我对自己所说的话完全有把握。我要告诉你们,法兰西并未落败,总有一天我们会用目前战胜我们的同样手段使自己转败为胜。	
因为法国并非孤军作战,她并不孤立。绝不孤立!她有一个幅员辽阔的帝国做后盾,她可以同控制着海域并在继续作战的不列颠帝国结成联盟。她和英国一样,可以得到美国雄厚工业力量源源不断的支援。	阐释必胜的理由。
这次战祸所及,并不限于我们不幸的祖国,战争的胜败亦不取决于法国战场的局势。这是一次世界大战。我们的一切过失、延误以及所受的苦难都没关系,世界上仍有一切手段,能够最终粉碎敌人。我们今天虽然败于机械化部队,将来,却会依靠更高级的机械化部队夺取胜利。世界命运正系于此。	环环相扣的逻辑,层层深入的推理。
我,戴高乐将军,现在在伦敦发出广播讲话。我吁请目前或将来来到英国国土的法国官兵,不论是否还持有武器,都和我联系;我吁请具有制造武器技术的技师与技术工人,不论是目前或将来来到英国国土,都和我联系。	以将军名义呼吁,激励法国人民!
无论出现什么情况,我们都不容许法兰西抗战的烽火被扑灭,法兰西的抗战烽火也永远不会被扑灭。	层层紧逼,把演讲推向高潮。
明天我还要和今天一样在伦敦发表广播讲话。	表达坚强决心。

【综评】

　　1940年6月17日,法国元帅贝当向希特勒举起降旗,法国人民陷入黑暗之中。次日,夏尔·戴高乐在英国伦敦布什大厦的播音室里,向法国人民发表了这篇著名演讲,他凭借超凡的气概、必胜的信念,与鼓舞人心的演讲语言,点燃了法国人民抵抗运动的希望之火。

一、勇敢挑战,胆识惊人

　　这篇演讲词,字里行间都表现了戴高乐将军超凡的气概与必胜的信念。演讲开始,他便直言政府的软弱:"担任了多年军队领导职务的将领们"组成的"政府","借口军队打了败仗,便同敌人接触,谋取停战"。言词虽不激烈,但其不满态度却已明明白白。当时的背景是,英、法政府的一再妥协退让,使得德国的扩张野心日益膨胀。希特勒攻占波兰后,又占领了丹麦、挪威、荷兰、比利时、卢森堡,并顺利绕过"马其诺防线",攻入法国,使毫无戒备的法军一触即溃。在强大的敌人面前,法国政府向希特勒举起了降旗,但戴高乐却没有被吓趴下。他于1940年6月17日带着全家飞往伦敦,18日便通过广播向法国人民发表了这篇演讲。他充满信心地告诉人们:"总有一天我们会用目前战胜我们的同样手段使自己转败为胜。"他的英雄气概,大长了人民的志气,灭了敌人的威风。

二、多方包抄,理由服人

　　戴高乐将军胆略超人,但他并不鲁莽,他知道,要让人民树立战胜敌人的信心,光有"不言败"的气概不行,还必须说出必胜的理由。因此,他从多方包抄来证明自己的"完全有把握"。他先是以退求进,承认"我们确实打了败仗",之后分析了失败的原因——"不仅因为德军的人数众多,更其重要的是他们的飞机、坦克和作战战略",这才使法国的将领们"出此下策"。这一中肯的分析,一方面让妥协的政府很有面子地下了"台阶",另一方面也表明自己是知彼知己,这为取得人们的信任作了铺垫。接下来便从多个角度论证转败为胜的理由:"法国并非孤军作战","她有一个幅员辽阔的帝国做后盾,她可以同控制着海域并在继续作战的不列颠帝国结成联盟","可以得到美国雄厚工业力量源源不断的支援"。接下来又向宽处开拓,告诉人们"这是一次世界大战","战争的胜败亦不取决于法国战场的局势","世界上仍有一切手段,能够最终粉碎敌人"。环环相扣的逻辑,层层深入的推理,使人们看到了胜利的旗帜,坚定了战胜敌人的信心。

三、铿锵呐喊,语言激人

　　这篇演讲词的语言如重型炮弹,字字都是从演讲者心中发出的呐喊,句句都能震撼听众的心灵。当他告诉人们不能言败的时候,他用"难道败局已定,胜利已经无望?不,不能这样说"的设问表达自己的坚定态度;当述说理由时,他又用"她并不孤立。绝不孤立"的话反复进行强调,让大家相信"法国并非孤军作战";号召人们参战时,他直接以自己"戴高乐将军"的大名连连发出呼吁:"吁请"法国官兵和他联系,"吁请"具有制造武器技术的技师与技术工人和他联系,"吁请"所有不论目前或将来到英国的人士都和他联系;为了鼓舞斗志，最后他发出了"无论出现什么情况，我们都不容许法兰西抗战的烽火被扑灭，法兰西的抗战烽火也永远不会被扑灭"的呐喊，这一递进式话语，把演讲推向了高潮，必胜信念可谓惊天动地。然而演讲到此并未结束，而是以一句"明天我还要和今天一样在伦敦发表广播讲话"的平常话来作结，这看来有些多余，但仔细品味却能看出这寻常之句的力量，它如地下滚动着的岩浆，隐隐地告诉人们他不达目的决不罢休的决心。

　　总之，这篇演讲词是鼓动人们向失败挑战的经典。在世界反法西斯战争处于最艰难的时刻，它点燃了法国人民抵抗运动的希望之火。在今天，这篇经典之作则能让那些在商场、赛场、考场上被"失败"撞了一下腰的人们拍案而起，说：谁说失败已成定局？

（综评　孙玉茹）

一个遗臭万年的日子

(1941年12月8日)

[美]罗斯福

原　文	评　点
副总统先生、议长先生、参众两院各位议员：	
昨天,1941年12月7日——一个遗臭万年的日子——美利坚合众国遭到了日本帝国海空军部队突然和蓄谋的进攻。	开门见山,引起关注。
合众国当时同该国处于和平状态,而且,根据日本的请求,当时仍在同该国政府和该国天皇进行着对话,对于维持太平洋的和平有所期待。实际上,就在日本空军中队已经开始轰炸美国瓦胡岛之后一小时,日本驻合众国大使及其同事还向我们国务卿提交了对美国最近致日方的信函的正式答复。虽然复函声言继续现行外交谈判似已无用,但它并未包含有关战争或武装进攻的威胁或暗示。	事实清楚,思路清晰,逻辑极其严密。
应该记录在案的是：由于夏威夷同日本的距离,这次进攻显然是许多天乃至若干星期以前就已蓄意进行了策划的。在策划过程之中,日本政府通过虚伪的声明和表示希望维系和平而蓄意对合众国进行了欺骗。	抓住要害,深刻揭露,措辞极为精当。
昨天对夏威夷群岛的进攻,给美国海陆军部队造成了严重的损害,我遗憾地告诉各位,很多美国人丧失了生命。此外,据报,美国船只在旧金山和火奴鲁鲁之间的公海上也遭到了鱼雷袭击。	用严重损害,激发听众情绪。
昨天,日本政府已发动了对马来西亚的进攻。	运用排比句式,陈述事实,加深听众印象。
昨夜,日本军队进攻了香港。	
昨夜,日本军队进攻了关岛。	
昨夜,日本军队进攻了菲律宾群岛。	
昨夜,日本人进攻了威克岛。	
今晨,日本人进攻了中途岛。	
因此,日本在整个太平洋区域采取了突然的攻势。昨天和今天的事实不言自明。合众国的人民已经形成了自己的见解,并且十分清楚这关系到我们国家的安全和生存的本身。	形势严峻,果敢应对,极为冷静、严肃。
作为海陆军总司令,我已指示,为了我们防务采取一切措施。	
但是,我们整个国家都将永远记住这次对于我们进攻的性质。	
不论要用多长的时间才能战胜这次预谋的入侵,美国人民以自己的正义力量一定要赢得绝对的胜利。	庄严号召,表示必胜信念。
我现在断言,我们不仅要做出最大的努力来保卫我们自己,我们	

原　　文	评　点
还将确保这种形式的背信弃义永远不会再危及我们。我这样说,相信是表达了国会和人民的意志。 　　敌对的行动已经存在。毋庸讳言,我国人民、我国领土和我国利益都处于严重危险之中。 　　信赖我们的武装部队——依靠我国人民的坚定信心——我们将取得必然的胜利——上帝助我。 　　我要求国会宣布:自1941年12月7日——星期日日本进行无缘无故和卑鄙怯懦的进攻时起,合众国和日本之间已处于战争状态。	分析客观冷静,令人信服。 　　义正词严,坚决有力。

【综评】

　　罗斯福在美国历史上,是连续四次当选、任期超过12年的总统,他无疑是20世纪影响巨大的政治家、演讲家。本篇演讲虽不足千字,但仍是他的代表杰作之一,素被行家们誉为世界名篇。

　　"珍珠港事件"后的次日,罗斯福以无比的义愤,慷慨激昂地向国会发表了这篇历史性的演讲。毫无疑问,它是美国反击日本入侵的战斗宣言。他把"一个遗臭万年的日子"作为讲题,表明了他对日本不宣而战、破坏和平的卑劣行径的愤慨与谴责。演讲词分三个层次:首先,用确凿的事实揭露和证实日军"突然和蓄谋"进攻的卑劣,告诫人民不能忘记这个国耻纪念日;其次,他严肃指出美国危险的现在,由远及近,用排比句列出事实,给人以万分紧迫之感,在本已怒不可遏的国会,再燃起一把火;最后,鲜明而严肃地表示坚决抗击的态度和不可动摇的决心。在他精彩、雄辩、严肃、庄重的6分半钟演说里,听众热血沸腾,一次次用火山爆发般的掌声打断演讲,足可显见反响之强烈。从上述内容看,该演讲结构严谨,环环相扣,一气呵成。有情况陈述,有果断决定,有愤怒谴责,还有庄严号召。通篇可谓有理有据,声情并茂,顺理成章。

　　这篇演讲的成功,还在于语言的准确、简括、有力。一开始,三个"昨天"突出了事件的要害和紧迫。"昨天—昨夜—今晨"的排比句式,进一步渲染了气氛,造成危险逼近的严重势态,使听众按捺不住怒火。通篇多有浓厚感情色彩的修饰语,如"遗臭万年的日子""突然和蓄谋的进攻""虚伪的声明""无缘无故和卑鄙怯懦的进攻""绝对的胜利"等,准确地揭示了问题的性质,鲜明生动地表达了演讲的思想情感,既概括了日本政府偷鸡摸狗的丑恶嘴脸,又鼓动和感召了听众同仇敌忾奋起反击的强烈情绪。他把激昂愤怒之情融于理智精要的分析批判中,产生了巨大的说服力和强烈的鼓动性。如此短小精悍的演讲,能达到如此强烈感人的效果,绝不是一般演讲家所能达到的艺术境界。

在林肯纪念堂前的演讲

(1963年8月28日)

[美]马丁·路德·金

原　　文	评　　点
我很高兴,今天能和大家一起参加这次示威游行。它必将作为美国有史以来为争取自由所举行的最伟大的示威游行而名垂青史。	发端,点明意义。
一百年前,一位伟大的美国人——我们现在正站立在他的灵魂的安息处——签署了《解放宣言》。这部重要法令的颁发,在一直忍受着不义与暴虐的火焰烧灼的千百万黑人奴隶的心中,竖起一座光明与希望的灯塔。《宣言》似令人欢愉的黎明,即将结束种族奴役的漫漫长夜。	从会场所在地——林肯纪念堂引出林肯签署的《解放宣言》,并给予热情赞扬,为下文蓄势。
但从那时至今,已经有一百年历史了,可黑人仍无自由可言。一百年后的今天,黑人的生活仍旧悲惨地为隔离的桎梏和歧视的锁链所捆缚。一百年后的今天,在浩瀚的物质财富海洋之中,黑人仍旧在贫困的孤岛上生活。一百年后的今天,黑人仍旧在美国社会的一隅受苦受难,并且发现自己竟然是自己所在国土上的流放者。因此,我们今天来到这里,把这种不体面的身份戏剧性地表演一下。	联系一百年后黑人的悲惨生活,抓住民权问题的要害,点明《宣言》并未实现。
就某种意义而言,我们是来首都兑现期票的。当我们共和国的"建筑师"们撰写《宪法》和《独立宣言》中的富丽堂皇的篇章时,他们是在签写一张"期票",每个美国人都是这张期票的合法继承人。这张期票是一项允诺,即所有的美国人——非但白人,还有黑人都保证拥有不容剥夺的生活的权利、享受自由的权利和追求幸福的权利。	以期票作比,揭示出美国政府与公民的关系。比喻恰当,新颖。
但是现在,很显然,就有色公民而论,美国却一直拒付这张期票。美国没有承担如期兑现这张期票的神圣义务。黑人满怀期望地得到的竟是一张空头期票,这张期票被签上"资金不足"的字样。然而我们绝不相信,正义的银行会破产。我们绝不相信,在美国,储存机遇的巨大金库竟会"资金不足"。	紧抓"期票"不放,展开论述。
所以,我们来兑现这张期票来了,来兑现一张将给予我们堪称最高财富——自由和正义的保障的期票。	义正词严的呼吁!
我们来到这个尊为神圣的地点,其又一目的是提醒美国政府,现在是最为紧迫的时刻。现在既不是享用缓和激动情绪的奢侈品的时刻,也不是服用渐进主义麻醉剂的时刻;现在是从黑暗荒凉的深渊中	排比,语句流畅,一层进一层。

原　　文	评　点
崛起,向阳光普照的种族平等的道路奋进的时刻;现在是把以种族歧视的流沙为基础的美国重建在兄弟情谊般的坚石之上的时刻;现在是为上帝的子孙实现平等的时刻! 　　如果再继续无视时机的紧迫,就将导致我们国家的不幸。不实现自由与平等,黑人的完全合法的不满情绪就不会平息;令人心旷神怡的金秋就不会降临;炎炎酷暑就不会消逝。1963年不是尾声,仅是序曲。 　　如果美国政府继续一意孤行,就会使那些幻想黑人只要发泄一下不满情绪就会满足的人猛醒。在未授予黑人以公民权之前,美国既不会安宁,也不会平静。反叛的飓风将会不断地撼动这个国家的根基,直到迎来光辉灿烂的正义的黎明。 　　可是我必须对站在通往正义之宫的温暖入口处的人们进一言,我们在争取合法地位的进程中,决不能轻举妄动。我们决不能为了满足对自由的渴望,就啜饮敌意和仇恨。我们必须永远在自尊和教规的最高水平上继续我们的抗争。我们必须不断地升华到用精神的力量来迎接暴力的高尚顶峰。 　　已经吞没了黑人共同体的新的敌对状态令人不解,但它决不应该导致我们对所有的人的不信任——因为有许多白人兄弟参加了今天这个集会。这就告诉我们,他们已经逐渐认识到他们自己的命运与我们的自由是休戚相关的。 　　我们不能独自前进。而我们前进的时候,我们必须宣誓永远向前,义无反顾。有些人向我们这些热衷于获得公民权的人发问:"你们何时才会满足?"答案是明确的:只要黑人还是警察的骇人听闻的恐怖手段和野蛮行为的牺牲品,我们是不会满足的;只要我们因旅途劳顿而疲惫不堪,想在路旁的游客旅馆里歇息,或在市内的旅馆投宿却不被允许,我们就不会满足的;只要黑人的基本活动范围还是局限于从一个较小的黑人区到一个稍大的黑人区,我们就不会满足的;只要我们的孩子还是被标写着"只限白人"的牌匾剥夺人格和自尊,我们就不会满足的;只要密西西比的黑人不能参加选举,而纽约黑人的选票还无实际意义,我们就不会满足的。不会的,不会!除非平等泻如飞瀑,除非正义涌如湍流,我们是不会满足的。 　　我并非没有留意到,你们之中有些人是从巨大的痛苦与磨难中来到这里的。有些人来自狭小的牢房,还有些人来自那对自由的要求竟会招致迫害的风暴接二连三的打击,竟会招致警察兽行般地反复摧残的地区。而你们却一直富于创造性地、坚忍地忍耐着。那么,就怀着一定能获得拯救的信念坚持下去吧!	比喻贴切。 语言恳切有力。 表明斗争不获全胜决不罢休的决心。 感情炽烈,感召力强。 连续召唤,很有气势!有鼓动力。

原　　文	评　点
回到密西西比去吧！回到阿拉巴马去吧！回到南卡罗来纳去吧！回到佐治亚去吧！回到路易斯安那去吧！既然知道这种境状能够而且必定改变,那么就回到我们北方城市中的陋巷和贫民窟去吧！我们绝不可以在绝望的深渊中纵乐。 　　今天,我对大家说,我的朋友们,即使我们面临着今天与明天的种种艰难困苦,我们仍然有个梦想,这是一个深深植根于美国之梦的梦想。我梦想着,有那么一天,我们这个民族将会奋起反抗,并且一直坚持实现它的信条的真谛——"我们认为所有的人生来平等是不言自明的真理"。 　　我梦想着,有那么一天,甚至现在仍为不平等的灼热和压迫的高温所炙烤着的密西西比,也能变为自由与平等的绿洲。 　　我梦想着,有那么一天,我的四个孩子,能够生活在一个不是以他们的肤色,而是以他们的品性来判断他们的价值的国度里。 　　我梦想着,有那么一天,就在邪恶的种族主义者仍然对黑人活动横加干涉的阿拉巴马州,就在其统治者拒不取消种族歧视政策的阿拉巴马州,黑人儿童将能够与白人儿童如兄弟姊妹一般携起手来。 　　我梦想着,有那么一天,沟壑填满,山岭削平,崎岖地带铲为平川,坎坷地段夷为平地,上帝的灵光大放光彩,芸芸众生共睹光华! 　　这就是我们的希望！这是我们返回南方时所怀的信念！怀着这个信念,我们就能从绝望的群山中辟出颗希望的宝石。怀着这个信念,我们就能变我们祖国的嘈杂喧嚣为一曲优美和谐的兄弟交响乐。怀着这个信念,我们就能共同工作,共同祈祷,共同斗争,甚至哪怕共同入狱。既然知道有朝一日我们终将获得自由,我们就能为争取自由共同坚持下去！……	运用排比,增强气势。 　　通过对美好未来的描述,显示对自由的渴望。描述形象生动,具有艺术感染力。 　　表达对胜利的信念,激励听众增强斗志。

【综评】

　　马丁·路德·金(1929—1968年),美国黑人民权运动的著名领袖,牧师。1954年参加美国有色人种协进会。1955年发动成立"南方基督教领袖会议",1957年被选为该会主席。1958年在南方21个主要城市组织集会,号召黑人争取公民权利。此后多次组织集会游行,反对种族歧视,要求种族平等。1964年迫使约翰逊总统签署"民权法案";同年,荣获"诺贝尔和平奖"。1968年3月组织"贫民进军",途经田纳西州孟菲斯市时,遇刺身亡。

　　《在林肯纪念堂前的演讲》,是马丁·路德·金在1963年8月28日美国黑人向首都华盛顿进军并在那里举行全国性和平进军大会上的讲话。这篇演讲从由林肯纪念堂联想到的林肯签署的《解放宣言》谈起,以期票作喻,一针见血指出"美国没有承担如期兑现这张期票的神圣义务",号召黑人起来斗争,兑现这张"期票"。整篇演讲,感情充沛,气势磅礴,语言优美生动,感召力特强,是演讲的上乘之作。

我决不回避责任

（1971年1月12日）

[美]吉米·卡特

原　　文	评　　点
马多克斯州长和佐治亚州的朋友们： 　　从普兰斯到亚特兰大是很长一段路。四年半以前我起程旅行，经过四年的弯路，我终于赶到了。谢谢各位使我在这的确是我一生中最伟大的一天来到了这里。但是现在选举已经过去，我体会到考验一个人并不在于他竞选得多么出色，而在于他怎样能够有效地应付一个职位的挑战和责任。 　　这是一个需要真诚坦率的时刻。今后四年将不是轻松的几年。我们面临的问题不会自行解决，它们要求我们每个人鞠躬尽瘁，大公无私。但是，这也是一个成就伟大事业的时期。我们人民有决心以信心和勇气去克服过去的障碍，并迎接未来的机会。 　　我国人民是我们最宝贵的财富，我们不能把上帝授予任何一个佐治亚人的才能浪费掉。每一个成年文盲、每一个退学学生、每一个未经培养而智力迟钝的儿童，就是对我们所有人的一个控告。我们的州为这些人支付了一笔惊人的连续不断的人力和财力的代价，现在是制止这种浪费的时候了。既然瑞士、以色列和其他国家的人民都能消灭文盲，那我们也能做到，责任在于我们自己。作为州长，我决不回避这一责任。 　　在结束这次竞选后，我相信我也和其他任何人一样了解我们的人民了。根据对佐治亚北部和南部、农村和城市、自由派和保守派人士的认识，我很坦率地向各位说，种族歧视的时代已经过去了。我们的人民已经做出了这一重大和困难的决定，但是我们不能低估无数细小的尚待做出决定的挑战。我们天赋的人类之爱和宗教信仰将受到重大考验，任何穷人、农民、弱者或黑人，都不应永远忍受被剥夺受教育、就业或获得起码公道的机会。我们佐治亚人完全能够做出我们的判断，管理我们自己的事务。作为州长，我决不回避这一责任。 　　佐治亚州是一个具有非常美丽的自然风景和前途的州。但我们自然环境的质量却因贫困、自私、拖延和失职受到威胁。对我们人口的增长和我们农业、娱乐、工业方面的进步来说，变革和发展是必要	语气平缓，娓娓道来。说内心感激，发自肺腑。 　　虽然欣喜，不忘责任。 　　连用"我们"，突显平等地位。实实在在的承诺。 　　扎扎实实的举措。 　　多么可贵、强烈的改变贫穷落后和种族歧视状况的意识。 　　决心既要发展、进步，又要切实保护环境。

原　　文	评　　点
的,我们面临的挑战是确保不使这些活动破坏或毁弃我们的环境。作为州长,我决不回避这一责任。	
在佐治亚州,我们决心实施法律。治安官员必须得到我们的感谢和彻底支持。除非我们有一个有秩序的社会,否则我们就不能教育儿童、建造公路、平衡税收负担,在我国人民之间创立和谐的关系或维护基本的人类自由。对于那些最不能保护自己的人们,犯罪和缺乏公平的处理是特别残酷的。那些破坏我们法律的人们,必须得到迅速逮捕、审判和应有的惩罚。对我们同样重要的是,要尽一切努力将破坏法律的人改造成为社会上有用和有生产力的成员。我们佐治亚州还没有达到这些目标,但现在我们必须做到。一个政府的主要职能是使人易于行善而难于作恶。作为州长,我决不回避这一责任。	用"我决不回避这一责任"构成排比段落,切实举措,掷地有声。
像佐治亚州成千上万的其他商人一样,我总是试图以诚实而有效的方式经营我的业务。像成千上万其他公民一样,我期望政府是这样。	
政府的职能,应行使得让人们有理由感到自信和自豪。	
征税应该是最低的和公平的。	
城乡人民应该不费力地看出他们的目标和机会的相互关系。	
我们应该把主要投资用在人民身上,而不是用在建筑物上。	多么可贵,人民利益高于一切。
我们应该按照仔细考虑的长远计划和优先次序,用智慧和判断来采取未来的行动。	
我们应该记住,只有通过一个强有力的独立的州长,协同一个强有力的和独立的立法机关一起工作,才能最好地为我们的州服务。	
对一个政府的考验,并不在于它在少数有权有势的人中多么得人心,而在于对待必须依靠它的多数人方面真心实意和公正到什么程度。	
这里坐在我周围的是佐治亚州立法机关的成员和州的其他公职人员。他们是一些具有献身精神和忠诚的男女人士,他们热爱这个州正如你们热爱这个州一样。但任何一个选举产生的公职人员集团,不论他们如何献身或开明,不能控制像本州这样一个伟大的州的命运。公职人员谁又能单独解决犯罪、福利、文盲、疾病、不公平、污染和浪费的问题呢? 这一控制权操在你们——佐治亚州人民——的手中。	
我决心使我们在本政府任期届满时能够在世界上任何地方——在纽约、在加利福尼亚或在佛罗里达——站起来说,"我是个佐治亚人",并以此自豪。	明明白白的目标。
我对今后四年期间担任本州州长的挑战和机会表示欢迎。我答应你们我将尽力而为,我要求你们也尽力而为。	最后两句,与前排比句遥相呼应,浑然一体。

【综评】

吉米·卡特,1924年10月1日生于美国佐治亚州普兰斯。1977年任美国第39任总统。2002年获得诺贝尔和平奖。1971年1月12日,他宣誓就任佐治亚州第76任州长,发表了这篇就职演讲。他用亲切的话语、实在的举措和坚定的表态,向公众阐释治州施政的方略,表达了自己当好新州长的决心和信心,显示出政治家高度的责任感和非凡的理政智慧。

就职形象:不居高临下,平和可亲

就职演说,首先就是任职者在公众面前自我形象的展示。演讲中,卡特以亲切的语言,平稳的叙述,娓娓道来,侃侃而谈,展示出自己作为州长平和可亲的新形象。开篇,谈竞选感受,说内心感激,发自肺腑。他把竞选州长比作是一次长途旅行:"从普兰斯到亚特兰大是很长一段路。四年半以前我起程旅行……我终于赶到了。"成功后的体会是:"考验一个人并不在于他竞选得多么出色,而在于他怎样能够有效地应付一个职位的挑战和责任。"简洁的话语却意味深长,虽有如愿以偿的欣喜,却没有那种"春风得意马蹄疾,一夜看尽'佐州'花"的张狂,让人看到鲜花、掌声背后的努力与付出,以及新职位对他的考验;为了拉近与公众的距离,他大量使用复数人称"我们"来表达,如"我们面临的问题不会自行解决""在佐治亚州,我们决心实施法律"等,把自己摆在与听众平等的位置上,给人以关切温和之感。这种得意不忘形、得志不狂傲的低调姿态,给人留下的是奋斗、理智、务实、谦和的良好形象,当然就能有效地打动听众,迅速获得大家的认同和信任。

施政举措:不夸夸其谈,切实可行

就职演说,还是任职者接受公众对其执政理念、施政目标的检阅,最忌言而不实,开空头支票。挑战与机遇同在,梦想与磨砺并存,作为新州长,将给佐治亚州描绘一个怎样的未来,给全体民众带来什么样的好处?卡特在演讲中显得信心十足,踌躇满志。他不回避现实,而是立足州情,围绕与民众切身利益休戚相关的问题,坦陈己见,向人们描绘出佐治亚州未来发展的宏伟蓝图:有承诺——"今后四年将不是轻松的几年",但是"一个成就伟大事业的时期",自己"有信心和勇气去克服过去的障碍,并迎接未来的机会";有举措——制止浪费人的才能,消灭文盲,消除种族歧视,保护环境,实施法治,强化政府的职责和职能,团结人民大众;有目标——在本政府任期届满时,让每个佐州人能够在世界上任何地方自豪地站起来说"我是个佐治亚人"!这些实实在在的承诺、扎扎实实的举措、明明白白的目标,极大地满足了人们的心理预期,打动了听众,从而赢得民心,得到民众的理解和支持。

履职表态:不虚情假意,坚定可信

就职演说,也是任职者履职态度的体现。宣誓就职"是一个需要真诚坦率的时刻",不能言不由衷、虚情假意。演讲中,卡特的态度坚定可信:"现在是制止这种浪费的时候了";"种族歧视的时代已经过去了","任何穷人、农民、弱者或黑人,都不应永远忍受被剥夺受教育、就业或获得起码公道的机会";"确保不使这些活动破坏或毁弃我们的环境";"我们决心实施法律"……并一再承诺:"作为州长,我决不回避这一责任。"这一铮铮誓言,措辞贴切，感情诚挚，表达有力，掷地有声。为增强演讲的吸引力、说服力和感染力，打动听众，鼓动民众，他利用"我决不回避这一责任"的表态语，组成精彩的排比段落，平行构篇，并辅以排比、比喻和具有象征含义的句子，使整篇演讲完整划一、富有气势，而且内涵丰富，精辟深刻。演讲最后以对称句"我答应你们我将尽力而为，我要求你们也尽力而为"结尾，既与"我决不回避这一责任"的坚定承诺形成前后呼应、首尾顾盼之势，又给听众留下了"有始有终、始终如一"之感。

雁过留声，人过留名。在我们构建和谐社会、建设社会主义现代化强国的伟大时期，卡特先生在演讲中表现出来的强烈责任心和高度使命感，对于那些身居高位、手握重权的人民公仆来说，也不无启迪：你，面对历史的机遇和挑战、人民的信任和期待，能不能大声地承诺——"我决不回避责任"？敢不敢向党和人民发誓，敢不敢把你们的就职、表态演讲词刊登出来，接受人民群众和社会舆论的监督呢？

（综评　彭真平）

决 战 人 生

(2005 年 11 月 16 日)

[美]施瓦辛格

原　文	评　点
各位朋友： 　　大家好！ 　　我出道时是名举重运动员。自从第一次抓紧杠铃、将其高高举过头顶之际，我就为此感到异常兴奋。那时我知道，这就是我将来要做的事情。	亲身经历，真实可信。
我还记得最初那次真正的训练。当时我骑着自行车前往一家健身房，那儿离我家所在的奥地利小村庄有 13 公里之遥。在那里我训练了半个钟头，因为他们说训练必须半小时一停，否则你会全身酸痛。后来我看看自己的身体，啥事没有！于是我对自己说："最好再练半小时吧。"就又多举了几下。可是力量并未因此增强，也不见肌肉鼓起来。然后我又练了半小时，再加半小时……结果总共练了两个小时。	详述训练经过为"教训"伏笔。
后来，我骑车回家。刚走 1 公里多，我顿觉四肢麻木，连车把都感觉不到了，结果整个人从车上摔下来，掉进了路边的水沟里。第二天早上起床，我浑身酸痛，连举手梳头都没有力气，只好叫我母亲替我梳头——这真令人难堪！可你们知道吗，我获得了非常重要的一次教训，即：要想进步就得吃苦。	绘声绘色，让人如临其境。 重要体验，影响一生。
经过两三年意志上的磨炼和体力上的锻炼，我确实改变了自己的身体，气力也变大了。这件事告诉我，如果能大大地改变身体，我就能改变一切：我能改变习惯，改变智力，改变态度，改变思想，改变未来，改变人生。事实上我已经做到了。我想这一教训适用于人，也适用于国家。你能改变，中国能改变，世界上每个人都能改变。	先总后分，排比推进。 推己及人，立意高远。
我还记得第一次到美国参加世界健美锦标赛。当时我输了，绝望无比。我就像一个失败者，一个遭受惨败的人。我哭了，事实上因为我感到让朋友失望了，也让自己失望了。但第二天，我重整旗鼓，改变了态度，并对自己说"我要吸取教训"。从那时起，我不断努力，事业从此飞黄腾达，我实现了自己想做的一切——首先成为健美冠军，接着成为电影明星，后来当上了加利福尼亚州的州长。	强调吸取教训，从此飞黄腾达。

原　　文	评　点
这一切的实现都是因为我的梦想,即使别人说我的那些梦想都是虚伪而荒唐的,但是我仍坚持不弃。在好莱坞,他们曾说:"你绝不可能成功,你一口德国口音。在好莱坞还没有一个说话带德国口音的人能成功的。饰演一些纳粹角色你倒是可以,但有口音的人想成为主角是不可能的。还有你的体形,一身肌肉,太过发达了!二十年前他们是拍过大力士的影片,不过早过时了。还有你的名字,施瓦辛格,根本不适合上电影海报。算了,你不会成功的。还是回去搞你的健美运动去吧!"	一切归结梦想,"中国梦"同理。
其余的都成了往事。演完《终结者》之后,我便成为好莱坞片酬最高的明星。但外界的质疑从未中断过。我竞选州长时还有人说:"施瓦辛格,你永远当不上加州州长。就你也懂政治?"但我依然参加了竞选。我相信自己的梦想,其余的都已成明日黄花。我最终当上了州长。因此,那些梦想总引导着我不断向前——健美运动给了我信心,电影给了我财富,而给我更大决心的,是竞选州长的成功,以及由此带来的能有为公众服务的机会。	梦想成真,精彩作结。 强调为公众服务,可贵。
谢谢大家!	

【综评】

2005年11月16日,美国加州州长施瓦辛格应邀访华,在清华大学发表了题为《决战人生》的演讲。他的演讲不仅赢得了现场听众热烈的掌声,而且受到了广大网友的交口称赞。这是一篇思想性、艺术性俱佳的演讲杰作。

立意高远。 演讲者情真意切地畅谈了自己的三次"人生决战":从一名举重运动员"出道"开始,为了实现自己一个又一个人生梦想,屡败屡战,百折不挠,从世界健美冠军—好莱坞明星—加州州长,每一次"决战",都登上了人生的新台阶。成为名人,拥有财富,施瓦辛格也不停步,还要去"竞选州长",为的是"能有为公众服务的机会",这种精神境界无疑是可贵的。

演讲的立意如果到此为止,停留在欣赏"个人奋斗"的层面上,也只能是老生常谈、了无新意了。演讲者话锋一转,巧妙地用自己的亲身经历去证明一个普遍真理:"如果能大大地改变身体,我就能改变一切……你能改变,中国能改变,世界上每个人都能改变。"这样的阐述极具哲理性和鼓动性,他推己及人,举一反三,激励广大听众努力改变自身,赞扬并坚信中国的成功,在立意上做到了"更上一层楼",积极引领听众登高望远。

例证翔实。 演讲切忌说空话,有真实可信的例证才能使自己的"理"站得住脚、能说服人。演讲开始,施瓦辛格就把自己举重训练的事例娓娓道来:在两个小时强化训练之后,骑车回家时,"顿觉四肢麻木……从车上摔下来,掉进了路边的水沟里。第二天早上……浑身酸痛,连举手梳头都没有力气,只好叫我母亲替我梳头"。施瓦辛格把这些细节讲得令听众如闻其声、如临其境,因而当他推导出"要想进步就得吃苦"的结论时,听众就觉得顺理成章,心悦诚服了。

当然,施瓦辛格使用例证是十分注意详略得当的。既有翔实的例证,如对举重训练挑战极限的讲述,可谓绘声绘色;又有简略的例证,如对争当电影明星、竞选州长过程的讲述,只是点到为止。这篇一千多字的演讲词,不仅中心突出,而且例证翔实,值得我们借鉴。

语言铿锵。施瓦辛格的演讲语言贴近生活、通俗生动,使用的句型整散结合,自然优美。全篇演讲以生活化的口语为主,句子简洁明快,如讲述自己第一次参加健美比赛失败时,他说:"当时我输了,绝望无比。我就像一个失败者,一个遭受惨败的人。我哭了,事实上因为我感到让朋友失望了,也让自己失望了。"他灵活选用短句与散句,把失败之"惨"讲得活灵活现。

施瓦辛格也非常注意锤炼一些整句。例如,"我就能改变一切:我能改变习惯,改变智力,改变态度,改变思想,改变未来,改变人生。"一个先总后分的复句,六个动宾短语递进式的排比,把"改变一切"的内涵阐发得淋漓尽致。又如"我实现了自己想做的一切——首先成为健美冠军,接着成为电影明星,后来当上了加利福尼亚州的州长。"从"成为……冠军""成为……明星"到"当上……州长",也是用递进式的短语排比,讲出了自己三次"决战人生"步步高的丰硕成果。两组递进式的排比句,句式整齐,讲起来朗朗上口,听起来铿锵悦耳,让人们感受到演讲语言的音乐美。

(综评 郭明杰)

请将解决人类的不平等视为己任

(2007年6月7日)

[美] 比尔·盖茨

原　　文	评点
我要感谢哈佛大学在这个时候给我这个荣誉。明年,我就要换工作了(注:指从微软公司退休)……我终于可以在简历上写我有一个本科学位,这真是不错。哈佛的校报称我是"哈佛大学历史上最成功的辍学生"。我想,在所有的失败者里,我做得最好。 　　哈佛的生活令人愉快,也充满了挑战。虽然我离开得比较早,但是我在这里的经历、在这里结识的朋友、在这里发展起来的一些想法,永远地改变了我。 　　但是,如果现在严肃地回忆起来,我确实有一个真正的遗憾。我离开哈佛时,根本没有意识到这个世界是多么的不平等。人类在健康、财富和机遇上的不平等大得可怕,它们使得无数的人们被迫生活在绝望之中。 　　我在哈佛学到了很多新思想,也了解了很多科学上的新进展。但是,人类最大的进步并不来自于这些发现,而是来自于那些有助于减少人类不平等的发现。不管通过何种手段,减少不平等始终是人类最大的成就。我花了几十年才明白了这些事情。 　　在座的各位同学,你们比以前的学生,更多地了解了世界是怎样的不平等。在你们的哈佛求学过程中,我希望你们思考一个问题,那就是在这个新技术加速发展的时代,我们怎样最终应对这种不平等,以及我们怎样来解决这个问题。 　　Melinda(注:盖茨的妻子)和我曾读到一篇文章,里面说在那些贫穷的国家,每年有数百万的儿童死于那些在美国早已不成问题的疾病,麻疹、疟疾、肺炎……我们震惊了。我们想,如果几百万儿童正在死亡线上挣扎,而且他们是可以被挽救的,那么世界理应将用药物拯救他们作为头等大事。但是事实并非如此。那些价格还不到一美元的救命的药剂,并没有送到他们手中。 　　如果你相信每个生命都是平等的,那么当你发现某些生命被挽救了,而另一些生命被放弃了,你会感到无法接受。我们对自己说:"事情不应如此。如果这是真的,那么它理应是我们努力的头等大事。"	调侃自嘲,妙趣横生。 由谐转庄,引发思考。 承上遗憾,强化主旨。 寄语哈佛学子,重视解决问题。 融情于理,理走情随。 设想一:决不放弃生命。

原文	评点
如果我们能找到这样一种方法:既可以帮到穷人,又可以为商人带来利润,为政治家带来选票,那么我们就找到了一种减少世界性不平等的可持续的发展道路。这个任务是无限的,它不可能被完全完成,但是任何解决这个问题的尝试,都将会改变这个世界。	设想二:鼓励解决问题的尝试。
我也遇到过那些感到绝望的怀疑主义者。他们说:"不平等从人类诞生的第一天就存在,到人类灭亡的最后一天也将存在。——因为人类对这个问题根本不在乎。"我完全不能同意这种观点。我相信,问题不是我们不在乎,而是我们不知道怎么做。	设想三:批怀疑主义者。
哈佛是一个大家庭,这个院子里的人们,是全世界最有智力的人类群体之一。我们可以做些什么?哈佛人有没有可能将他们的智慧,用来帮助那些甚至从未听过"哈佛"这个名字的人?我们最优秀的人才是否在致力于解决世界最大的问题?哈佛是否鼓励她的老师去研究解决世界上最严重的不平等?哈佛的学生是否从那些极端贫穷的地方认识了什么?那些世界上过着最优越生活的人们,有没有从那些最困难的人们身上学到东西?	再次寄语哈佛师生,研究解决不平等问题。
这些问题并非语言上的修辞。你必须用自己的行动来回答它们。可以这样说,全世界的人们几乎有无限的权利,期待我们作出贡献。	
同这个时代的期望一样,我也要向各位同学提出一个忠告:你们要选择一个问题,一个有关人类深刻的不平等的问题,然后变成这个问题的专家。如果你们能够使得这个问题成为你们职业的核心,那么你们就会非常杰出。你们每个星期只用几个小时,就可以通过互联网得到信息,找到志同道合的朋友,发现困难所在,找到解决它们的途径。不要让这个世界的复杂性阻碍你前进,要成为一个行动主义者,将解决人类的不平等视为己任。要是再弃那些你可以帮助的人们于不顾,你就将受到良心的谴责。你们必须尽早开始,尽可能长时期地坚持下去。它将成为你生命中最重要的经历之一。	进而忠告学子,将解决不平等视为己任。 　　崇高境界,博大胸怀。
我希望,当30年后你们再回到哈佛,在那时你们评价自己的标准,不仅仅是你们的专业成就,更包括你们为改变这个世界深刻的不平等所作出的努力,以及你们如何善待那些远隔千山万水、与你们毫不相干的人们。	设想30年后回母校情景,殷切期望跃然纸上。
最后,祝各位同学好运。	急缓有致,张弛有度。

【综评】

　　这是比尔·盖茨于2007年6月7日在哈佛大学的演讲。他的演讲以"解决人类的不平等"为主题,慷慨激昂,发人深省,对现场听众来说无疑是受了一次崇高的理想主义教育。他的演讲技巧娴熟,对有志于学习演讲的朋友也深有启发。

语言亦谐亦庄

比尔·盖茨在演讲伊始,采取了由谐而庄、由浅入深的策略——

开篇语言诙谐,缓解开场时的沉闷气氛,先为演讲营造出良好的讲、听氛围。比如,比尔·盖茨调侃说他"终于可以在简历上写我有一个本科学位",接着引述校报所评价的"哈佛大学历史上最成功的辍学生",再次调侃:"我想,在所有的失败者里,我做得最好。"此语一出,让所有了解他曾是哈佛辍学生背景的人不禁莞尔,这种自嘲式调侃,使得演讲谐趣横生,引起听众的兴趣。

在营造出一个融洽的讲、听氛围之后,比尔·盖茨并不在"谐"上"恋战",而是寓庄于谐,由谐而庄,渐渐深入主题,进而引发严肃的思考。他以"哈佛的生活令人愉快,也充满了挑战"做过渡句,语气开始庄重起来:"我离开哈佛时,根本没有意识到这个世界是多么的不平等。"过渡自然贴切,话题也由浅入深。然后他依据个人体验,发出真切感言:"不管通过何种手段,减少不平等始终是人类最大的成就。"至此,演讲话题已变得庄重,引发的思考也愈发深刻,使演讲生动而不失深度。

论证入情入理

在一定意义上,情与理在演讲中是须臾不可分离的,演讲若一味说理,未免枯燥;若一味抒情,则失之肤浅。所以,演讲要善于对情感与说理进行完美的结合。比尔·盖茨的这篇演讲即是如此——融情于理,理走情随。

比如,他在论证"人类在健康、财富和机遇上的不平等大得可怕"这一道理时,谈到了与妻子共同读过的,关于贫穷国家儿童生存境遇的一篇文章,他对人类的命运的关照之情溢于言表;在向哈佛学子传播"要成为一个行动主义者,将解决人类的不平等视为己任"之理时,他又真情呼吁:"要是再弃那些你可以帮助的人们于不顾,你就将受到良心的谴责。你们必须尽早开始,尽可能长时期地坚持下去。"

所有这些词句,发人深省,是理之效;让人震撼,是情之功。可以说,比尔·盖茨的这篇演讲之所以如此深刻感人,这种情理交融的表述方式功不可没。

节奏有弛有张

一首乐曲要有鲜明的节奏才能动听。同样,若一篇演讲在节奏上没有张弛急缓之分,缺少松紧离合之别,总是一个调子,就难免呆板平淡,使听众感觉乏味。

从宏观角度剖析这篇演讲,不难感受其"一弛一张,张弛有度"的节奏美。比如,演讲伊始他谈及自己在退休前拿到毕业证,并由此自嘲、感叹,话题轻松,语言风趣,是为弛;接着话题一转,论及自己"确实有一个真正的遗憾",没有意识到"人类在健康、财富和机遇上的不平等大得可怕",话题庄重严肃,是为张。

在演讲主体部分,他以两个假设作为开头,"如果你相信每个生命都是平等的""如果我们能找到这样一种方法……",再利用反证法驳斥"那些感到绝望的怀疑主义者",这几段述说形散神聚,节奏舒缓如"嘈嘈切切错杂弹",是为弛;随即,他又指出"哈佛是一个大家庭,这个院子里的人们,是全世界最有智力的人类群体之一",在这里,比尔·盖茨一连用了六个问句,拷问哈佛学人乃至世人的心灵,感情浓烈,调子紧凑似"大珠小珠落玉盘",

是为张。

这篇演讲在节奏上一弛一张,急缓有致,情感浓淡相宜,相得益彰,一会如溪水潜流,一会又如大江巨浪,为整篇演讲增添了无限的艺术魅力。

比尔·盖茨富可敌国,他的这篇演讲,折射出他的普世情怀,无疑为他增添了无限的人格魅力,更加赢得了世人的敬重!

(综评　王永凯)

结　语　人人都能学会演讲

人人要学会演讲,人人能学会演讲;不少人可以成为演讲高手,有些人还可以当上演讲家。

我们曾经说过,在西方,"舌头、金钱和计算机"已成为普遍公认的三大战略武器,许多国家十分重视演讲艺术,演讲艺术成为考核人才的重要尺度,演讲活动已蔚然成风。在我国,随着改革开放的不断深入,随着物质文明建设和精神文明建设的飞跃发展,随着党的十六大的胜利召开和全面建设小康社会宏伟蓝图的具体实施,全国各地多种类型的演讲活动业已广泛开展起来,研究与传播演讲艺术日益受到人们的重视,为广大人民群众学会演讲、争当演讲高手和演讲家创造了良好的社会氛围。广大青少年在小学、中学、大学学习阶段普遍受到演讲学方面的教育,经常参加不同类型的演讲活动和演讲比赛,为掌握演讲艺术打下了坚实的基础;出版了一批科学性、实用性兼备的演讲学著作,为广大演讲爱好者提供了优秀的教科书与实践指导;创办了《演讲与口才》《演讲与社交》等一些专门性杂志,为广大演讲爱好者学习与运用演讲艺术提供了理想的园地;涌现了李燕杰、曲啸、刘吉、邵守义、蔡朝东、张海迪等一大批知名的演讲家,为广大演讲爱好者树立了学习的榜样。

党的十九大以来,我国的演讲口才理论研究的范围有了扩展,与人际交往、人际沟通紧密结合在一起,更深一层;有的学者还进行了比较文化研究。我们希望这些研究能够坚持下去,并不断取得可喜的科研成果。

综上所述,我们的国家已为广大的演讲爱好者创造了良好的客观条件。就每个个体而言,你能否学会演讲,关键在于你自己。我们坚信"事在人为",我们再次进言:只要你认真学习演讲原理,掌握演讲艺术,虚心求教,反复练习,并持之以恒,就一定能学会演讲,不少人可以成为演讲高手,有些人还可以成为演讲家。祝你成功,成功在向你招手!

参 考 文 献

[1] 邵守义.演讲学[M].长春:东北师范大学出版社,1991.
[2] 刘德强.现代演讲学[M].上海:上海社会科学院出版社,1996.
[3] 季世昌,朱净之.演讲学[M].南京:江苏教育出版社,1986.
[4] 演讲学编写组.演讲学[M].郑州:河南人民出版社,1988.
[5] 管金麟,梁遂.演讲学教程[M].长沙:湖南大学出版社,1989.
[6] 郭永泉,李祖超.演讲教程[M].武汉:湖北人民出版社,1991.
[7] 邵守义,谢盛圻,高振远.演讲学教程[M].北京:高等教育出版社,1993.
[8] 李燕杰.演讲美学[M].上海:上海人民出版社,1985.
[9] 范明华.交际美学[M].武汉:华中理工大学出版社,1997.
[10] 张掌然,李元授.交际思维学[M].武汉:华中理工大学出版社,1996.
[11] 丁煌.交际信息学[M].武汉:华中理工大学出版社,1997.
[12] 易锦海,李晓玲.交际心理学[M].武汉:华中理工大学出版社,1997.
[13] 李国庆,胡坚.讲演心理探讨[M].长沙:湖南人民出版社,1988.
[14] 沙德全.演说心理学[M].长春:吉林人民出版社,1988.
[15] 谭大容.演讲·论辩与逻辑[M].重庆:重庆大学出版社,1987.
[16] 涂伟谦.现代演讲艺术[M].成都:四川人民出版社,1990.
[17] 李燕杰,郭海燕.青年演讲文选[M].成都:四川人民出版社,1985.
[18] 高瑞卿.演讲稿写作概要[M].长春:东北师范大学出版社,1985.
[19] 汉唐,刘树科,邢世凤,等.演讲妙语[M].沈阳:辽宁古籍出版社,1994.
[20] 李溢.演说的艺术[M].广州:科学普及出版社广州分社,1987.
[21] 杨桓松,周放.中外演讲词名篇赏析[M].重庆:重庆大学出版社,1987.
[22] 凌空,盛沛林.简明演讲学[M].北京:解放军出版社,1988.
[23] 《演讲学》编写组.演讲学[M].郑州:河南人民出版社,1988.
[24] 苏越.演讲辩论中的逻辑诀窍[M].北京:北京师范大学出版社,1990.
[25] 冯必扬.通往雄辩家之路:辩论学导论[M].上海:上海人民出版社,1989.
[26] 达尔·卡尼基.有效演讲术[M].肖聿,王珏,一谌,译.北京:中国人民大学出版社,1988.
[27] 颜永平.演讲艺术与实践[M].北京:海潮出版社,2002.
[28] 武传涛.著名演讲辞鉴赏[M].济南:山东人民出版社,1992.
[29] 陈中南,范康生,陶代汉,等.世界名人演讲赏析[M].合肥:安徽人民出版社,1990.

[30] 白岩松.在哈工大的即兴演讲[J].演讲与口才.2004(6).
[31] 彭真平.马云:"英雄会"上秀口才[J].演讲与口才.2008(9).
[32] 张斗和.领略"新东方"总裁俞敏洪的演讲风采[J].演讲与口才.2008(10).
[33] 白岩松.人格是最高的学位[J].演讲与口才.2006(10).
[34] 邵守义.外国名人演讲选[M].北京:中国青年出版社,1991.
[35] 王洁,贾蕴青.中外著名讲演词选粹[M].长沙:湖南文艺出版社,1987.
[36] 蔡顺华,彭树楷.演讲与说话艺术辞典[M].西安:陕西人民教育出版社,1989.
[37] 赵传栋.论辩胜术[M].上海:复旦大学出版社,1995.
[38] 王政挺.中外奇辩艺术拾贝[M].北京:东方出版社,1991.
[39] 李元授,李鹏.少儿口才指导师通用教材[M].广州:世界图书出版公司,2018.
[40] 王选.王选在北京大学的演讲[J].演讲与口才.2006(4).
[41] 郭光文.在邵阳市领导干部见面会上的演讲[J].演讲与口才.2007(12).
[42] 何振梁.中国强则中国奥运强[J].演讲与口才.2007(11).
[43] 夏尔·戴高乐.谁说败局已定[J].演讲与口才.2006(11).
[44] 吉米·卡特.我决不回避责任[J].演讲与口才.2007(5).
[45] 施瓦辛格.决战人生[J].演讲与口才.2008(12).
[46] 比尔·盖茨.请将解决人类的不平等视为己任[J].演讲与口才.2008(2).

后 记

《演讲学》1997年面世,至今已有25个年头了。本书一版再版,受到全国大中专院校师生及广大读者的热烈欢迎。在编写第三版时,我们曾经具体做过以下说明。①增加了一章"即兴演讲",充分展开写,这是演讲的精髓与重要形式。②删去了两章"演讲与信息"和"演讲与思维",这两章理论性过强,读者也不易掌握。③在"中外优秀演讲词评析"中,增加了9篇演讲词评析,其中国外4篇、国内5篇,贴近时代,贴近现实,强化可操作性。④不分上下编,去掉"演讲的基本原理"和"演讲的综合分析"两个标题,每一章按照演讲的顺序进行了有机排列。⑤每一章设有两个标题:副标题为实标题,反映学科体系;正标题生动活泼,与副标题的内容相关。第一章之前有"导语:人人都要学会演讲";第十一章之后有"结语:人人都能学会演讲"。⑥每章之后均设思考与训练题,巩固本章所学内容,并拿出精彩的实例来进行训练,让学生易学会用。⑦本书末尾附有参考文献。

这次再版,我们贯彻科学性、专业性、实用性与可操作性的原则,与时俱进,尽可能选择近几年的演讲词和演讲案例。我们在《中外优秀演讲词评析》中增加了两篇优秀演讲词——屠呦呦的《获奖致辞》和高思恩的《奔跑吧!青春》,并请专家作了评析;删去了李嘉诚的《强者的有为——在长江商学院首届毕业典礼上的演讲》;还删去了《中外演讲家、雄辩家举要》。

本书由李元授教授主持编写,第一版的编写者为李元授、邹昆山二位。第二版、第三版和第四版均由李元授老师负责修订,顺便说明。

作 者

2021年10月30日修订于武汉大学